Profile der Germanistik in Mittelosteuropa –
Transformationsprozesse und Perspektiven

DEUTSCHE SPRACHE UND KULTUR IN MITTEL-, OST- UND SÜDOSTEUROPA

Herausgegeben von
Jacek Makowski, Roberta V. Rada, Doris Sava, Ellen Tichy

BAND 1

PETER LANG

Ellen Tichy

Profile der Germanistik in Mittelosteuropa – Transformationsprozesse und Perspektiven

PETER LANG

Bibliografische Information der Deutschen Nationalbibliothek
Die Deutsche Nationalbibliothek verzeichnet diese Publikation in der Deutschen Nationalbibliografie; detaillierte bibliografische Daten sind im Internet über http://dnb.d-nb.de abrufbar.

ISSN 2747-9935
ISBN 978-3-631-85334-4 (Print)
E-ISBN 978-3-631-86515-6 (E-PDF)
E-ISBN 978-3-631-86516-3 (EPUB)
DOI 10.3726/b18887

Peter Lang – Berlin · Bern · Bruxelles · New York · Oxford · Warszawa · Wien

Diese Publikation wurde begutachtet.

www.peterlang.com

Inhaltsverzeichnis

Tabellen- und Abbildungsverzeichnis

Abbildungsverzeichnis

Tabellenverzeichnis

Vorwort

Die vorliegende Studie widmet sich der zeitgeschichtlichen Entwicklung germanistischer Profile an Universitäten Mittelosteuropas seit Ende des Zweiten Weltkrieges. Stand vormals die Bildung von Philologen nach traditionellem Vorbild im Vordergrund, so haben wir es heute mit der Ausbildung von Germanisten für einen polyvalenten Arbeitsmarkt zu tun, die sich kompetenzorientiert an den Bedarfen der Gesellschaft orientiert.

Auch wenn sich dieses Buch ausschließlich auf die Germanistik in Mittelosteuropa bezieht, sind doch mit zunehmender Globalisierung gesellschaftliche Entwicklungen, die Transformationen in Bewegung setzen, nicht mehr auf bestimmte Regionen reduziert, enden nicht an nationalen Grenzen, sondern sind international erfahrbar. Dies gilt überall dort, wo durch Internationalisierung und Globalisierung gesellschaftliche Bedarfe geschaffen werden, denen Universitäten durch Bildung und Ausbildung gerecht werden müssen, wenn sie die Employabilität ihrer Absolventen berücksichtigen.

Zu den großen Veränderungen in den letzten Jahrzehnten gehört neben der Globalisierung, insbesondere im europäischen Raum die Bologna-Reform mit dem Ziel zu mehr Transparenz, Durchlässigkeit und Vereinheitlichung im Bildungsbereich, die nach der politischen Wende eine der großen Herausforderungen an Universitäten in Mittelosteuropa wird.

Die vorliegende Studie widmet sich den sogenannten Big Five in Mittelosteuropa: Polen, Slowakei, Tschechien, Ungarn und Rumänien und untersucht für einen begrenzten Zeitausschnitt von der Nachkriegszeit bis in die 2020er Jahre Transformationen und Entwicklungen der Germanistik in diesen Ländern.

Die gewählte Perspektive ist einerseits durch berufliche Teilhabe und Erfahrung in einigen dieser Länder gekennzeichnet, andererseits durch (m)eine Perspektive von außen begrenzt, die sich auch darin äußert, dass fast ausnahmslos deutschsprachige Quellen benutzt worden sind. Es wird sicherlich in der Wahrnehmung der Ergebnisse unterschiedliche Auffassungen und Bewertungen geben, die sich wünschenswerterweise in einer ergiebigen Diskussion um die Aufarbeitung der zeitgeschichtlichen Ereignisse niederschlagen werden.

Das Kernstück dieser Studie bilden qualitative Leitfadeninterviews mit Entscheidungsträgern und Führungspersönlichkeiten, die als Stakeholder und Experten in Funktionsstellen Einfluss auf die Entwicklung der Germanistik in Mittelosteuropa genommen haben. Zu diesen Protagonisten gehören

Staatssekretäre im Bildungsministerium, Vorsitzende von nationalen Verbänden und Leiter von Abteilungen und Studiengängen der Germanistik, denen mein außerordentlicher Dank gilt: Prof. Dr. Dr. h. c. mult. Franciszek *Grucza,* Prof. Dr. Maria Katarzyna Lasatowicz, Prof. Dr. Jacek Makowski und Prof. Dr. Joanna Szczęk (Polen), Prof. Dr. Ingeborg Fiala-Fürst, Prof. Dr. Lenka Vaňková, Prof. Dr. Renata Cornejo und Prof. Dr. Vit Dovalil (Tschechische Republik), Prof. Dr. Nadežda Zemaníková, Prof. Dr. Michaela Kováčová und Prof. Dr. Ingrid Puchalová (Slowakei), Prof. Dr. Károly Manherz, Prof. Dr. Elisabeth Knipf-Komlósi, Prof. Dr. András Masát, Prof. Dr. Péter Bassola und (Ungarn) sowie Prof. Dr. Dr. h. c. Andrei Corbea-Hoişie, Prof. Dr. Gerhard Konnerth, Prof. Dr. Maria Sass und Prof. Dr. Sorin Gadeanu (Rumänien).

Mein Dank gilt dem Fachgebiet „Deutsch als Fremd- und Fachsprache“ an der TU Berlin und ihrem Leiter Professor Thorsten Roelcke.

Dankbar bin ich vor allem auch Professor Ulrich Steinmüller für fachliche Gespräche, Anregungen und Ermutigung und Professor Doris Sava für Diskussionen, Unterstützung und Zuspruch.

Gewidmet sei dieses Buch posthum meinem Ehemann Axel Brünig, der die Anfänge dieser Arbeit noch erleben konnte.

Ellen Tichy

1. Einleitung

1.1. Ausgangssituation und Problemstellung

Der politische Umbruch 1989/1990 traf die kommunistischen Staaten hinter dem Eisernen Vorhang unvorbereitet. Versuche der Entstalinisierung hatte es zwar bereits in allen Ländern gegeben, die allerdings in den meisten Fällen lediglich als leichtes „Tauwetter" in die Geschichte eingegangen sind. Ein Aufbegehren gegen das diktatorische System, der Kampf um Demokratie, war in Ungarn (1956), Polen (1956), Tschechien (1968) und Rumänien (1956) niedergeschlagen worden.

Die Wende markierte den Wechsel von einer marxistisch-leninistischen zu einer freiheitlich-demokratischen Gesellschaft, die in allen Lebensbereichen von Politik und Zivilgesellschaft Transformationsprozesse in Gang setzte. Entpolitisierung und Entideologisierung standen in der Wissenschaftspolitik in Mittelosteuropa im Vordergrund. Die Hochschulen erhielten „die Autonomie und die Freiheit der Lehre einschließlich des freien Austausches mit dem Westen wieder zurück. [...] und wieder das Recht, Forschung zu betreiben und akademische Titel zu vergeben [...]." (Bachmeier 1995: 39)

In den Nachwendejahren steigen die Studierendenzahlen, neue Universitäten werden gegründet und die westlichen Sprachen sind gefragter wie nie zuvor. Gerade in Ländern mit autochthonen deutschen Minderheitengruppen wie in Ungarn, Rumänien, Tschechien, Polen und der Slowakei avanciert Deutsch innerhalb weniger Jahre zu einer der wichtigsten Fremdsprachen an Schulen und in der universitären Ausbildung. In den Folgejahren wird der Auf- und Ausbau der deutschen Sprache im Bildungsbereich mit Vehemenz vorangetrieben, von einer regelrechten Blütezeit sprechen Protagonisten dieser Zeitperiode. Erst mit der Jahrtausendwende findet diese bedingt durch die demografische Entwicklung und die wachsende Vorrangstellung des Englischen ein Ende.

Aus bildungspolitischer Perspektive bestreitet allerdings die Bologna-Reform den nachhaltigsten Einfluss am europäischen Bildungsmarkt. Der Grundstein wird mit der Bologna-Erklärung vom 19. Juni 1999 gelegt. Zu den wichtigsten Zielen gehören die Vergleichbarkeit von Studienstrukturen, die mit der Stufung zu Bachelor- und Masterstudiengängen in die Praxis umgesetzt wird (später auch PHD), die Modularisierung von Studieninhalten, die Schaffung von mehr Transparenz u.a. durch die Einführung des European Credit Transfer System (ECTS), die Verbesserung der Mobilität von Studierenden und

Hochschulangehörigen, die Förderung des lebenslangen Lernens und eine verbesserte Beschäftigungsbefähigung („Employability“) von Absolventen.

Neben anderen Ländern der EU werden auch in Mittelosteuropa u.a. in Polen, der Tschechischen Republik, der Slowakei, Ungarn und Rumänien die Vorgaben der Bologna-Erklärung in die Praxis umgesetzt.

Die damit einhergehende – längst überfällige – Vergleichbarkeit von Studienstrukturen und -abschlüssen und die Anrechenbarkeit bzw. Akzeptanz von im Ausland erworbenen Studienabschlüssen sowie die Förderung der Mobilität und eine intensivere Vernetzung insbesondere auf der Ebene des wissenschaftlichen Austausches wird positiv wahrgenommen, auch weil durch diesen Prozess Fachinhalte und Konzepte der Germanistik überdacht, Internationalisierung intensiviert und in Curricula regionalspezifische Profilierungen neu gesetzt werden können. Diese Vorteile können jedoch andererseits nicht darüber hinwegtäuschen, mit welchen Schwierigkeiten die Umsetzung der neuen Studienstrukturen bzw. Curricula verbunden waren und teils immer noch sind. Fast einheitlich berichten Protagonisten der genannten Referenzländer über die mangelnde inhaltliche Vorbereitung, die dem außerordentlichen Zeitdruck geschuldet war. Die Curricula von Diplom- und Lizenzstudiengängen mit einer durchschnittlichen Dauer von vier teils auch fünf Jahren sollten in die neuen Studienstrukturen in 3 + 2 (Bachelor und Master) überführt werden. Die Vorgaben von Praxis- und Arbeitsmarktorientierung einerseits und der Wunsch, traditionelle Kerndisziplinen der Germanistik nicht aufgeben zu wollen, führten fast immer zu einer Überfrachtung von Curricula, die genau das Gegenteil dessen bewirkten, was mit der Bologna-Erklärung gefordert wurde – eine Verschulung des Studiums. Auch wenn in den Referenzländern nicht dezidiert von einer Bildungspolitik Humboldt'scher Prägung berichtet wurde, so verweisen die Curricula aus der Zeit vor der Bologna-Reform doch auf Strukturen traditioneller Teildisziplinen der traditionellen Germanistik: (Literaturwissenschaft, Sprachwissenschaft, Mediävistik), die sich häufig eng an den Curricula bundesdeutscher Universitäten orientierten. Universitäten waren Bildungsstätten mit traditionellem Selbstverständnis und zugleich Ausbildungsstätten für die Bedarfe des lokalen Marktes. Auch dies trifft auf alle Referenzländer zu.

In der heutigen globalisierten Wissensgesellschaft ist das Wissen zum wichtigsten Produktionsfaktor geworden. Der Anteil der Erwerbstätigen in den klassischen Beschäftigungssektoren hat sich in den letzten 150 Jahren entscheidend verändert. Landwirtschaft und Produktion waren um 1880 die wichtigsten Beschäftigungssektoren, heute sind es Dienstleistungen und im Besonderen und mit steigender Tendenz Informationsdienstleistungen. Informations- und Kommunikationstechnologien sind für die wirtschaftliche und gesellschaftliche Entwicklung die entscheidenden Faktoren für Wettbewerbsfähigkeit und Erfolg. Wissen wird damit zur wichtigsten „Ware" in der postindustriellen Gesellschaft.

Die Globalisierungsprozesse des 20. Jahrhunderts verändern die Arbeitswelt – nicht nur durch die fortschreitende Digitalisierung der Gesellschaft, verkürzte Ausbildungszeiten im Schul- und Hochschulbereich durch flexiblere und modularisierte Kurzstudiengänge. Bildungspolitik, Bildung und Ausbildung werden durch die Belange von Wirtschaftsfaktoren definiert. Ganzheitliche Bildungsideale werden von Pragmatismus, Nützlichkeitsdenken und ökonomischer Verwertung verdrängt. Das „Nützlichkeitsdenken" erreicht auch die Universität als Institution per se: Die Ökonomisierung deutscher Hochschulen leitet „eine Abkehr von der jahrhundertealten Tradition der Universität als Bildungseinrichtung" ein. Gravierende Veränderungen sollen Verschlankung, höhere Eigeninitiative und Selbstfinanzierung, Wettbewerb, Elitenförderung bewirken, die Verschulung des Studiums durch die Bachelor- und Masterstudiengänge zu schnelleren Abschlüssen führen, wobei Studieninhalte den Erfordernissen des Arbeitsmarktes angepasst werden sollen (vgl. Laude 2006: 1 f.).[1] Neben Lehre und Forschung als Kernmissionen gerät die dritte Mission, die gesellschaftliche Verantwortung von Universitäten, zunehmend in den Blickpunkt.

> Inhaltlich richten sich gesellschaftliche Erwartungen an die Hochschulen, die über deren herkömmliche Aufgaben in Forschung und Lehre hinausgehen, vor allem in zweierlei Hinsicht: zum einen aktivere Kommunikation mit der Gesellschaft über Zukunftsfragen (public understanding of science), zum anderen ein stärkeres regionales Wirksamwerden. (Henke u.a. 2017: 11)

Auf der Grundlage der hier skizzierten Veränderungen in Zivilgesellschaft und Wirtschaft stellen sich folgende Fragen: Welche Entwicklungen und Tendenzen lassen sich im Bildungssektor aus der Sicht des Humboldt'schen Denkens bzw. eines traditionellen Bildungsideals ausmachen? Kann von einer Abwendung vom Bildungsideal Humboldts bei zunehmender Ökonomisierung des Wissens und Bildungswesens gesprochen werden?

In den Positionen von Protagonisten der genannten Referenzländer wird deutlich, dass Studienangebote für erforderlich gehalten werden, die auf eine

---

1 Laude, Robert: Ausbildung statt Bildung – Zur Zerstörung des humanistischen Bildungsideals [Beitrag vom 15.06.2006]; https://iley.de/?article=DEBATTE-ausbildung_statt_bildung_-_zur_zerstrung_des_humanistischen_bildungsideals [Stand: 13.07.2019].

sich wandelnde Arbeitswelt vorbereiten. Praxisorientierung und die Vermittlung von Schlüsselqualifikationen wie z.B. Kommunikations- und Teamfähigkeit, Einsatzbereitschaft (Proaktivität), Flexibilität und Mobilität werden zu entscheidenden Kompetenzen, die die Employability der Absolventen für einen polyvalenten Arbeitsmarkt steigern sollen. Gleichermaßen existiert eine außerordentliche Wertschätzung gegenüber traditionellen Bildungsinhalten in allen Referenzländern, für deren Erhalt mit großem Engagement gekämpft wird. Beachtenswerterweise offenbart sich geradezu in scheinbar „zweckfreien" Teildisziplinen der traditionellen Germanistik die Vermittlung und Aneignung von Kompetenzen, wie Fach-, Methoden-, Sozial- und Selbstkompetenz, die für einen polyvalenten Arbeitsmarkt bedeutsam sind.

1.2. Zielstellung

Zwölf Jahre hatte ich die Gelegenheit als DAAD-Lektorin zunächst in Ungarn/Szeged und dann in Rumänien/Hermannstadt die bildungsgeschichtliche Entwicklung der Germanistik an diesen Universitäten und in diesen Ländern mitzuerleben. So konnte ich in dieser Zeit die beschriebene Ausgangssituation, die Problemstellung und die hier als Ziel- und Fragestellung formulierten Postulate aktiv begleiten.

Ziel der vorliegenden Forschungsstudie war es, Wechselwirkungen und Transformationsprozesse der curricularen Entwicklung an germanistischen Lehrstühlen und Instituten in Mittelosteuropa zwischen den Wendejahren 1989 und der zweiten Dekade unseres Jahrhunderts zu erfassen und zu dokumentieren. Als Referenzstaaten für die besagte Region wurden Polen, die Tschechische Republik, die Slowakei, Ungarn und Rumänien gewählt.

Diverse Einzelfalldarstellungen belegen den dargestellten Status quo und die erörterten Herausforderungen germanistischer Studiengänge in Mittelosteuropa.

Exemplarisch seien die thematisch länderübergreifenden Sammelbände von König (1995): *Germanistik in Mittel- und Osteuropa 1945–1992*, Middeke (2010): *Entwicklungstendenzen germanistischer Studiengänge im Ausland. Sprache, Philologie, Berufsbezug*, Tichy u.a. (2014): *Deutsch in Mittelosteuropa nach 1989. 25 Jahre Germanistikstudiengänge, Deutschlehrerausbildung, DaF-Lehrwerke und DaF-Unterricht* genannt, ebenso Gester und und Kegyes (2015): *Quo vadis, DaF? Betrachtungen zu Deutsch als Fremdsprache in den Ländern der Visegrád-Gruppe* sowie Eichinger u.a. (Hrsg.) (2008): *Handbuch der deutschen Sprachminderheiten in Mittel- und Osteuropa* als auch Tichy u.a. *Germanistik und Wirtschaft in der Diskussion* (2018) und Tichy u.a. *Germanistische Diskurs- und Praxisfelder in Mittelosteuropa* (2019) die für den gewählten Sprach- und Kulturraum wichtige Informationen vermitteln. Länderspezifische Beiträge zu einzelnen Aspekten der universitären Ausbildung an germanistischen Instituten seinen hier ebenso exemplarisch genannt, wie z.B. Masát u.a. (2017): *Germanistik in Ungarn. Klassische Bildung und/oder Arbeitsmarktorientierung*, Tichy (2018): *Profile der Germanistik in Rumänien*, Guțu u.a. (1997): *Beiträge zur Geschichte der Germanistik in Rumänien*, Stănescu (2005): *Entwicklungen der Germanistik und Deutschlehrerausbildung in Rumänien*, Fiala-Fürst (2014): *Das Fach Deutsch als Sprache der Geisteswissenschaften an der Palacky-Universität in Olmütz*/Tschechien, Szczęk (2018): *Sinkende Deutschkenntnisse, sinkende Studentenzahlen – Einige Bemerkungen zur Entwicklung des Studiengangs Germanistik* in Polen um nur einige zu nennen.

Über diverse Einzelfalldarstellungen hinaus existiert jedoch keine systematische Erfassung von Transformationsprozessen und keine Auseinandersetzung von zukunftsweisenden Entwicklungen. Ebenso ist der Verbleib von Absolventen germanistischer Studiengänge nur unzureichend erfasst. Entwicklungen deuten darauf hin, dass ein erheblicher Anteil von ausgebildeten Germanisten in die lokale Wirtschaft gehen; oftmals zu deutschen Unternehmen.

Die Studie ging davon aus, dass sich die Erfassung von Transformationsprozessen an Meilensteinen orientiert, die einen erheblichen Einfluss auf die Positionierung und curriculare Ausrichtung der Germanistik hatten.

Die Studie erfasst die zeitgeschichtliche Entwicklung der Germanistik im Einzelnen mit folgenden Fragen:

- Auf welcher zeitgeschichtlichen Grundlage (1945–1989) konnte sich die Germanistik in und mit der Wendezeit positionieren und entwickeln?
- Welche Transformationsprozesse kennzeichnen den politischen Umbruch und die erste Dekade bis zur Jahrtausendwende?
- Welche Meilensteine lassen sich für die erste Dekade nach der Jahrtausendwende ausmachen – insbesondere mit der Bologna-Reform, zunehmender Globalisierung und dem Rückgang an Immatrikulationen?
- Wie positioniert sich die Germanistik in Mittelosteuropa in der aktuellen Dekade bis 2020 vor dem Hintergrund bildungspolitischer Eingriffe und einem polyvalenten Arbeitsmarkt nicht nur für Germanisten?

Im Detail geht die Studie Korrelationen zwischen einzelnen Faktoren und der Positionierung der Germanistik nach:

- wie der Stellung des Deutschen im Verhältnis zu sprachenpolitischen Entscheidungen (Deutsch als erste oder zweite Fremdsprache an Schulen) und deren Konsequenzen für Studiengänge an germanistischen Instituten,
- Bedarfen am lokalen Arbeitsmarkt (Ansiedlung deutschsprachiger Unternehmen in Mittelosteuropa) und Reaktionen im germanistischen Bildungssektor,
- und einem immer differenzierter werdenden Arbeitsmarkt, der neue Anforderungen an die Bildung und Ausbildung von Germanisten stellt (polyvalenter Arbeitsmarkt) und die Erweiterung des Selbstverständnisses von Germanistik bzw. dessen Grenzen.

Darüber hinaus fragt die Studie:

- nach dem Verbleib der Absolventen germanistischer Studiengänge,
- nach Kernkompetenzen der Germanistik, wie sie von Protagonisten an germanistischen Instituten und Dachverbänden der Germanistik in Mittelosteuropa für unabdingbar gehalten werden und
- nach Zukunftsvisionen der Protagonisten an germanistischen Instituten und Dachverbänden in Mittelosteuropa.

1.3. Methode

Die Studie arbeitete mit einer Triangulation von Methoden und Datensorten, um eine höchstmögliche Validität zu sichern.

Die Auswahl an Methoden und Datensorten umfasste:

- Dokumentenanalysen (z.B. Webseiten von Universitäten/Lehrstühlen/Instituten der Germanistik, Webseiten von DAAD-Außenstellen und Informationszentren, Webseiten der germanistischen Dachverbände in den jeweiligen Ländern),
- Analyse der Fachliteratur,
- qualitative Interviews mit Vertretern von Dachverbänden der Germanistik in den einzelnen Ländern sowie weiteren Funktionsträgern an germanistischen Instituten und Lehrstühlen (teils über Skype; häufiger aber auf Wunsch in Face-to-Face-Interviews)

Der methodologische Ansatz orientiert sich an der sogenannten „Grounded Theory" (Glaser/Strauss 1967), ein Konzept, das auf einen direkten Bezug zur empirischen Wirklichkeit basiert. Dem Prozess des Entdeckens von Konzepten und Hypothesen, die für einen Forschungsbereich relevant sein können, wird dabei zentrale Bedeutung beigemessen (vgl. Lamnek 2010: 91).

Hinsichtlich der qualitativen Interviews wurde die Form des episodischen Interviews (Flick 1995) angewendet, welches in seiner grundlegenden Form davon ausgeht, dass Subjekte hinsichtlich der Untersuchungsgegenstände Erfahrungen vermitteln können, die in zwei verschiedenen Formen von Wissen anzutreffen sind:

> narrativ-episodisches Wissen, das aus unmittelbarer Erfahrungsnähe hervorgeht und einen Erinnerungsfundus an konkreten Begebenheiten beinhaltet. Die zweite Form repräsentiert das semantische Wissen und bezeichnet das aus Erfahrungen abgeleitete Wissen, d.h. Generalisierungen, Abstraktionen und die Eruierung bestimmter Zusammenhänge durch das Subjekt. Es geht besonders darum, Begriffe zu benennen und diese miteinander in Beziehung zu setzen. (Lamnek 2010: 331)

Die Auswahl der Interviewpartnerinnen und -partner erfolgte theoriegeleitet, d.h. über die Eruierung von Entscheidungsträgern und Führungspersönlichkeiten, die als Stakeholder und Experten in Funktionsstellen Einfluss auf die Entwicklung der Germanistik in Mittelosteuropa genommen hatten. Die Interviews wurden auf der Basis eines Leitfadens durchgeführt, der sich an dem Wirkungszeitraum in chronologischer Abfolge der Tätigkeit des Experten orientierte und als Gesprächsimpulse wichtige Ereignisse, die später als Kategorien in die Analyse eingingen, zur Diskussion stellte. Ziel der Interviews war die Erfassung narrativ episodischen Wissens, retrospektive Interpretationen des Handelns der Protagonisten, weniger das theoretische deklarative Wissen, sondern das prozedurale Wissen über Vorgänge, Abläufe und die Einschätzung bis hin zur Entwicklung von Zukunftsvisionen, von subjektiven Theorien.

Die Interviews bilden den Kern der Studie, sie belegen eindrucksvoll, wie narrativ-episodisches Wissen und semantisches Wissen in Form von Generalisierungen, Abstraktionen und Zusammenhängen sich ergänzen und ineinandergreifen.

Die Evaluation der Interviews orientiert sich an der qualitativen Inhaltsanalyse, wie sie insbesondere von Ebert u.a. (2009) und Kuckartz (2018) vertreten wird. Auf eine online gestützte Analyse, wie Kuckartz sie favorisiert, habe ich dennoch aufgrund der überschaubaren Zahl an Interviews (19 Interviews) verzichtet.

Die Datenexploration erfolgte sowohl „fallorientiert“, in dieser Studie länderspezifisch als auch „fallübergreifend“ bzw. länderübergreifend. Damit werden Ähnlichkeiten und Divergenzen erfasst. Die Auswertung basiert auf sogenannten „Kategorien“, die in der vorliegenden Studie als Meilensteine bezeichnet wurden, da sie einem zeitgeschichtlichen Rahmen entsprechen.

Meist handelt es sich bei Kategorien um eine kurze und prägnante Beschreibung, Kuckartz u.a. (2007: 65) bezeichnet Kategorien auch als „Code“, denen inhaltlich die entsprechenden Textstellen zugeordnet werden, um sie themenbezogen bündeln, interpretieren und auswerten zu können. Diese Tätigkeit wird als „Codieren“ bezeichnet (vgl. Kuckartz u.a. 2007: 65).

> Unter einer kategorienbasierten Auswertung verstehen wir die Zuordnung von Textpassagen zu thematischen für die Auswertung relevanten Kategorien. Eine Kategorie dient in erster Linie dazu, die Antworttexte zu strukturieren und zu segmentieren, um sie einer systematischen, thematischen Analyse zugänglich zu machen. [...] Als Kategorie kommen neben einzelnen Worten („Projektarbeit“) auch Themenbezeichnungen („Austausch mit Freunden“) und Kurzsätze („Wie wurde der Stoff erarbeitet?“) in Frage. Eine Kategorie wird häufig auch als Code bezeichnet und der Vorgang, Textstellen passenden Kategorien zuzuordnen, wird dementsprechend codieren genannt. (Kuckartz 2007: 76)

Die weitere Erkundung des qualitativen Datenmaterials erfolgt durch die gezielte Suche nach Begriffen und Themen; so werden Kompendien zu Begriffen und Themen, wie in der vorliegenden Studie z.B. zu „Bologna-Reform“, „Rückgang der Immatrikulationen“, „bildungspolitische Eingriffe“ erstellt, zu denen die Textstellen codiert werden. Diese Kategorien sind aus deduktiven theoretischen Überlegungen bzw. Verfahren entstanden, weil diese sich aus der zeitgeschichtlichen Entwicklung ergeben und Informationen bereits vorliegen.

Diese Textstellen sind in die Evaluation eingeflossen – sie erweitern das theoretische deklarative Wissen um das prozedurale Wissen über Vorgänge, Abläufe und die Einschätzung bis hin zur Entwicklung von den bereits erwähnten subjektiven Theorien, die sich insbesondere in den Zukunftsvisionen zur Viabilität der Germanistik in Mittelosteuropa äußert.

2. Deutsch in Mittelosteuropa – geschichtsregionale Einbettung und aktueller Stand in Bildung, Politik und Wirtschaft

Mit Blick auf die Vielfalt der Begrifflichkeiten und Konzepte muss betont werden, dass die unterschiedlichen (Raum-)Zuordnungen prinzipiell mit der Geschichte und Heterogenität der Region „Mittelosteuropa", den ausschlaggebenden (geografischen, ethnisch-sprachlichen, kulturellen oder konfessionellen) Kriterien und politisch-wirtschaftlichen Zusammenhängen verbunden sind.

Aus politischer Sicht werden die osteuropäischen und die mittelosteuropäischen Länder oft gemeinsam betrachtet, wenn auch die Zugehörigkeit dieser Länder zu dieser Region nicht eindeutig ist und ihre Abgrenzung je nach Kontext variiert. Bis 1989 wurde hierfür der Begriff *Ostblock* für die sozialistischen Staaten Mittel- und Osteuropas verwendet, die unter dem Einfluss der Sowjetunion (UdSSR) standen. In diesem Sinne wird aus politischer Sicht die ebenfalls verbreitete Bezeichnung *Osteuropa* gebraucht, auch wenn diese aus geografisch-historischer Sicht nicht zutreffend ist.

Geografisch bezeichnet der Begriff „Osteuropa" den europäischen Teil Russlands, der nordwestliche Teil Kasachstans, den mittleren und östlichen Teil der Ukraine (mit Ausnahme der Karpatenukraine und Galizien, die häufig Mitteleuropa zugeordnet werden) und große Teile von Weißrussland. Historisch erfasst der Begriff die Ukraine, den europäischen Teil Russlands, Weißrussland und die Republik Moldau.

Der wirtschaftspolitische Begriff Mittelosteuropa (engl. CEE für *Central and Eastern Europe*) ist umfassender als der von „Mittelosteuropa", der traditionell die Länder Polen, Tschechien, die Slowakei, Ungarn, Rumänien, Slowenien und Kroatien umfasst. Zum Kerngebiet Mittelosteuropas gehören die Staaten der Visegrád-Gruppe (Polen, Slowakei, Tschechien und Ungarn).[2]

---

2 Die Abgrenzung Südosteuropas gegenüber Mittelosteuropa ist problematisch, da keine eindeutige geografisch-historische Trennungslinien auszumachen sind und sich diese Region über bestimmte historische, politische und kulturelle Zusammenhänge definiert. Der Begriff „Südosteuropa" wurde in der Zwischenkriegszeit als neutrale Alternative zu dem negativ konnotierten Begriff „Balkan" eingeführt. Während Südosteuropa die Gebiete vom Karpatenbogen bis zu Adria, Ägäis und dem

Im ethnischen, sprachlichen und kulturellen Sinn bezeichnet der Begriff „Osteuropa" vereinfachend den von den slawischen Völkern bewohnten Teil Europas, wenn auch Ungarn, Rumänien, Moldau und Estland nichtslawische Länder sind.

Nach einer engeren Begriffsauffassung werden unter „Mittelosteuropa" diejenigen Länder subsumiert, die im Rahmen der EU-Erweiterung 2004 und 2007 in die Europäische Union aufgenommen wurden oder sich im Erweiterungsprozess befinden und die politisch-wirtschaftlich kooperieren: Estland, Lettland, Litauen (EU-Beitritt 2004), Ungarn, Tschechien, die Slowakei und Polen (die Visegrád-Gruppe, EU-Beitritt 2004), Albanien, Bosnien und Herzegowina, Kosovo, Kroatien, Mazedonien, Montenegro, Serbien und Slowenien (teilweise der EU beigetreten oder im derzeitigen Erweiterungsprozess), Bulgarien und Rumänien (Beitritt 2007). Nach einer weiten Auffassung wird dieser Begriff auch für die Staaten östlich der EU-Grenzen vor der EU-Oster-

---

Schwarzen Meer umfasse (im Norden auch Ungarn und die Slowakei), sei der Balkan das Gebiet andauernder direkter osmanischer Herrschaft und im Norden durch die Flüsse Save und Donau begrenzt. In unterschiedlichen Kontexten werden die Gebiete der heutigen Staaten Slowakei, Slowenien oder Ungarn zum Teil zu Südosteuropa gezählt. Unumstritten ist die Zuordnung Albaniens, Bosnien-Herzegowinas, Bulgariens, Griechenlands, Kosovos, Makedoniens, Montenegros, Rumäniens und Serbiens zu Südosteuropa. Darüber hinaus wird Südosteuropa neben Mittelosteuropa und dem ostslawischen Siedlungsraum (Schwerpunkt Russland) als eine der drei historischen Teilregionen Osteuropas behandelt. Vgl. https://ome-lexikon.uni-oldenburg.de/begriffe/suedosteuropa/[Stand: 19.03.2019]. Unter „Südosteuropa" fallen im geografischen und politischen Sinne Albanien, Bosnien und Herzegowina, Bulgarien, Griechenland, Kosovo, Kroatien, Mazedonien, die Republik Moldau, Montenegro, Rumänien, Serbien, Slowenien, Türkei (Ostthrakien), die Türkische Republik Nordzypern, Transnistrien, Ungarn, Zypern sowie ein Teil der der Ukraine (der Budschak). Vgl. https://www.lexas.de/europa/suedosteuropa.aspx [Stand: 19.03.2019]. Das für die Standardisierung geografischer Namen im deutschsprachigen Raum zuständige Gremium (Ständiger Ausschuss für geografische Namen) befürwortet eine engere Definition von Südosteuropa. In seiner „Großgliederung Europas nach kulturellen Kriterien und politischen Grenzen" gehören Kroatien, Slowenien, Ungarn und die Türkei nicht zu Südosteuropa, Moldau und Zypern schon. Die Deutsche Gesellschaft für Staatenkunde zählt folgende Länder zu Südosteuropa: Albanien, Bosnien und Herzegowina, Bulgarien, Griechenland, Kosowo, Kroatien, Mazedonien, Montenegro, Rumänien, Serbien, Zypern. Vgl. http://www.staatenkunde.de/dgfs/datenbank/db-sb.php?sb=17&k=4 [Stand: 19.03.2019].

weiterung verwendet (Ukraine, Weißrussland, die Republik Moldau, Russland, Kasachstan).[3]

Historisch-kulturell betrachtet werden meist jene Gebiete als „Mitteleuropa" bezeichnet, die vor 1918 zum Deutschen Reich und zur KuK-Monarchie Österreich-Ungarn gehörten. Politisch war Mitteleuropa von 1945–1989 durch den Eisernen Vorhang getrennt, dadurch wurden die zentraleuropäischen Staaten östlich davon auch oft zu Osteuropa gezählt. In der britisch-amerikanischen Sichtweise Europas liegt Mitteleuropa (Central Europe) weiter westlich als in der Definition im deutschen Sprachraum: Mitteleuropa beginnt dementsprechend am Ärmelkanal und umfasst auch Frankreich und die Benelux-Staaten. Alle östlich des ehemaligen Eisernen Vorhanges gelegenen Staaten werden hingegen zu Osteuropa gezählt.

In der vorliegenden Arbeit wird der Begriff Mittelosteuropa als geschichtsregionales Konzept im Kontext der Positionierung der Germanistiken während des Kalten Krieges und nach dem Fall des Eisernen Vorhangs bzw. dem EU-Beitritt dieser Länder favorisiert. Unter „Mittelosteuropa" werden daher folgende ost- und mittelosteuropäische Staaten in dieser Region erfasst: Polen, Tschechien, die Slowakei, Ungarn, Rumänien. Aus wirtschaftspolitischer Perspektive betrachtet sind diese Staaten als die „Big five" nach der politischen Wende in die Zeitgeschichte eingegangen – sie sind die Staaten mit den höchsten deutschen Direktinvestitionen in der Region.

Deutsch und die deutsche Kultur haben in Polen, Tschechien, der Slowakei, Ungarn und Rumänien eine besondere Stellung. Diese ist teils durch die geografische Nähe zu Deutschland und Österreich, wie auch durch die wechselhafte Geschichte dieser Länder und durch globale Entwicklungen begründet. Historisch gesehen haben heute noch bestehende deutsche Minderheiten einen erheblichen Anteil am Stellenwert der deutschen Sprache und Kultur in diesen Ländern; betrachtet man lediglich die Entwicklung in den letzten 30 Jahren, dann sind es vor allem wirtschaftliche Aspekte, die in den Vordergrund rücken.

Alle fünf Länder sind Mitglieder in der Europäischen Union, bis auf Rumänien gehören sie zum Schengenraum, in allen Ländern gilt die Arbeitnehmerfreizügigkeit.

---

3 Die Vereinten Nationen rechnen Bulgarien, die Republik Moldau, Rumänien, Russland, die Slowakei, die Ukraine, Ungarn, Polen, Tschechien und Weißrussland zum östlichen Europa.

In Bildung, Politik und Wirtschaft sind der Einfluss und die Bedeutung der deutschsprachigen Minderheit in diesen fünf Referenzländern nicht zu verkennen.

Der letzte Zensus (2011) der Republik **Polen** belegt eine Zahl von 148.000 Menschen mit der ethnischen Zugehörigkeit Deutsch.[4] Davon gaben allerdings nur etwa 45.000 Personen an, sich ausschließlich als Deutsche zu sehen, die meisten definierten ihre Zugehörigkeit sowohl als polnisch wie auch deutsch. Der Anteil an der Gesamtbevölkerung Polens beträgt 0,38 %, wobei die meisten Deutschen in der Region Oberschlesien in der Woiwodschaft Oppeln (poln.: Województwo opolskie), gefolgt von der Woiwodschaft Schlesien (poln.: Województwo śląskie) leben. Der höchste Bevölkerungsanteil der deutschen Minderheit ergibt sich für Oppeln mit einem Anteil an der Gesamtbevölkerung von 10 %. Die durch den Zensus erhobenen Zahlen sind jedoch nicht unumstritten. Nach Schätzung des Vorsitzenden des Verbandes deutscher Gesellschaften in Oppeln, Bernard Gaida, würde die Zahl der Deutschen in Polen bei etwa 300.000 liegen.[5]

Die Vertreibung und Enteignung nach dem Zweiten Weltkrieg hatten zum einen den Anteil der deutschen Bevölkerung entscheidend minimiert und zum anderen den in Polen verbliebenen Deutschen – bedingt durch den Polonisierungsdruck – den Erhalt der deutschen Sprache und Kultur erheblich erschwert.

> Durch das bis 1989 geltende Verbot, in Oberschlesien (Woiewodschaften Opole/Oppeln und Kattowice/Kattowitz) Deutsch zu unterrichten, sind dort heute vor allem die Angehörigen der älteren und alten Generation aktive Sprecher, während die mittlere Generation kein Deutsch spricht und die jüngere Generation es erst wieder erlernt. (Lasatowicz/Weger 2008: 158)

Erst nach der politischen Wende gewinnt die deutsche Sprache, als Fremdsprache, in den Schulen aber auch als Allgemeinsprache in Schlesien wieder an Bedeutung. Die Öffnung der Grenzen, die Hinwendung zu deutscher Kulturalität und wirtschaftliche Interessen in dieser Region lassen erkennen, „dass

---

4 Vgl. im Folgenden: Polnisches Statistikamt, Ludność. Stan i struktura demograficzno-społeczna – NSP 2011 S. 262 ff., http://stat.gov.pl/cps/rde/xbcr/gus/LUD_ludnosc_stan_str_dem_spo_NSP2011.pdf zit. nach: Deutscher Bundestag. Wissenschaftliche Dienste. Sachstand. Die deutsche Minderheit in Polen, S. 4 [Stand: 19.03.2019].

5 Das Polen Magazin. https://www.das-polen-magazin.de/polen-statistikamt-korrigiert-zensusergebnisse-fuer-nationale-und-ethnische-minderheiten/ [Stand: 19.03.2019].

immer häufiger Kinder in der deutschen Sprache erzogen werden." (Lasatowicz/Weger 2008: 166)

Heute ist die deutsche Minderheit sowohl im polnischen Parlament als auch auf kommunaler Ebene vertreten, am stärksten in der Woiwodschaft Oppeln in verschiedenen politischen Gremien.

In der **Tschechischen Republik** führten Vertreibung und Auswanderungswellen nach dem Zweiten Weltkrieg zu einem erheblichen Rückgang der deutschen Bevölkerung. Lag die Zahl der Deutschen um 1930 noch bei über drei Millionen, so schrumpfte der Anteil im Laufe der folgenden Jahrzehnte auf ca. 18.658 autochthone Deutsche im Land, wie Erhebungen aus dem Jahr 2011 belegen.[6] Der Hauptgründe für die rapide Abnahme in der Vergangenheit liegen in der diskriminierenden Minderheitenpolitik, der Assimilation, Auswanderung und der im Land relativ zerstreuten Ethnie, so Tišerová (2008: 177). Obwohl es heute nur noch wenige deutsche Muttersprachler gibt, spielt die deutsche Sprache in der Tschechischen Republik wieder eine große Rolle, was überwiegend durch wirtschaftliche Faktoren begründet ist, wie z.B. durch Niederlassungen deutscher und österreichischer Firmen und den zunehmenden Massentourismus aus Deutschland und Österreich.

Auch in der **Slowakei** ging die Zahl der autochthonen Deutschen wie in den bereits genannten Staaten im Laufe der letzten 100 Jahre stark zurück; durch die „Evakuierung" des größten Teils der slowakischen Deutschen auf Befehl der NS-Führung zwischen September 1944 und Januar 1945, um so den „Fortbestand der Volksgruppe" zu sichern,[7] und durch Vertreibung und Auswanderung nach Ende des Zweiten Weltkrieges sank die Zahl der Deutschen letztendlich auf unter 1 % an der Gesamtbevölkerung der Slowakei. Die deutsche Sprache wurde aus der Öffentlichkeit verdrängt, die schulische Sozialisation war ausschließlich Slowakisch, folglich verlor auch die deutsche Kultur weitestgehend ihre Basis. Die Sprachkompetenzen sind nach einzelnen Generationen unterschiedlich verteilt. Die vor 1933 Geborenen sind noch in der deutschen Sprache bzw. deutschem Dialekt sozialisiert, für die Folgegeneration der deutschen Minderheit verlief der Erstsprachenerwerb in den Familien zwar auf Deutsch; die schulische Sozialisation jedoch ausschließlich Slowakisch, auch wenn an weiterführenden Schulen bald nach Kriegsende Deutsch als Fremdsprache

---

6 Nach Berechnungen des Tschechischen Statistikamtes. https://gfx.sueddeutsche.de/politik/sudetendeutsche/asset/datawrapper/deutsche-minderheit/index.html [Stand: 20.03.2019].

7 Vgl. Plewnia/Weger (2008: 248).

unterrichtet wurde. Auch in der dritten Minderheitengeneration, bei den zwischen 1952 und 1980 Geborenen, hat sich teils noch die familiale Erstsozialisation in deutscher Sprache erhalten können. Erst für die Generation der nach 1980 Geborenen ist Slowakisch Erstsprache in Familie und schulischer Sozialisation; die deutsche Sprache ist ab dieser Generation fast ausnahmslos Deutsch als Fremdsprache.[8] Heute ist die deutsche Sprache ein wichtiger Wirtschaftsfaktor, was in der Ansiedlung deutschsprachiger Firmen und deren Bedarfen begründet ist.

Auch der Anteil der deutschen Minderheit in **Ungarn** schrumpfte nach dem Zweiten Weltkrieg auf unter 1 % der Gesamtbevölkerung. Wie in den anderen Referenzländern hatten Enteignung, Vertreibung und der Assimilationsdruck nicht nur die Zahl der Deutschen erheblich minimiert, sondern auch die deutsche Sprache und Kultur aus dem öffentlichen Leben verbannt. Deutsch bzw. deutsche Mundarten wurden ausschließlich in den Familien gepflegt; die schulische Sozialisation war ausnahmslos Ungarisch geprägt. Auch hier lassen sich Sprachgenerationen unterscheiden.[9] Die Vorkriegsgeneration, vor 1930 Geborene, wird als dialektal geprägte Generation erfasst, je nach Bildungsgrad auch mit standardsprachlicher Deutschkompetenz ausgewiesen. Die Generation II gilt als die sogenannte „stumme Generation", „die ihre Muttersprache zu Gunsten der Landessprache verdrängen musste und aufgegeben hat. Sie hat noch eine gewisse Dialektkompetenz [...]. Der damals noch uneffiziente [...] Deutschunterricht war nicht geeignet, diese noch nicht ausgebauten Strukturen des Deutschen aufzuholen und stabil auszubauen." (Knipf-Komlósi 2008: 302) Die Folgegenerationen sind mehrheitlich dialektal entwurzelt, haben aber zunehmend die Möglichkeit, Deutsch als Fremdsprache über den Schulunterricht oder über den Minderheitenunterricht (in deutscher Sprache) zu erlernen und mit wachsender Globalisierung auch Kontakte über Reisen und Studienaufenthalte in deutschsprachigen Ländern zu erleben.

Vor dem Ersten Weltkrieg gehörten die deutschsprachigen Gebiete des heutigen **Rumänien** zur Habsburgermonarchie und grenzten daher an den geschlossenen deutschen Sprachraum. Diese räumliche Nähe hat nicht nur bis 1918, der Abtretung der Gebiete an Rumänien, zum Spracherhalt beigetragen, sondern darüber hinaus auch eine lebendige deutschsprachige Infrastruktur bis in die Gegenwart erhalten, obwohl die deutschsprachigen Gebiete heute zu Sprachinseln geschrumpft sind und sich die deutschsprachige Bevölkerung

8 Vgl. Plewnia/Weger (2008: 258 f.).
9 Vgl. im Folgenden Knipf-Komlósi (2008: 301 ff.).

durch Emigration auf ca. 30.000 Personen reduzierte (vgl. Lăzărescu/Sava 2019: 502). Die deutsche Minderheit genießt einen überaus guten Ruf, was insbesondere das schon seit Jahrhunderten bestehende und bis heute gut ausgebildete Bildungssystem betrifft.

> [...] die Siebenbürger Sachsen besaßen vor Beginn des Zweiten Weltkrieges ein privates, konfessionelles Schulwesen von großer Differenziertheit – vom Kindergarten bis zu den Lyzeen, den Lehrbildungsanstalten und den berufsbildenden Schulen. [...] Man hatte eigene Lehrpläne oder Lehrplanvarianten im Rahmen der relativ engen staatlichen Richtlinien, eigene Schulbücher, die eigene Tradition und Geschichte konnte vermittelt werden [...]. (König 1996: 91)

Dies hat sich auch in den Jahren nach dem Zweiten Weltkrieg nicht maßgeblich geändert, denn im Unterschied zu anderen Staaten Mittel- und Osteuropas hat es in Rumänien auch in kommunistischer Zeit ohne Unterbrechung ein deutschsprachiges Schulwesen gegeben. Es war auch im Kommunismus nie verboten, in der Öffentlichkeit Deutsch zu sprechen und es hat keine Vertreibung der Deutschen nach dem Zweiten Weltkrieg gegeben.[10]

Ehemals für die Angehörigen der deutschen Minderheit eingerichtet, besuchen heute fast ausschließlich Kinder rumänischer Ethnie Schulen mit deutschsprachigem Unterricht. Die deutsche Sprache ist bei den Absolventen „deutscher Schulen" Bildungssprache; eine deutschsprachige Bildungsbiografie vom Kindergarten über Grundschule und Gymnasium bis zur Matura gilt als sichere Eintrittskarte für einen erfolgreichen Start ins Berufsleben oder um ein Studium in einem deutschsprachigen Land absolvieren zu können. Die Nachfrage an diesen Schulen ist so groß, dass nur über strenge Auswahlverfahren ein Platz an einem deutschsprachigen Lyzeum zu bekommen ist und an besagten Schulen aufgrund der großen Nachfrage der Unterricht von morgens um 8.00 bis abends um 20.00 Uhr in zwei Schichten angeboten werden muss. In vielen Stadtparlamenten Siebenbürgens Rumäniens ist die deutsche Minderheit vertreten, in Hermannstadt stellt sie sogar die Mehrheit im Stadtrat dar; der Präsident des Landes, Klaus Iohannis ist Angehöriger der deutschen Minderheit.[11]

Die Geschichte der deutschen Minderheiten in den Referenzländern zeugt von einer weitestgehenden Verdrängung des Deutschen, nichtsdestotrotz spielt die deutsche Sprache seit der politischen Wende wieder eine wichtige Rolle. Das Erlernen der deutschen Sprache ist vor allem im Schulwesen verankert,

---

10 Die Deportation der deutschen Minderheit im arbeitsfähigen Alter durch die sowjetische Besatzungsmacht soll hier allerdings nicht verschwiegen werden.

11 Vgl. auch Tichy, Ellen (2017: 125 f.)

daneben wird Deutsch aber auch von Studierenden an Universitäten und in der Erwachsenenbildung in außerschulischen und außeruniversitären Einrichtungen gelernt.

Von der Zentralstelle für das Auslandsschulwesen werden Deutsche Auslandsschulen (DAS), Deutsch-Profil-Schulen und DSD-Schulen[12] betreut sowie vom Goethe-Institut sogenannte Fit-Schulen.

An Deutschen Auslandsschulen können sowohl deutsche als auch einheimische Schulabschlüsse erworben werden. Die Zahl der DAS ist im Verhältnis zur Gesamtpopulation in Ungarn mit 3 Schulen am höchsten. Deutsch-Profil-Schulen sind Schulen in nationalen Bildungssystemen mit einem ausgeprägten deutschen Unterrichts- und Abschlussprofil; diese Ausprägung kann sich auf eine oder auch mehrere Klassenzüge beziehen (vgl. Tabelle 1). DSD-Schulen sind ebenfalls Schulen in nationalen Bildungssystemen, die das „Deutsche Sprachdiplom" anbieten.

Tab. 1: Deutschsprachiges Schulwesen in den Referenzländern nach Angaben der Zentralstelle für das deutsche Auslandsschulwesen[a]

Schultypen	**Polen (Einwohnerzahl 38 Mio.)**	**Tschechische Republik (Einwohnerzahl 10 Mio.)**	**Slowakei (Einwohnerzahl 5,4 Mio.)**	**Ungarn (Einwohnerzahl 9,8 Mio.)**	**Rumänien (Einwohnerzahl 19,4 Mio.)**
Deutsche Auslandsschule	1	1	1	3	1 (+ 1)
Deutsch-Profil-Schulen	0	1	1	0	2
DSD-Schulen (Deutsches Sprachdiplom)	95	29	34	40	49
Fit-Schulen	10	3	2	3	2

a http://weltkarte.pasch-net.de/ [Stand: 12.02.2019].

12 DSD-Schulen (DSD = Deutsches Sprachdiplom der Kultusministerkonferenz) bieten diese besonderen Sprachprüfungen auf unterschiedlichen Stufen an. Die DSD II-Prüfung gilt als sprachlicher Nachweis für die Aufnahme eines Studiums an einer deutschen Hochschule und ist damit besonders begehrt bei allen Absolventen, die in Deutschland studieren wollen und dort u.U. auch ihre berufliche Zukunft sehen.

Insbesondere der DSD-II-Abschluss ist als Sprungbrett für ein Studium in deutschsprachigen Ländern besonders begehrt, da die Sprachprüfung bei deutschen Universitäten als Sprachnachweis akzeptiert wird.

Polen hat zwar die höchste Anzahl an DSD-Schulen, im Verhältnis zur Einwohnerzahl steht die **Slowakei** mit 34 DSD-Schulen jedoch an vorderster Stelle, gefolgt von der **Tschechischen Republik**. Insgesamt trifft dennoch auf alle fünf Referenzländer eine starke Präsenz der deutschen Sprache in schulischer Ausbildung zu. In allen diesen Ländern hat Deutsch nach Englisch eine sichere zweite Position in der Folge der Sprachenwahl.

Im Abstand von fünf Jahren werden vom Goethe-Institut, der Zentralstelle für das Auslandsschulwesen und dem Deutschen Akademischen Austauschdienst gemeinsam mit dem Auswärtigen Amt Erhebungen durchgeführt, die die Zahl der Deutschlernenden an Schulen, Hochschulen und in der Erwachsenenbildung weltweit erfassen (Netzwerk Deutsch)[13]. So können regionale Veränderungen verfolgt sowie Tendenzen und Entwicklungen für das Interesse an der deutschen Sprache weltweit aufgezeigt werden.

In keinem anderen Land der Welt lernen mehr Menschen Deutsch als in **Polen**, bestätigt das *Netzwerk Deutsch* mit seinen statistischen Erhebungen aus dem Jahr 2015. 2,3 Mio. Deutschlernende gibt es in Polen, davon 2,1 Mio. an Schulen. Deutsch ist nach Englisch die zumeist gelernte Fremdsprache, 90 % der polnischen Schüler lernen Englisch und 40 % Deutsch (Netzwerk Deutsch 2015: 19).

Nach den Erhebungen der StADaF gehörte die **Tschechische Republik** zu den Top 10 der Deutschlerner im Verhältnis zur Einwohnerzahl in Prozent: 7,83 % aller Tschechen lernt Deutsch, gefolgt von der **Slowakei** mit 7,63 %.[14]; 40 % der Deutschlerner wählten Deutsch als erste Fremdsprache, 50 % als zweite und 10 % als dritte oder vierte Fremdsprache. Bei den Vergleichszahlen zum Jahr 1995 zeigte sich ein deutlicher Abwärtstrend in Höhe von 9 %.

Die statistischen Erhebungen von *Netzwerk Deutsch* aus dem Jahre 2010 bestätigen diesen Trend. Während es 2000 noch 624.071 DaF-Schüler gab, sank die Zahl 2010 mit 364.553 Schülern um mehr als 50 %.[15] Diese Entwicklung ist der Sprachenpolitik des Landes geschuldet: Nur noch eine Fremdsprache war

13 Bis 2005 trug Netzwerk Deutsch noch den Namen StaDaF (Ständige Arbeitsgruppe Deutsch als Fremdsprache).

14 Vgl.: StADaF – Ständige Arbeitsgruppe Deutsch als Fremdsprache. Erhebung (2000: 16).

15 Netzwerk Deutsch: Statistische Erhebungen (2010: 11).

an den Grundschulen obligatorisch, in der Regel Englisch. Die zweite Fremdsprache wurde Wahlpflichtfach.

Erst die Erhebungen aus dem Jahre 2015 lassen wieder einen leichten Aufwärtstrend erkennen. Laut der letzten Netzwerk Deutsch-Erhebung der Deutschlernerzahlen von 2015 beträgt die Gesamtanzahl der Deutschlernenden in **Tschechien** 339.941. Davon sind 316.409 DaF-Lerner im Schulbereich und 20.694 im Hochschulbereich. Der Vergleich der DaF-Lerner im Schulbereich gegenüber der letzten Erhebung von 2010 zeigt einen Rückgang von 48.144.[16]. Es wird jedoch erwartet, dass die Einführung einer zweiten Pflichtfremdsprache an Grundschulen 2013 zu einer positiven Trendwende führen wird. Damit sollte auch der Bedarf an Deutschlehrern in den kommenden Jahren steigen.

Nach den statistischen Erhebungen von *Netzwerk Deutsch*[17] ging die Zahl der DaF-Lerner in der **Slowakei** im Schulbereich im Zeitraum von 2005 bis 2015 kontinuierlich zurück. 2010 lag die Zahl bei 262.013 Lernern, 76.519 weniger als 2005 und 2015 sank diese Zahl nochmals um etwas mehr als 8.000 Lerner; somit lag sie nunmehr bei 253.759 mit der perspektivischen Einschätzung auch in Zukunft an Potenzial zu verlieren. In der Erwachsenenbildung hingegen, wie z.B. an Goethe-Instituten ist die Zahl stark ansteigend. Das Goethe-Institut konnte die Zahl seiner Kursteilnehmer seit 2007 um 50 % steigern (vgl. Juhásová 2015: 17). Im schulischen Bereich sind die abnehmenden Zahlen zum einen durch den demografischen Wandel[18] bedingt, zum anderen durch den Anstieg der Fremdsprache Englisch an slowakischen Schulen verbunden mit der Vorgabe einer fakultativen zweiten Fremdsprache. In den slowakischen Schulen war seit 2012 Englisch als erste Fremdsprache verpflichtend. Das slowakische Schulministerium kündigte jedoch im Oktober 2018 an, dass ab dem neuen Schuljahr die Wahl der ersten Sprache liberalisiert werde, was nicht nur die Schulen selbst, sondern auch Vertreter der Deutsch-Slowakischen Industrie- und Handelskammer und das Goethe-Institut begrüßten. Die Schulen erhalten somit die Möglichkeit, neben Englisch auch Französisch, Deutsch, Russisch, Spanisch oder Italienisch als erste Fremdsprache anzubieten.

16 Deutsch als Fremdsprache weltweit. Datenerhebung (2015: 15).

17 Statistische Erhebungen 2010: Die deutsche Sprache in der Welt. Netzwerk Deutsch. https://www.goethe.de/resources/files/pdf19/5759818-STANDARD.pdf

18 Die Zahl aller Studierenden pro Jahrgang hat sich in den letzten zehn Jahren nahezu verdoppelt. Studierten im Jahr 2006 14,4 % eines Jahrgangs, so waren es 28,4 % im Jahr 2015. Bedingt durch den demografischen Wandel sinkt jedoch die absolute Zahl der Studierenden kontinuierlich (DAAD Ländersachstand Slowakei 2017).

Insbesondere für Deutsch als Fremdsprache sind im Zeitrahmen von 2015 bis 2018 slowakeiweit Werbekampagnen mit Unterstützung der Goethe-Institute an den Grundschulen organisiert worden. „Wir wollen Deutsch sprechen", so der Titel der Kampagne. Das Ende der English-only-Politik, deren Auswirkungen bereits aus dem Nachbarland, der **Tschechischen Republik**, bekannt waren,[19] wird mit Sicherheit die Zahl der Deutschlernenden wieder ansteigen lassen.

In **Ungarn** ist nach den statistischen Erhebungen von *Netzwerk Deutsch* aus dem Jahr 2010 eine Zahl von 425.488 DaF-Lernern im Schulbereich in Ungarn belegt, im Vergleich zu den Erhebungen aus dem Jahr 2005 lässt sich ein Rückgang von 144.512 DaF-Lernern ausmachen. 2015 lag die Zahl der DaF-Lerner im Schulbereich bei 426.570, was einen Zuwachs von über 1000 Lernern ausmacht. Die Perspektiven der Entwicklung der Deutschlernerzahlen bei gleichbleibenden Rahmenbedingungen und unter Berücksichtigung der demografischen Entwicklung werden als gleichbleibend eingeschätzt.[20]

In **Rumänien**[21] lag die Zahl an Schulen mit Fremdsprachenunterricht Deutsch bei 173.168 Deutschlernenden; im Erwachsenenbildungsbereich wurden 130 Bildungseinrichtungen mit 30.455 Lernenden gezählt. Die Tendenz ist steigend, sowohl bei den DaF-Lernern an Schulen als auch im Erwachsenenbildungsbereich.

Auch die Zahl der Deutschlerner an Universitäten nimmt einen immer wichtiger werdenden Platz ein. Inzwischen ist diese Zielgruppe bei Weitem größer als die der eingeschriebenen Studierenden an germanistischen Instituten, wie auch Ammon (2015: 966 ff.) bestätigt.[22] Die Zahlen zu DaF-Lernenden im Erwachsenenbereich (siehe Tabelle nach Erhebungen von *Netzwerk Deutsch*) vermittelt keine zuverlässigen Zahlen; es fehlen Angaben, die einen Vergleich

---

19 Erst ab dem Schuljahr 2013/2014 wurde eine zweite Fremdsprache an den Grundschulen in der Tschechischen Republik obligatorisch.

20 Vgl. die Grunddatenerhebungen von 2010 und 2015 von Netzwerk Deutsch. Statistische Erhebungen. Die deutsche Sprache in der Welt. https://www.goethe.de/resources/files/pdf19/5759818-STANDARD.pdf (2010) [Stand: 01.07.2018] und https://www.daad.de/medien/der-daad/unsere-aufgaben/deutsche-sprache/pdfs/daad_germanistik_netzwerk-deutsch_datenerhebung_2015.pdf (2015) [Stand: 01.07.2018].

21 Deutsch als Fremdsprache weltweit. https://www.dw.com/downloads/29827615/statistik-2015-deutschlerner-weltweit.pdf [Stand: 15.07.2018].

22 Bezüglich der Zahlen zu Deutschlernern aller Fakultäten sind die Erhebungen aus *Netzwerk Deutsch* nicht aussagekräftig; Angaben fehlen oder sind mit der Zahl der Germanisten gemeinsam erhoben worden. Dennoch ist in der Praxis hinreichend bekannt, dass diese Zahl erheblich gestiegen ist.

bzw. Entwicklungen erkennen lassen könnten oder die Angaben sind viel zu hoch angesetzt. Aber auch bei dieser Zielgruppe weiß man aus der Praxis, dass die Zahl der Lerner kontinuierlich angestiegen ist (vgl. Tabelle 2).

Tab. 2: DaF-Lernende im Erwachsenenbereich nach *Netzwerk Deutsch*. Statistische Erhebungen 2010 und 2015[a]

Rumänien 2010 im Vergleich zu 2015	**Ungarn 2010 im Vergleich zu 2015**	**Slowakei 2010 im Vergleich zu 2015**	**Polen 2010 im Vergleich zu 2015**	**Tschechische Republik 2010 im Vergleich zu 2015**
90.000 (gelten aus heutiger Sicht zu hoch angesetzt) 30.455	keine Angabe zu 2010 keine Angabe zu 2015	3.884 4.805	keine Angabe zu 2010 49.400	33.000 keine Angabe zu 2015

a Netzwerk Deutsch. Die deutsche Sprache in der Welt. Erhebungen 2010 (www.goethe.de/resources/files/pdf19/5759818-STANDARD.pdf) [Stand: 01.07.2018].

Die deutsche Sprache und Kultur spielt im lokalen und globalen Wirtschaftssektor mit seinen deutschsprachigen Handelspartnern eine wichtige Rolle. Die wirtschaftlichen Beziehungen sind in den letzten 30 Jahren erheblich ausgebaut worden. Der Bankencrash von 2008 hatte zwar zu einem vorübergehenden Einbruch geführt, von dem sich die Wirtschaftsbeziehungen zwischen Deutschland und Mittelosteuropa innerhalb von wenigen Jahren jedoch erholt hatten. Heute erweisen sich die deutschen Direktinvestitionen[23] nach CEE (Central and Eastern Europe) als deutlich höher als z.B. in China oder Lateinamerika.

> At the end of 2016, the total stock of German FDI in the CEE-17 countries amounted to more than 106 billion euros, which is significantly more than the capital invested in China or LatinAmerica. The five largest CEE economies (PL, CZ, RO, HU, SK) so far

23 Direktinvestitionen sind Kapitalanlagen eines Unternehmens im Ausland zur Gründung von oder zur Beteiligung mit unternehmerischer Verantwortung an Unternehmen, Produktionsstätten oder Niederlassungen. Dabei ist der Zufluss an Direktinvestitionen aus dem Ausland auch ein Maß für die Attraktivität eines Landes als Unternehmensstandort. Bundeszentrale für politische Bildung (bpb). http://www.bpb.de/nachschlagen/lexika/lexikon-der-wirtschaft/19059/direktinvestitionen [Stand: 24.03.2019].

attracted more than 20 per cent of all German outward FDI in the global automotive industry.[24]

Die Direktinvestitionen der „großen Fünf“ Polen, Tschechien, Slowakei, Ungarn und Rumänien liegen bei 92,8 Milliarden Euro (vgl. Tabelle 3).

Tab. 3: German outward FDI in CEE countries – 2016 Stock in bln EUR World total CEE Big-5 Poland, Romania, Slovakia, Czech R., Hungary[a]

CEE Big 5	Polen	Tschechische Republik	Slowakei	Ungarn	Rumänien
Central Eastern Europe = 92.8	29.3	29.0	7.4	18.1	9.0

a Vgl. ebenda, S. 9.

Als problematisch erweisen sich mit lokal unterschiedlich starker Ausprägung nach Erhebungen der DTIHK (Deutsch-Tschechische Industrie- und Handelskammer)[25] in der gesamten Mittelosteuropa-Region die Standortfaktoren: Verfügbarkeit von Fachkräften, das mangelhafte Berufsbildungssystem (eine duale Berufsausbildung nach deutschem Vorbild existiert weitgehend nicht) und die Bekämpfung von Korruption und Kriminalität. Zu den Pluspunkten in der Region gehören u.a. die Zugehörigkeit zur EU, die akademische Ausbildung und die Produktivität und Leistungsbereitschaft der Arbeitnehmer. Um dem Fachkräftemangel entgegenzuwirken, suchen deutsche Unternehmen den Kontakt und die Zusammenarbeit mit Schulen und Hochschulen. Die Schaffung attraktiverer Arbeitsbedingungen sowie Automatisierung und Digitalisierung sind weitere Maßnahmen, die vorrangig zur Abfederung des Fachkräftemangels in den letzten zwei Jahren eingesetzt wurden. Im Standortranking nehmen alle hier aufgeführten Referenzländer einen Platz unter den ersten zehn ein, in Spitzenposition **Tschechien** und **Polen**.

24 AHK Investment Climate Survey Central and Eastern Europe. S. 8 https://www.dsihk.sk/fileadmin/AHK_Slowakei/Publikationen/AHK_Investment_Climate_Survey_CEE_2018.pdf [Stand: 06.04.2019].

25 Vgl. AHK Konjunkturumfrage 2019. Gemeinsame Erhebung von AHKs in 15 mittel- und osteuropäischen Ländern. https://tschechien.ahk.de/fileadmin/AHK_Tschechien/Pressemitteilungen/PM_2019/DTIHK-Konjunkturumfrage_2019_DE.pdf [Stand: 07.04.2019].

Polen gilt in der Gruppe der mittelosteuropäischen Länder als führend. 15 % der gesamten deutschen Direktinvestitionen in der EU entfallen auf den östlichen Nachbarn.[26] Bei ausländischen Direktinvestitionen in Polen stehen deutsche Unternehmen an erster Stelle. So belaufen sich die deutschen Direktinvestitionen in Polen seit dem Systemwechsel 1989/1990 auf ca. 29 Milliarden Euro. Dabei fließt ein großer Teil der Investitionen in die Automobilindustrie aber auch in die Auslagerung von Geschäftsprozessen (Outsourcing). Führend ist die IT-Branche.[27] Polen gilt bei deutschen Unternehmen als attraktiver Standort Mittel- und Osteuropas. Zu seinen Stärken zählen die Mitgliedschaft Polens in der EU und der Zugang zu hohen Fördermitteln, der große, dynamische Binnenmarkt mit 38 Millionen Einwohnern, die geografische Nähe Polens zu Deutschland und anderen wichtigen Exportmärkten.[28]

Auch **Tschechien** gehört zu den attraktivsten Standorten in Mittelosteuropa, wie die Höhe der deutschen Direktinvestitionen belegt, auch wenn die Geschäftsaussichten nach der Umfrage der DTIHK für 2019 weniger aussichtsreich erscheinen. „Vor allem der Fachkräftemangel und das praxisferne Berufsausbildungssystem verringern laut Investoren die Attraktivität der Tschechischen Republik. Sie beklagen zunehmend auch steigende Arbeitskosten, mangelnde Transparenz in der öffentlichen Auftragsvergabe sowie Korruption."[29]

Deutschland ist mit Abstand wichtigster Handelspartner der **Slowakei** beim Im- und Export. Insgesamt sind ca. 500 deutsche Unternehmen im Land dauerhaft tätig und beschäftigen ca. 100.000 Menschen.[30] Die Slowakei bleibt mit

---

26 Vgl. Ostausschuss. Osteuropaverein der Deutschen Wirtschaft. Polen. März 2019. https://www.oaoev.de/sites/default/files/page_files/OAOEV_Polen-Update-M%C3%A4rz%202019.pdf [Stand: 24.03.2019].

27 Deutschland zieht auch viele polnische Unternehmen an, die dort verstärkt investieren und Arbeitsplätze schaffen, u.a. in den Bereichen Mineralöl, Chemie, IT, Handel und Dienstleistungen. Bis 2015 erreichten die polnischen Investitionen in Deutschland nach Angaben der Deutschen Bundesbank einen Umfang von mehr als eine Milliarde Euro.

28 Auswärtiges Amt: Deutsch-polnische Wirtschaftsbeziehungen 2018. https://polen.diplo.de/pl-de/02-themen/02-3-wirtschaft/03-dt-poln-wirtschaftsbeziehungen [Stand: 27.05.2018].

29 AHK. Deutsch – Tschechische Industrie- und Handelkammer. Pressemitteilung. Konjunkturumfrage 2019. https://tschechien.ahk.de/newsroom/news/news-details/konjunkturumfrage-2019-tschechien-nicht-laenger-der-attraktivste-standort-in-moe [Stand 27.05.2019]

30 Vgl. Auswärtiges Amt. Länderinformationen. Slowakei. Wirtschaft. https://www.auswaertiges-amt.de/de/aussenpolitik/laender/slowakei-node/wirtschaft/206362 [Stand: 03.08.2018; inaktiv].

ihren 5,4 Millionen Konsumenten ein relativ kleiner Markt, der überwiegend als Standort für die Produktion von westlichen Industrieunternehmen dient. Wie aus einer Umfrage der Deutsch-Slowakischen Handelskammer bestätigt wird, wollen mehr als 40 % der ausländischen Investoren expandieren und sind auf Personalsuche. Die Unternehmen müssen nach wie vor damit fertig werden, dass nur relativ wenig Arbeitskräfte zur Verfügung stehen.[31]

Der Geschäftsführer der Deutsch-Slowakischen Handelskammer Kompalla verweist in einem Interview auf die Ergebnisse einer Umfrage unter deutschen Unternehmensvertretern in der Slowakei, die mit Nachdruck die Bedeutung der Fremdsprache Deutsch hervorhebt:

> Fremdsprachenqualifikationen sind wichtig und am hilfreichsten für alle Unternehmen sind Mitarbeiter mit zwei Fremdsprachen, die dann je nachdem, wie die Bedürfnisse sind, kombiniert sind. Die Geschäftssprache Englisch ist sehr wichtig, aber die Hälfte der Teilnehmer hat gesagt: „Deutsch ist die wichtigste Fremdsprache im Unternehmen". (Peter Kompalla, o. Datumsangabe)[32]

Auch **Ungarn** gehört zu den expandierenden Ländern und war 2017 der viertwichtigste Handelspartner Deutschlands unter den 29 Ländern Osteuropas und Zentralasiens. Ungarn gehört zu den wenigen Ländern der Region, die eine positive Handelsbilanz vorweisen können. Der deutsch-ungarische Handel belief sich auf 51 Milliarden Euro, wovon 25 Milliarden Euro auf die deutschen Exporte und 26 Milliarden Euro auf die Importe entfiel.[33] Wie in anderen Ländern Mittelosteuropas fehlen Fachkräfte; auch das Berufsausbildungssystem erweist sich als unzureichend. Ebenso wie in **Rumänien** gibt es neben der (ausländischen) Industrie- und Handelskammer (AIHK) den Deutsch-Ungarischen Wirtschaftsclub mit mehreren Standorten im Land, der als Plattform für regelmäßig stattfindende informelle Begegnungen von deutschsprachigen in Ungarn tätigen Führungskräften gilt:

---

31 Ostausschuss. Osteuropaverein der Deutschen Wirtschaft. Slowakei. Wirtschaftsentwicklung. Stand Juli 2018. https://www.oaoev.de/de/slowakei [Stand: 24. 03.2019].

32 Ende 2018 ist die Sprachenwahl an slowakischen Schulen liberalisiert worden, nachdem seit 2012 Englisch als einzige Fremdsprache verbindlich gelehrt wurde. Jetzt stehen neben Deutsch auch andere Fremdsprachen als Wahlpflichtfremdsprachen zur Verfügung. Die Deutsch-Slowakische Handelskammer hatte bei der Abkehr von der English-only-Politik eine entscheidende Rolle gespielt.

33 Ostausschuss Osteuropaverein der deutschen Wirtschaft. Stand Juni 2019. https://www.oaoev.de/ungarn [Stand: 07.06.2019].

> Der Deutsche Wirtschaftsclub versteht sich als Vereinigung von aktiven Managern und Managerinnen aus in Ungarn tätigen Firmen mit deutschem Hintergrund und ungarischen Firmen mit wirtschaftlichen Verbindungen zu Deutschland.[34]

Deutschland ist nicht erst seit dem EU-Beitritt 2007 ein wichtiger Partner für **Rumänien**; auch vor dem EU-Beitritt gab es bereits deutsche Wirtschaftsbeziehungen in und nach Rumänien. Die Zahl der Unternehmen mit deutscher Beteiligung ist in den letzten 20 Jahren stetig gewachsen. Etwa 7.500 aktive Unternehmen mit deutschem Stammkapital sind im rumänischen Handelsregister eingetragen. Deutschland gehört nach den Niederlanden und Österreich zu den größten Investoren in Rumänien. Das Potenzial für das Wachstum der bilateralen Wirtschaftsbeziehungen ist hoch; insbesondere für absatzorientierte Unternehmen ist die Größe und die günstige geografische Lage des Marktes wichtig: Mit seinen rund 20 Mio. Einwohnern ist Rumänien der größte Markt in der Region Südosteuropa. Der große Nachholbedarf, der weiterhin in vielen Bereichen besteht, und die positive wirtschaftliche Entwicklung des Landes eröffnen besonders für deutsche Unternehmen interessante Geschäftsperspektiven.[35]

> Der Dienstleistungssektor ist die zentrale Säule der rumänischen Wirtschaft. So trug der Dienstleistungssektor im Jahr 2017 mit 62 % zum Bruttoinlandsprodukt (BIP) bei, dahinter das produzierende Gewerbe (24,2 %) und die Landwirtschaft (4,4 %). Mehr als 6 % des BIP wird vom IT-Sektor generiert, der sich sehr dynamisch entwickelt.[36]

Rumänien erreichte mit einem Wirtschaftswachstum von nahezu 7 % im Jahr 2017 das höchste Wachstum innerhalb der EU. Die rumänischen Exporte und Importe stiegen nach 2009 rasant an. 2017 waren die wichtigsten Abnehmerländer für Rumänien Deutschland, Italien, Frankreich, Ungarn und Großbritannien. Auch bei den Importpartnern steht Deutschland an erster Stelle, gefolgt von Italien, Ungarn und Polen. Den größten Anteil des Außenhandels haben folgende Warengruppen: Maschinen und elektronische Geräte, Fahrzeuge, Metallprodukte und chemische Produkte.[37]

---

34 Deutscher Wirtschaftsclub Ungarn. https://dwc.hu/mission/ [Stand: 07.04.2019].

35 Vgl.: Wachstumsmarkt Rumänien. Deutsch-Rumänische Industrie- und Handelskammer (AHK) http://rumaenien.ahk.de/fileadmin/ahk_rumaenien/Publicatii/Brochure_AHK_2018.pdf [Stand: 23.03.2019; inaktiv].

36 Rumänien: Wirtschaft. Wirtschaftslage, Wirtschaftsstruktur. https://www.auswaertiges-amt.de/de/aussenpolitik/laender/rumaenien-node/wirtschaft/210824 [Stand: 23.03.2019; inaktiv].

37 Vgl.: AHK Rumänien. Jahresbericht 2017. http://rumaenien.ahk.de/fileadmin/ahk_rumaenien/Publicatii/RO/Raport_Anual_2017_Med_Res.pdf [Stand: 23.03.2019; inaktiv].

Neben einer (ausländischen) Industrie- und Handelskammer (AIHK) verfügt Rumänien über acht Deutsche Wirtschaftsclubs, in denen mehr als 800 Unternehmen registriert sind.

3. Zeitgeschichtliche Entwicklung der Germanistik in den Referenzländern Polen, Tschechien, Slowakei, Ungarn und Rumänien in den Jahren 1945–1989

3.1. Polen

Die Ausgangssituation der polnischen Germanistik[38] nach Kriegsende 1945 war desolat, auf einem absoluten Nullpunkt angekommen. Die Vorstellung, Deutsch wieder in den Schulen unterrichten zu können, erschien chancenlos. Das Ansehen der deutschen Sprache und der polnischen Germanisten hatte einen Tiefpunkt erreicht, der wenig Aussicht auf den Wiederaufbau der Germanistik hätte vermuten lassen können.

Die Deutschen in Polen wurden des Landes verwiesen, zunächst durch spontane Vertreibungen im Frühsommer 1945 und schließlich durch das Potsdamer Abkommen der alliierten Mächte vom 2. August 1945, das die völkerrechtliche Grundlage für die massenhafte Ausweisung der Deutschen geschaffen hatte. Ende 1948 lebten noch 96.100 Deutsche auf polnischem Staatsgebiet, 1949 verließen nochmals 61.400 Personen das Land (vgl. Lasatowicz/Weger 2008: 154).

Dieser Zweite Weltkrieg hat die Germanistik ruiniert. Und viele Leute haben gedacht, Germanistik an den Universitäten wird man vielleicht in 50 Jahren, vielleicht in 100 Jahren wiederaufbauen können, aber zunächst einmal nicht. [Interview Grucza Mai 2018].

Es kam überraschend dennoch anders. „Mancherorts konnte der Deutschunterricht schon 1945 aktiviert werden, nach 1956 wurde er nach und nach nicht nur zu einem geduldeten, sondern wieder zu einem gewünschten Unterrichtsfach." (Grucza 2010: 1761) Man begann gleich nach Kriegsende, die Germanistik wiederaufzubauen, zunächst an den beiden Standorten Krakau und Posen, weitere Institute an neuen Standorten folgten, obwohl es an

38 Ein Rückblick auf die Geschichte Polens zeigt, dass es historisch und territorial sowohl eine polnische Germanistik als auch eine Germanistik in Polen mit eigenen Entwicklungstraditionen gegeben hat. Dies betrifft die Universität in Breslau, die Germanistik an der Technischen Universität in Danzig und die Germanistik, die in den Jahren 1941–1945 in Posen eingerichtet wurde. Diese germanistischen Institute wurden im Laufe der Zeit zu polnischen Germanistiken mit eigenen thematischen Ausrichtungen in Forschung und Lehre. (Kaszynski 1995: 148 f.).

ausgebildeten Germanisten und brauchbaren germanistischen Bibliotheken fehlte, so Kaszynski (1995: 150). Vorerst wurde in den ersten Nachkriegsjahren nach den – demokratischen – Lehrplänen aus der Zwischenkriegszeit unterrichtet (vgl. Papiór 2012: 45), doch schon Anfang der 1950er-Jahre ändert sich die Situation grundlegend. Standorte der sogenannten West-Philologien wurden weitestgehend abgewickelt, nur die Germanistik-Lehrstühle in Posen und Breslau blieben – allerdings mit stark eingeschränkten Arbeitsmöglichkeiten – erhalten. Dass es überhaupt noch Germanistiken gab, hatte ausschließlich politisch-strategische Gründe: „Man sollte nicht so sehr [...] germanistisch geschulte Philologen produzieren, als vielmehr fachkundige Funktionäre ausbilden, die man effektiv im ideologischen Kampf der Systeme verwenden könnte." (Joachimsthaler 2003: 82 f.)

In dieser Phase der Stalinisierung wurden neue Studienpläne eingeführt, in denen sich diese Ideologisierung und Totalisierung widerspiegelte.

1952 kam die Reglementierung und die Abschottung. Reglementierung in jeglicher Hinsicht, dass sowohl Wrocław, als auch Poznań jährlich 20 Studenten aufnehmen durften. Mehr nicht. Genauso wurde mit der Anglistik und der Romanistik verfahren, also das war jetzt nicht nur gegen die Germanistik ausgerichtet, sondern gegen alle Westphilologien, wie man es damals eben nannte. [Interview Grucza Mai 2018]

Die stalinistische Hochschul- und Wissenschaftsreform hatte Anfang der 1950er-Jahre entscheidend an der Substanz der Germanistik gerüttelt (Kaszynski 1995: 151). Erst nach Stalins Tod im Jahr 1953 entspannte sich die Situation nicht nur für die polnische Germanistik. Der Posener Aufstand im Sommer 1956, zwar niedergeschlagen, und die Veröffentlichung der geheimen Chruschtschow-Rede leiten eine Ära der Entstalinisierung ein; ein „Tauwetter", das auch die Germanistik erfasste.[39] Auch für die deutsche Minderheit und andere Minderheiten des Landes brachte diese Entwicklung Erleichterungen.[40] Die wissenschaftliche Gestaltung von Lehrinhalten wurde partiell liberalisiert.

39 In Polen wurde Chruschtschows „Geheimrede" auf dem XX. Parteitag der KPdSU offiziell verbreitet. Unter Ausschluss der Öffentlichkeit prangert der sowjetische Regierungschef drei Jahre nach dem Tod des Diktators die Auswüchse des stalinistischen Terrors an und leitet so eine Epoche der innenpolitischen Entspannung ein.

40 Im Zuge der Entstalinisierung auf dem 7. Plenum des ZK der Polnischen Vereinigten Arbeiterpartei 1956 wurde erklärt, dass jede Form von „Nationalismus, Chauvinismus und Diskriminierung der nationalen Minderheiten" bekämpft werden solle. 1963 erfolgte die Aufhebung noch bestehender rechtlicher Einschränkungen für Bürger deutscher Nationalität in Polen (Lasatowicz/Weger 2008: 154).

Die Germanistik in Warschau nahm 1960 ihren Arbeitsbetrieb wieder auf, wie ebenso in den Nachfolgejahren die Germanistiken in Krakau und Toruń, in Łódź richtete man einen neuen Lehrstuhl der Germanistik ein. Studienprogramme der Germanistik wurden sukzessive reformiert und gezielt den Bedürfnissen einer modernen Deutschlehrerausbildung angepasst. Traditionell historisch ausgerichtete Anteile in den Curricula wurden reduziert und sprachpraktische, pädagogisch-methodische sowie gegenwartsbezogene sprach- und literaturwissenschaftliche Komponenten erweitert (Grucza 2010: 1763).

Polen war damals weitgehend vom westlichen Ausland isoliert, eine Ausnahme war lediglich der wissenschaftliche Kontakt zu den DDR-Germanisten. In den 1960er-Jahren gründete man eine gemeinsame DDR-Polen-Germanistenkommission, die u.a. zur Aufgabe hatte, die Forschungsprojekte und Bildungsprogramme zu koordinieren. Dass dies eine Art politischer Steuerung war, bleibt heute unbestritten.

> Man konnte es damals, in den 1950er-Jahren, als großzügige Hilfe des Nachbarn interpretieren. Man konnte es aber auch als eine Inanspruchnahme oder Überwachung begreifen, beides ist, wenigstens in Teilaspekten, dokumentarisch nachzuweisen. (Kaszynski 1995: 152)

Und nach und nach, ich meine es kamen dann verschiedene Wellen, mal nahmen sie die Zügel, mal wieder locker, aber über die Jahre, die 60er, 70er und auch die 80er Jahre wuchs die Germanistik ständig, nicht so rapide, aber ständig. Ich glaube, dass wir schon Ende der 80er Jahre, also noch vor der sogenannten Wende, germanistische Einrichtungen an fast allen Universitäten hatten. [Interview Grucza Mai 2018]

In den 1970er-Jahren war die Liberalisierung so weit fortgeschritten, dass es möglich war, Stipendien in Anspruch zu nehmen. Als deutschsprachiges Zielland stand an erster Stelle die DDR, zu der ohnehin intensive wissenschaftliche Kontakte bestanden. Es war in den 1970er-Jahren schließlich unproblematisch, Bücherspenden aus Österreich und der Bundesrepublik Deutschland entgegenzunehmen.[41] Weiterhin erfolgte eine beträchtliche Zahl von Neugründungen germanistischer Institute, die sich in den 1980er-Jahren und auch im direkten Anschluss an die politische Wende fortsetzte.

41 Zusätzlichen Auftrieb erhielt das Deutsche dann 1970 dank des positiven Eindrucks, den der Abschluss der Ostverträge der Regierung Brandt in der polnischen Öffentlichkeit hinterlassen hatte. Damals ist ein rapide zunehmendes Interesse am Deutschunterricht gerade im außerschulischen Bereich zu registrieren. In der Schule war er – wenn auch weniger als zuvor – stark reglementiert (Grucza 2008: 1533).

Die Germanistik hatte sich in den zurückliegenden zwanzig Jahren trotz aller Hindernisse außerordentlich gut entwickelt. Mit zunehmender politischer Lockerung waren Kontakte zu West-Germanistiken möglich, wenn auch nicht in derselben Intensität wie zur DDR-Germanistik.

3.2. Tschechische Republik

Um die Entwicklung der Germanistik in der Tschechoslowakei zurückverfolgen zu können, ist ein Rückblick in die Geschichte des Landes[42] unvermeidbar. Das Ende des Zweiten Weltkrieges bedeutete für die frühere Tschechoslowakische Republik auch das Ende eines Vielvölkerstaates: Der Anteil der Minderheiten, der noch im Jahr 1930 31,6 % betrug, erreichte nach der Volkszählung des Jahres 1950 nur noch 6,2 %.[43] Diejenigen, die zurückblieben, waren zu etwa 50 % Partner aus gemischtsprachlichen Familien, 35 % Fachkräfte und 15 % Antifaschisten.[44]

Der überwiegende Teil war der deutschen Minderheit zugehörig. 1945 waren 26,3 % der Gesamtbevölkerung Deutschstämmige, durch Enteignungen und Vertreibungen in den ersten Nachkriegsmonaten, sowie Flucht und Ausweisungen, legitimiert nach dem Potsdamer Abkommen im August 1945, reduzierte sich der Anteil der deutschen Volksgruppe in wenigen Jahren erheblich. Massenausweisungen in den Folgejahren als auch Umsiedlungen in die Bundesrepublik führten letztendlich im Jahre 2001 zu einem Anteil von lediglich 0,38 % an der Gesamtbevölkerung. Dennoch ist die Geschichte der Tschechoslowakei territorial und historisch nicht ohne deutsche Wurzeln denkbar. In Archiven und Bibliotheken stand eine unüberschaubare Menge an Material zur

---

42 Am 28. Oktober 1918 wurde in Prag der tschechoslowakische Staat (die erste Republik) ausgerufen und folgende Gebiete dem neuen Staat zugeschlagen: Böhmen, Mähren, Slowakei, Mährisch-Schlesien, Hultschiner Ländchen und die Karpato-Ukraine. Das Ergebnis war ein äußerst heterogenes Staatsgebilde mit einem Minderheitenanteil von 37 %. Die Brüdervölker Tschechien und Slowakei waren die bestimmenden Elemente der Nation; die zahlreich vertretene deutsche Volksgruppe mit 30,6 % an der Gesamtbevölkerung wurde diskriminiert (u.a. Verdrängung der Deutschen aus dem öffentlichen Dienst, Beschränkung des deutschen Schul- und Bildungswesens, Tschechisch als Amtssprache). Wenige Jahre später, 1939, erfolgte der Einmarsch in die Tschechoslowakei; das Reichsprotektorat Böhmen und Mähren wurden als autonomer Bestandteil des Dritten Reiches erklärt. Ende des Zweiten Weltkrieges wurde die Tschechoslowakei wiedererrichtet. Vgl. Tišerová (2008: 182 ff.).

43 Novotný (2002: ohne Seitenangabe) zit. nach Tišerová (2008: 176).

44 Kuhn (1961: 51) zit. nach Tišerová (2008: 177).

Verfügung; deutsche handschriftliche Texte der zurückliegenden Epochen, vor allem des Spätmittelalters und der frühen Neuzeit.[45]

In der sozialistischen Tschechoslowakei (1948–1989) wurde offiziell ein deutsches Feindbild gezeichnet; in den Schulen und Universitäten Russisch als Pflichtfremdsprache eingeführt und an den Mittelschulen und Gymnasien Deutsch, Englisch oder Französisch unterrichtet.

Zwischen 1939 und 1945 waren alle tschechischen Hochschulen geschlossen. Der mühsame Wiederaufbau tschechischer Universitäten und der germanistischen Forschung stand unter dem Einfluss der gesellschaftlichen Situation nach dem Krieg, der negativen Einstellung zur deutschen Sprache und Kultur. Durch die Aussiedlung der Deutschen verlor die Germanistik eine wichtige materielle Basis – die gesprochene Sprache. Der Kontakt mit den umliegenden deutschsprachigen Ländern (mit Ausnahme der DDR) wurde unterbrochen, der Zugang zur Fachliteratur und zu aktuellen Texten der deutschen Gegenwartssprache wurde erschwert (wenn nicht ganz unmöglich gemacht) (Vaňková 2011: 14 f.).

> Die tschechische Germanistik [...] ist ein Produkt mehrerer historischer Gegebenheiten. Der Kahlschlag der 1940er-Jahre des realen Sozialismus hat die germanistische Forschung ideologisch gleichgeschaltet, eine Forschergeneration so gut wie vernichtet (Hochschullehrer wurden vielfach ihrer universitären Ämter enthoben, mit Lehr- und Publikationsverbot belegt, fristeten ihr Dasein in Heizkellern, Gemüseläden, Bibliotheken oder gingen ins Exil) es wurde – durch gezielte Parteipolitik (die zur universitären Karriere nur Parteimitglieder zuließ) – unmöglich gemacht, die nächste Forschergeneration heranzubilden und degradierte die tschechische Germanistik im Allgemeinen (bis auf rühmliche, private und dissidentisch konspirative Ausnahmen) zu einer geistig und inhaltlich ausgeleerten Fremdsprachenausbildung für zukünftige Deutschlehrer. (Fiala-Fürst 2004: 388)

Erst nach der Gründung der DDR 1949 beruhigte sich die Lage in der tschechischen Germanistik. In enger Zusammenarbeit mit der marxistischen DDR gelang eine gewisse Konsolidierung und die Herausbildung neuer wissenschaftlicher Kräfte. Mit dem Ende der 1950er-Jahre wuchsen die Möglichkeiten, in Fachzeitschriften zu publizieren und Ergebnisse der Forschung sowie germanistische Aufsätze zu veröffentlichen. Beginnend mit den 1960er-Jahren

---

45 Diese wurden während der sozialistischen Ära zum bevorzugten Objekt linguistischer Untersuchungen, wobei sowohl literarische Denkmäler als auch Quellen der nicht-fiktionalen Literatur, insbesondere kanzleisprachige Texte, herangezogen wurden. Vgl. Vaňková (2011: 14 f.).

kann man von einer wesentlichen Wende auf dem Gebiet der germanistischen Forschung sprechen.

> 1961 wurde die erste Tagung der tschechoslowakischen Germanisten einberufen, die die wichtigsten Aufgaben der germanistischen Literaturforschung in der kommenden Zeitperiode bestimmte. [...] Eine neue vielversprechende Ära der germanistischen Forschungen hatte begonnen. (Tvrdik 1995: 250)

Es folgten zwei weitere internationale Tagungen in den Jahren 1963 und 1965, eine gewisse Lockerung und Entspannung gab der Germanistik einen unübersehbaren Auftrieb. Seit Anfang der 1960er-Jahre wurden Lektoren aus der DDR eingesetzt und ein Kultur- und Informationszentrum der DDR in Prag bot Unterstützung durch Lehrmaterialien, Fachtagungen und allgemeine Beratung. Das traditionsreiche Prager Institut für Translatologie wurde 1963 gegründet und ist bis heute eines der größten Institute der Philosophischen Fakultät der Karls-Universität.

1968 erhielten die Deutschen das Recht auf Bildung in der eigenen Sprache; es wurden allerdings keine Schulen für sie geschaffen, da der seit Kriegsende erzwungene Assimilationsdruck zu einer hochgradigen Integration in die damals tschechisch-slowakische Gesellschaft geführt hatte und dies daher nicht notwendig erschienen ließ.[46]

Ein Reformprogramm sollte Meinungs-, Versammlungs- und Pressefreiheit garantieren, sogar Reisen in das westliche Ausland wurden erlaubt. „Der Prager Frühling war eine wunderbare Wandlung von der großen Enttäuschung zur größten Hoffnung", betonte der 2011 verstorbene tschechische Schriftsteller Arnošt Lustig in einem Interview 2008. Ihren Anfang nahmen die Reformen mit der Wahl des Slowaken Alexander Dubček zum neuen Ersten Sekretär der Kommunistischen Partei (Komunistická strana Československa, kurz: KSČ) am 5. Januar 1968. Am 5. April 1968 verabschiedete die KSČ das über 60 Seiten umfassende Aktionsprogramm mit dem Titel „Der Weg der Tschechoslowakei zum Sozialismus". Es galt als das wichtigste programmatische Dokument des sogenannten Prager Frühlings. Wirtschaftliche Reformen wurden angeregt, die später Teil des Aktionsprogramms werden sollten und als Versuch eines „dritten Weges" zwischen Kapitalismus und Kommunismus bekannt wurden. Ausgehend von einer deutlichen Kritik des Stalinismus entwickelte die Führung

46 Vgl. auch Bergerová (2010: 1809).

der KSČ in ihrem „Aktionsprogramm" einen umfassenden Reformansatz, den „Sozialismus mit menschlichem Antlitz".[47]

In dieser kurzen Zeitspanne der Lockerung und Entspannung

> wurden alle Kräfte der damaligen tschechischen Germanistik auf die Erforschung der sogenannten deutschen Prager Literatur geworfen, der „Kampf um Kafka" ist bekannterweise zum wichtigen Bestandteil des Kampfes um eine nicht zensierte, freie, nicht sozialistisch-realistisch bestimmte Kunst und Kultur in der Tschechoslowakischen Republik geworden. (Fiala-Fürst 2004: 388)

Der Prager Frühling wurde blutig niedergeschlagen und brachte nicht wie in anderen Ländern des ehemaligen Ostblocks das sogenannte „Tauwetter" in Gesellschaft und Bildung.

> Nachdem die Panzer des Warschauer Paktes nebst den demokratischen Ambitionen der Prager Reformer auch die Ansätze dieser germanistischen Forschung zerstört und die dunkle Zeit der so genannten „Normalisierung" eingeleitet hatten, wurde die tschechische Germanistik von allen Auslandskontakten abgeschnitten. (Fiala-Fürst 2004: 388 f.)

Des Weiteren wurde an Germanistischen Seminaren das wissenschaftliche Personal weitgehend entlassen; in Prag verloren alle Literaturhistoriker ihre Stellen. Es existierte keine literaturgeschichtliche Forschung mehr und die Tätigkeit an den Universitäten beschränkte sich auf die Ausbildung von Lehrkräften für den Deutschunterricht. Die 1970er- und 1980er-Jahre brachten die Prager literarische Universitätsgermanistik fast an die Grenze ihrer Auslöschung (vgl. Tvrdik 1995: 247 ff.). 1975 bis 1990 wurde die Deutschlehrerausbildung für die Sekundarstufe (Klassen 5–9) unterbrochen, was so gut wie alle anderen westlichen Fremdsprachen betraf.

Also die 1980er-Jahre waren ja die letzten Jahre des realen Sozialismus, was man damals aber noch nicht gewusst hat, also war das Studium natürlich unter der Ägide der kommunistischen Ideologie. Es war komplett verplant. Es gab feste Curricula, feste Pläne, es war auch ziemlich klar, was unterrichtet werden darf und was nicht. Trotzdem hatte ich das Glück, aber das war natürlich eine Ausnahme, dass ich grad Germanistik in Olmütz gewählt hab, denn Olmütz war schon immer bissel abseits, es war nicht Prag. Prag war, die Prager Germanistik oder die Prager Karls-Universität war wahrscheinlich unter größerer Kontrolle als Olmütz und vor allem war das Glück, oder das Glück stellt meine Lehrer da,

47 Vgl. Das Reformprogramm des „Prager Frühlings". Bundeszentrale für Politische Bildung (bpb). http://www.bpb.de/politik/hintergrund-aktuell/267379/prager-fruehling [Stand: 25.08.2018].

die nicht konform waren mit der kommunistischen Planwirtschaft und die mutig genug waren, einzelnen Studenten, jetzt vielleicht nicht der ganzen Studentengruppe, Dinge zu erzählen, die nicht erlaubt waren, sagen wir so. Meine Lehrerin Lucy Topolská, die hat mich tatsächlich durch das ganze Studium gelotst und in mir die Germanistin erzogen, die hat zu mir bereits im ersten, zweiten Jahrgang gesprochen über deutsch-jüdische Literatur, über die Prager deutsche Literatur. Das waren alles Themen, die zwar nicht verboten waren, aber… Dann habe ich Ludvíg Václavek kennengelernt, das war der Stargermanist in Olmütz, er wurde in den 1970er-Jahren, also Anfang der 1970er-Jahren nach dem Prager Frühling rausgeschmissen aus der Universität und zeitigte sein Leben in einer Bibliothek, durfte nicht mit Studenten reden, durfte nicht publizieren, durfte nicht ins Ausland fahren natürlich, und zu dem hat mich Lucy Topolská geschickt, ich soll bei ihm Privatissima nehmen. Das war ein bissel gefährlich, man wusste nicht, wer zuschaut, wer in der Bibliothek zu Václavek ging, aber ich bin natürlich gern zu ihm gegangen, die ganzen 4 Jahre und hab sehr viel von ihm gelernt. Also, insgesamt waren die 1980er-Jahre, insgesamt, jetzt global gesehen, im realen Sozialismus, wir haben Marxismus-Leninismus studieren müssen und sonst kommunistische Erziehung und… wie die ganzen Fächer geheißen haben. Man musste aufpassen, vor wem man was erzählt. Es gab Spitzel und Bonzen auch unter unseren Kollegen, studentischen Kollegen, aber es waren irgendwie andererseits wieder wunderschöne Jahre, weil man gewusst hat, wo der Feind steckt. Man wusste, man darf sich mit ihm jetzt nicht einlassen und man hatte Freunde. Also, diese wärmende Freundschaft der Gleichgesinnten war ein großer Wert. Also, ich muss sagen, natürlich, in einem freien Land hätte ich in den 5 Jahren des Studiums vielleicht mehr gelernt, vielleicht zusammenhängender, vielleicht in größeren Tiefen. Ich hätte vielleicht mehr Zeit gehabt zum Studium der wichtigen Dinge in der Germanistik, ich hätte nicht Prüfungen in „Marxismus" ablegen müssen und darauf lernen müssen, aber ich hab das Studium sehr genossen und hab andererseits wieder genug gelernt, um in Deutschland damit zurecht zu kommen und um eine weitere germanistische Karriere anzufangen. [Interview Fiala-Fürst Juni 2018]

3.3. Slowakei

Die zeitgeschichtliche Entwicklung der Germanistik in der Slowakei nach dem Zweiten Weltkrieg kann nicht ohne Bezug zur Tschechoslowakei betrachtet werden. Die Slowakei besaß zwar schon seit 1969 als sozialistische Republik eine gewisse Autonomie, die Proklamation als selbstständige Republik ist jedoch auf das Jahr 1992 zu datieren. Mit dem 1. Januar 1993 trat die Auflösung der Konföderation in Kraft und besiegelte die Staatsgründung der Slowakischen Republik.

In der Slowakei leben mehr als zwölf ethnische bzw. nationale Minderheiten[48]; die Anzahl der deutschen Minderheit bewegt sich unter 0,1 % an der Gesamtbevölkerung. Der Anteil der deutschen Bevölkerung lag 1921 noch bei 4,6 %, 1930 bei 4,5 % und geht dann nach dem Zweiten Weltkrieg auf 0,5 % zurück[49], was auf die Vertreibung der in der Slowakei lebenden Deutschen – legitimiert nach dem Potsdamer Abkommen vom 2. August 1945 – zurückzuführen ist. „In der Slowakei blieb eine verschwindend kleine deutsche Minderheit zurück: anerkannte Antifaschisten, nach 1945 benötige Facharbeiter und Ehepartner aus gemischtnationalen Ehen." (Plewnia/Weger 2008: 249)

Nach 1945 wurde Russisch als Pflichtfremdsprache beginnend in der Grundschule und auch an den Universitäten eingeführt. In den Folgejahren verschwand Deutsch als Unterrichtsfach aus den Lehrplänen der Schulen und wurde erst Mitte der 1950er-Jahre wieder eingeführt. Obwohl das Fremdsprachenangebot an den Schulen während der kommunistischen Ära insgesamt eingeschränkt war, konnte sich Deutsch als Fremdsprache an weiterführenden Schulen behaupten. Bis 1976 war die Ausbildung der Lehrkräfte für den Fremdsprachenunterricht an Pädagogischen Hochschulen angesiedelt, die nach 1976 bis auf die Russistik aufgelöst und dann an die philosophischen Fakultäten der

48 Die Minderheitenfrage gehörte in der Slowakei für längere Zeit fraglos zu den besonders sensitiven Problemen der Innen- wie der Außenpolitik. Die Gründe dafür lagen in der komplizierten Geschichte des Landes, nämlich im ständigen Kampf um die Stärkung und Erhaltung der eigenständigen Identität des slowakischen Volkes und seinem relativ kurzen Reifeprozess von einer Minderheit zum Staatsvolk, und der geschickten Politisierung dieser Tatsache durch die politische Führungsschicht der Slowakischen Republik in den 1990er-Jahren des 20. Jahrhunderts. Das Überwinden dieser Schwierigkeiten, vor allem in Bezug auf die Beziehungen zwischen der slowakischen Mehrheit und der zahlenmäßig starken ungarischen Minderheit, und der zum Schluss relativ reibungslose Beitritt der Slowakischen Republik zur Europäischen Union im Jahre 2004 zeigten nicht nur, dass die vermeintlichen nationalen Animositäten gekonnt von den politischen Kräften für ihre Zwecke benutzt worden waren, sondern gleichzeitig auch, dass sie weder immanent noch einer pragmatischen Lösung unzugänglich waren. Eine wichtige, unterstützende Rolle spielten in diesen Entwicklungen unbestritten verschiedene internationale, vor allem europäische Mechanismen, die die slowakische Führung der 1990er-Jahre zunehmend zur Akzeptierung der internationalen Standards für den Umgang mit nationalen Minderheiten zwangen (vgl. Hofmann o.J.: 4).

49 Vgl. die folgenden Ausführungen in Plewnia/Weger (2008: 246 f.).

beiden slowakischen Universitäten in Bratislava/Pressburg und Prešov/Preschau verlagert wurde (vgl. Hockicková 2010: 1793 f.).

Die Germanistik in Bratislava bestand nach 1945 weiterhin, hatte sich allerdings der totalitären Umgestaltung des kommunistischen Regimes zu unterwerfen.

> Die Vernichtung wertvoller Bestände der Seminarbibliothek, die mit dem hinterlassenen und während des Rückzugs aus der Stadt angezündeten deutschen Armeeproviant mitverbrannten, symbolisierte nach dem Zweiten Weltkrieg die Gesamtverfassung der germanischen Philologie. Mit einem Rest verbliebener Studenten sah sie sich zuerst mit undifferenzierter Feindseligkeit gegenüber allem Deutschen konfrontiert. (Kostalova 1995: 233)

1948 setzte eine Umgestaltung marxistisch-leninistischer Prägung ein, die auch mit „personellen Säuberungsaktionen" einhergingen. 1953, nach Stalins Tod, waren gesellschaftlich Lockerungen spürbar. Mitte der 1950er-Jahre wird der Deutschunterricht wieder eingeführt und an den germanistischen Instituten werden Deutschlehrer und Dolmetscher ausgebildet.

Das wichtigste deutschsprachige Kontaktland war die DDR und auch, so Kostalova (1995: 235), eine Brücke im internationalen Kontext. Positiv wirkte sich 1958 die Unterzeichnung des Freundschaftsvertrages mit der Martin-Luther-Universität Halle-Wittenberg aus. 1966 wurde die Germanistik als selbstständiger Lehrstuhl in Bratislava wiedererrichtet, nachdem sie Jahre zuvor in einen Riesenlehrstuhl für nichtslawische Philologien eingegliedert worden war.

Einer der wesentlichen germanistischen Arbeitsschwerpunkte war die Erforschung deutscher Sprachinselmundarten und die mittelalterliche Kanzleisprache, beide Forschungsschwerpunkte waren ideologisch unbedenklich und der Zugang zu den entsprechenden Dokumenten ohne Einschränkung möglich – so besann sich die slowakische Germanistik auf eine ihrer genuin eigenen Forschungsthemen.

Der Prager Frühling 1968 bringt nicht die ersehnten Lockerungen wie in Polen und Ungarn, sondern verstärkt prosozialistische Folgen.[50]
Man kann

> nach 1968 bei den Intellektuellen im Gegensatz zu der eifrigen Bereitschaft zur Konformität der einen zugleich von einer Art ‚inneren Emigration' der anderen sprechen. Es ging ums Überleben, um die Rettung des Bestehenden, der Tradition, um den wissenschaftlichen Nachwuchs. (Kostalova 1995: 236)

50 Vgl. Kostalova (1995: 235).

Dennoch kann in der Phase von 1945 bis 1989 durchaus von einer aktiven slowakischen Germanistik gesprochen werden, die sich mit zahlreichen deutschsprachigen Publikationen belegen lässt.

Die Curricula an den germanistischen Instituten waren traditionellen Vorgaben der Germanistik verpflichtet; es wurden Lehrkräfte für den Deutschunterricht, Dolmetscher und Übersetzer ausgebildet.

3.4. Ungarn

Mit dem Kriegsende 1945, der Enteignung und Vertreibung der deutschen Minderheit in Ungarn stand auch die Germanistik vor einem „völligen Auflösungsprozess", der durch den allgegenwärtigen Druck gegen die deutsche Sprache und Kultur beschleunigt wurde.

Mehrere Zehntausend Angehörige der deutschen Minderheit wurden zur Zwangsarbeit in Arbeitslager in die Sowjetunion verschleppt, währenddessen die Daheimgebliebenen infolge einer kollektiven Schuldzuweisung enteignet und vertrieben wurden. Die Zahl der vertriebenen Deutschen zwischen 1946 und 1950 erfasste mehr als 170.000 Menschen (Knipf-Komlósi 2008: 274).

Tab. 4: Anteil der deutschen Muttersprachler in Ungarn (Knipf-Komlósi 2008: 270)

Jahr der Volkszählung	Personen mit deutscher Muttersprache	Prozentanteil der Gesamtbevölkerung
1941	475.491	5,2
1949	22.455	0,2
1960	50.765	0,5
1980	31.231	0,3
1990	37.511	0,4
2001	33.774	0,3

Bis in die 1950er-Jahre hatte die deutsche Minderheit nicht nur mit der negativen Einstellung der Landesbevölkerung gegenüber den Ungarndeutschen zu rechnen, sondern sie war auch durch die großen Verluste auf ein sozial äußerst niedriges Niveau zurückgeworfen worden: besitzlos, den Vergeltungsmaßnahmen und wirtschaftlichen Benachteiligungen ausgesetzt, bis 1950 entrechtet, aller Verbindungen mit der eigenen Volksgruppe beraubt. Erst ab 1968 wurde ein neues Konzept verfolgt, das die Integration der Nationalitäten anstrebte und ihre sprachliche Assimilation nicht mehr erzwingen sollte.

Mit der Vertreibung der Deutschen verließen auch zahlreiche Germanisten das Land (vgl. Tabelle 4). Die germanistischen Abteilungen, ebenso wie die Romanistik und Anglistik des Landes in Szeged, Debrecen und Pécs wurden Ende 1949 aufgelöst, nur die Germanistik in Budapest bestand weiterhin, allerdings „gingen durch die Einführung der Aufnahmeprüfungen die Studentenzahlen weiter zurück. Die beginnenden 1950er-Jahre bedeuteten so den Tiefpunkt mit 10–12 Studenten pro Studienjahr […]" (Mádl 1995: 260).

Dass Deutsch zurückgegangen ist, das hängt auch damit zusammen, dass die Leute, die von Haus aus Deutsch konnten, also sagen wir die Eltern von diesen Kindern, die später in diese Schulen gekommen sind, in die Minderheitenabteilungen, dass zehn Jahre lang es sehr schwer war, Deutsch zu sprechen. Man wagte nicht, Deutsch zu sprechen. Man hat die Kollektivschuld ertragen müssen und Sie wissen ja, in diesen osteuropäischen Ländern, je nachdem, wie das Parlament gearbeitet hat, hat man eben aufgehoben diese kollektive Schuld, in Ungarn erst relativ spät und… Aber das waren, das waren schon die 1950er-Jahre und Ende der 1950er-Jahre, 1960er-Jahre, wo sich das dann einigermaßen geändert hat. [Interview Manherz Februar 2019]

Die Hochschulausbildung wurde eng mit planwirtschaftlichen Zielen verknüpft. Bei der Aufnahme von Studienbewerberinnen und -bewerbern und der Einstellung von Lehrkräften an den Hochschulen spielten politische Aspekte eine entscheidende Rolle. An den Gymnasien wurde fortan ausschließlich Russisch unterrichtet; Deutschlehrer waren obsolet geworden. Nicht nur an Schulen, sondern auch in anderen Berufszweigen gab es für Germanisten keine Perspektiven mehr. Das Ansehen des Faches war bei den offiziellen Stellen am Nullpunkt angelangt: Absolventen konnten nur mit ihrem zweiten Fach eine Planstelle an einer Schule erhalten, Verlage und Bibliotheken benötigten Slawisten, die Publikationsmöglichkeiten für Germanisten waren minimal (Mádl 1995: 260).

Eine deutlich spürbare Entspannung nicht nur für die Germanistik Ungarns war nach Stalins Tod zu bemerken. Imre Nagy, der neu ernannte Ministerpräsident, schlug 1953 einen neuen antistalinistischen Kurs ein, der auch an den Fremdphilologien nicht spurlos vorüberging. Am germanistischen Lehrstuhl in Budapest wurden die ersten Assistenten eingestellt; die ersten Stipendien in die DDR genehmigt.

Einen noch bedeutenderen Einfluss auf die Entwicklung der Germanistik hatte jedoch der Volksaufstand im Oktober 1956. Trotz Niederschlagung der revolutionären Bewegung war eine der Forderungen der Demonstranten, Russisch als Pflichtfach bzw. einzig zugelassene Fremdsprache in der Schule und

an den Universitäten abzuschaffen, erfolgreich. 1957 wurde das Erlernen einer zweiten Fremdsprache an höheren Schulen gestattet, in der Regel Deutsch oder Englisch. Die Lehrstühle in Debrecen und Szeged durften ihre Arbeit wieder aufnehmen, ebenso die Pädagogische Fakultät in Pécs. Man konnte somit von einem bescheidenen Auf- und Ausbau der Germanistik sprechen, auch wenn nach der Niederlage der Revolution wiederum eine Reihe von Wissenschaftlern – darunter auch bedeutende Germanisten – das Land verlassen hatten.
Das Jahr 1956 zeigte,

> auf wie schwachen Beinen der von oben genährte Hass gegen alles, was Deutsch war, stand: die nur vorübergehenden Lockerungen führten bereits zur Umschulung von zahlreichen Russischlehrern auf Deutsch, im Gymnasium wurde eine zweite Fremdsprache, eine sogenannte ‚Wahlpflichtsprache' zugelassen (neben Englisch stand an zweiter Stelle Deutsch) und auch für die Verlage eröffneten sich bessere Möglichkeiten. […] Noch etwa ein Jahrzehnt musste aber vergehen, bis von Mitte der sechziger Jahre an unmittelbare Kontakte mit Kollegen aus der Bundesrepublik Deutschland möglich wurden. (Mádl 1995: 260)

Obwohl zwischen 1960 und 1980 nicht nur in Ungarn, sondern auch in den Nachbarstaaten eine massive Verdrängung der deutschen Sprache, Kultur und Literatur stattgefunden hatte, bestanden vereinzelt Beziehungen zum deutschsprachigen Ausland, gab es Bemühungen bei den Germanisten Ost- und Südosteuropas, Kontakte untereinander herzustellen. Durch die historische Vergangenheit bedingt, pflegte Ungarn enge Beziehungen zu deutschen Universitäten z.B. in München, Göttingen, Halle oder Jena wie auch zu den „Anrainerländern" und deren Germanistiken. Ehemalige Studierende und Professoren an Universitäten aus Sankt Petersburg, Lemberg, Czernowitz, Klausenburg, Bukarest, Belgrad, Zagreb oder aus Polen waren deutscher Herkunft oder haben in der ersten Hälfte des 20. Jahrhunderts an deutschen Universitäten im Ausland studiert, sodass einstige – vorwiegend private – Kontakte eine „Neubelebung" einzelner Germanistik-Lehrstühle in den ehemaligen Ostblockstaaten ermöglichten. Wenn auch manche Kontakte von einer Universität ausgingen konnten, „[durfte] eine kulturpolitische Institution, die im Hintergrund solche Kontakte finanziell unterstützte, lange Zeit überhaupt nicht genannt werden" (Mádl 2002: 71).

Beziehungen in die Bundesrepublik hat es in offiziellen Vereinbarungen eher selten gegeben:

Wenn schon, dann waren es die Naturwissenschaften oder in der Lebenswissenschaften, aber nicht in der Germanistik. Also, bis in die 1990er-Jahre gab es in der Germanistik keine. Es sei denn, man konnte Privatbeziehungen aufbauen oder so, aber ansonsten … [Interview Knipf-Komlósi Juni 2018]

Besonders intensiv waren allerdings die Kontakte in die DDR, mit den germanistischen Lehrstühlen fand ein regelmäßiger Austausch mit Studierenden und Wissenschaftlern statt.

Alle, die in den 1970er- und 1980er-Jahren absolviert haben an den Universitäten, hatten die Möglichkeit, ein Semester oder mindestens 6 Wochen in der DDR an einer Universität zu studieren. Ich hatte das Glück in Halle an der Saale ein Jahr zu sein und das war sehr förderlich für mich und auch für die anderen. Wir waren nur zu sechst aus Ungarn da, aber es war einfach wunderbar, weil wir sehr vieles gelernt haben und man hat sehr viel Selbstsicherheit gewonnen, wie man sich in Deutschland in der DDR bewegt, wie man Sachen erledigt. Also unsere Organisationskompetenz war bisher ausgeprägt im Ungarischen und dann haben wir das in einem Jahr im Deutschen auch gelernt. Und das war schon schön. [Interview Knipf-Komlósi Juni 2018]

Also, zum Beispiel ich habe in Szeged absolviert, aber die … meine Kollegen und wir hatten auch Beziehungen zu verschiedenen Universitäten und wir hatten zum Beispiel zu Berlin auch Beziehungen, zur Humboldt-Universität. Wir hatten zum Beispiel in Szeged Professor Bierwisch eingeladen, wir hatten Professor Ewald Lang eingeladen, und das waren damals die großen generativen Sprachwissenschaftler und da haben wir sehr vieles gelernt. Wirklich. Hier in Budapest, diese Uni hatte Beziehungen zu Jena und da sind dann alle für ein Semester nach Jena gefahren zum Teilzeitstudium, aber das war wunderschön. Also, es waren ganz tolle Erlebnisse und die haben uns geprägt wirklich lange, lange. [Interview Knipf-Komlósi Juni 2018]

Seit 1962 stabilisierte sich das Fach mit jährlich leicht kontinuierlich steigenden Studierendenzahlen (ca. 600 pro Jahr gleichbleibend bis 1989). Auch die Auslandsbeziehungen der ungarischen Germanistik zeigte eine zufriedenstellende Entwicklung (vgl. Paul 2001: 1544).

Schon 1988 hatte sich die kommunistische Partei aus den Hochschulen zurückgezogen; die obligatorischen Ideologiefächer waren abgeschafft worden, ebenso Russisch als Pflichtsprache. Der politische Wandel kündigte sich schon ein Jahr vor dem Umbruch 1989 an.

Die Curricula an den germanistischen Instituten orientierten sich weitgehend an der Inlandsgermanistik, sie waren traditionell philologisch geprägt und das zentrale Ausbildungsziel das Lehramt für Deutsch als Fremd- und Muttersprache.

3.5. Rumänien

In den ersten Jahren nach dem Zweiten Weltkrieg war an eine aktive Germanistik nicht zu denken. Erst in den späten 1950er-Jahren erfolgte ein Neuansatz in der Germanistik in Rumänien. Nach 1952 wurden zunächst alle Germanistik-Lehrstühle bis auf den Lehrstuhl in Bukarest aufgelöst, die westlichen Sprachen waren tabuisiert. Russisch avancierte zur neuen Weltsprache und wurde verbindliche Fremdsprache an Schulen und Universitäten, die Fremdsprachenlehrstühle für Englisch und Deutsch wurden abgewickelt. Lehrende wie Studierende an germanistischen Lehrstühlen in Rumänien waren bis zum Ende des Zweiten Weltkrieges fast ausschließlich Angehörige der deutschen Minderheit. Es war undenkbar, Deutsch, die Sprache des Nationalsozialismus, der Feinde der UdSSR lernen oder lehren zu wollen (Forna 1997: 41 f.).

In den ersten Nachkriegsjahren[51] wurde die deutsche Minderheit in Rumänien in besonderer Weise diskriminiert. Die Deutschen verloren alle politischen Rechte, zwischen 1946 und 1950 besaßen sie kein Wahlrecht. Die geistige und politische Elite der Deutschen wurde nach 1948 in Gefängnisse gesperrt oder in Straf- und Arbeitslager verbannt. Durch das Agrarreformgesetz vom 23. März 1945 verloren die Rumäniendeutschen ihren landwirtschaftlichen Grundbesitz sowie ihre Häuser mit lebendem und totem Inventar (Gabanyi 2000).

Erst nach Stalins Tod besserte sich die Situation für die deutsche Minderheit. In anderen osteuropäischen Ländern kam es nach Stalins Tod 1953, nachdrücklich nach der Veröffentlichung der geheimen Chruschtschow-Rede, in der er die Auswüchse des stalinistischen Terrors angeprangerte, zu einer Epoche der politischen Entspannung. Die darauffolgende Periode der Entstalinisierung ging als sogenanntes „Tauwetter" in die Geschichte ein. Aufstände in Ungarn und Polen im Jahre 1956 führen trotz Niederschlagung zu Liberalisierungstendenzen in Politik, Wirtschaft und Kultur. Auch in Rumänien, in Temeswar, gab es im Oktober 1956 eine Protestbewegung, an der rumänische, deutsche

---

51 Im Januar 1945 wurde die arbeitsfähige deutsche Bevölkerung Rumäniens – Männer zwischen 17 und 45 und Frauen zwischen 18 und 30 Jahren – zur Zwangsarbeit in die Sowjetunion deportiert. Ungefähr 15 % der insgesamt 75.000 Deportierten kamen dabei ums Leben. Viele der Heimkehrer wurden aus der Sowjetunion in die sowjetische Besatzungszone Deutschlands entlassen, andere gelangten in die Westzone bzw. in die Bundesrepublik Deutschland sowie nach Österreich. Vgl. Gabanyi (2000) zit. nach https://www.siebenbuerger.de/portal/land-und-leute/siebenbuerger-sachsen/ [Stand: 12.06.2018].

und andere Studierende beteiligt waren. Dieser Aufstand wurde niedergeschlagen, das „Tauwetter" hatte in Rumänien nur schwache Auswirkungen.[52] So prägte sich der Begriff des „kleinen Tauwetters".[53] 1955 wurde der Kulturverband der Deutschen gegründet, der sich für mehr deutschsprachigen Unterricht einsetzte. So gab es 1958 achtzehn Schulen[54], in denen deutschsprachiger Unterricht stattfand. Die Zwangslager wurden bis 1964 aufgelöst, die innerhalb Rumäniens Deportierten und Evakuierten durften in ihre Wohnorte zurückkehren, ein Teil der enteigneten Häuser und Höfe wurde an die Betroffenen zurückgegeben.[55]

1956 führte man die westlichen Sprachen wieder ein und aktivierte nach und nach die Germanistik-Lehrstühle im Land erneut. Zu diesen gehörten die vier großen Universitäten mit ihren Germanistikabteilungen in Klausenburg/Cluj, Jassy/Iaşi und Temeswar/Timişoara. Die Universität in Bukarest/Bucureşti hatte ohnehin weiterhin bestanden, die in Hermannstadt/Sibiu wurde erst 1969 gegründet.

> Das Schicksal der Germanistik begann [...] nach 1956 von dem kommunistischen Regime in Bezug auf seine Politik gegenüber der deutschen Minderheit in Rumänien manipuliert zu werden. Gleichzeitig mit groß angelegten Verfolgungs- und Säuberungsaktionen gegen die deutsche Bevölkerung, wovon die bürgerlich-intellektuelle Elite der Siebenbürger Sachsen und der Banater Schwaben gezielt und rücksichtslos getroffen wurde, versuchte man durch einen harten Isolationskurs mit allen Mitteln eine Massenemigration nach Westdeutschland zu verhindern [...]. Im Vergleich zu den anderen Philologien, die zunächst zugunsten des Russischen fast ausgeschaltet wurden, war der Germanistik eine Sonderrolle gerade in Bezug auf die entsprechende „Erziehung" der Rumäniendeutschen zugedacht. (Corbea-Hoişie 1995: 173)

Die weitestgehende Abschottung gegenüber dem Westen in den Jahren nach dem Zweiten Weltkrieg, insbesondere der Mangel an Fachliteratur aus der Bundesrepublik aber auch aus der DDR und der Mangel an wissenschaftlichem Austausch[56] führte zunehmend zurück auf das, was die Germanistik

---

52 Anstelle einer Entstalinisierung der Gesellschaftsstrukturen entstand als neue Herrschaftsideologie der Nationalkommunismus.

53 Vgl. Gabanyi (1975: 40–66).

54 Sonderbar war, dass durch alle schwierigen Zeiten hindurch die deutschsprachigen Schulen bis in die entlegensten Dörfer erhalten blieben. Im Unterschied zu anderen Staaten Mittel- und Osteuropas hat es in Rumänien auch während des Kommunismus ohne Unterbrechung ein deutschsprachiges Schulwesen gegeben.

55 Vgl. Gabanyi (2000).

56 Es hat vereinzelt Projekte mit der Bundesrepublik gegeben (wie z.B. das Projekt für eine Kontraste Grammatik Deutsch-Rumänisch in den 1970er-Jahren) mit dem

von den frühen Anfängen schwerpunktmäßig in Rumänien einmal war: die Rückbesinnung auf die Wurzeln der kulturellen Traditionen der Sachsen und der Schwaben im eigenen Land, auf ihre Kultur und die Literaturproduktion der Einheimischen in deutscher Sprache. So konzentrierte sich ihr Schaffen auf eine Inlandsgermanistik, was sie als „bodenständige Germanistik" auch immer war. Wolf schreibt (1976: 5) hierzu:

> In [...] Rumänien kommt hinzu, dass eine deutsche Bevölkerungsgruppe mit dem rumänischen Volk zusammenlebt und zusammenarbeitet [...], ihre Muttersprache pflegen kann und ein eigenes Schrifttum in deutscher Sprache hervorgebracht hat. Damit ist über die allgemeinen Zielsetzungen hinaus eine Fülle besonderer Forschungsaufgaben gegeben [...], verbunden mit dem Umstand, dass die deutsche Sprache und die deutschsprachige Literatur, so wie sie hier im Lande lebendigen Bestand hat, Gegenstand der Forschung sein kann.

In den Hochburgen der deutschen Minderheit – dem Banat und Siebenbürgen – konzentrierte man sich auf die Tradition, Kultur, Sprache und Literatur der deutschen Minderheit und demzufolge auch auf die Einsicht, dass damit auch besondere Forschungsaufgaben – etwa das Studium der siebenbürgisch-sächsischen Literatur und Dialektologie – gegeben sind. Die Germanistik definierte sich jahrzehntelang als eine dezidierte „bodenständige" Inlandsgermanistik, die ihre Legitimationsbasis nur bedingt im Aufbau eines Brückenstandortes in die deutschsprachigen Länder sah. Zu ihren wesentlichen Aufgaben zählten daher auch die Verdeutlichung der Bedeutung und Einmaligkeit der Kulturtradition der deutschen Minderheit und die Vermittlung und Pflege der rumäniendeutschen Literatur und damit eine philologisch-allgemeinbildende Ausbildung von Lehrkräften (Deutsch als Mutter- und Fremdsprache), Übersetzern oder Mitarbeitern des Medienwesens.

Ich nenne die „traditionelle Prägung der rumänischen Germanistik" diejenige, die in den Jahrzehnten vor 1990 einen rumäniendeutschen Kulturschwerpunkt hatte. Wir können lange über die Gründe dieses Kulturschwerpunktes reden. Warum? Nicht die meisten, aber eine Mehrheit, der Hochschullehrer waren auch Rumäniendeutsche. Andererseits wurde diese Vorstellung offiziell von der Partei, Gremien, wurde diese Vorstellung geprägt, dass hier in Rumänien eine sogenannte vierte deutsche Literatur und Kultur existiert und dann sollte man sich auf diese Kultur konzentrieren. Vielleicht hatte diese Orientierung einen gewissen Wert für die Studierenden, die Germanistik in Siebenbürgen und in

---

Institut für Deutsche Sprache (IDS) in Mannheim. Das Projekt wurde durch den DAAD unterstützt. Die Publikation erschien erst 1993 im Julius Groos Verlag.

dem Banat studierten, ja, es war eigentlich ihre Kultur und ihre Vorstellung vom Deutschtum, von der deutschen Kultur. Und natürlich hatte man mimetisch dasselbe auch in Iaşi gemacht. Und das war eigentlich ein Vorteil, dass wir in Iaşi auch eine Mehrheit der Hochschullehrer hatten, die auch aus Siebenbürgen, aus dem Banat stammten […]. [Interview Corbea-Hoişie Juli 2018]

Die bewusst praktizierte Kulturpolitik der Isolation Rumäniens seitens der Kommunistischen Partei sowohl gegenüber dem Westen als auch gegenüber dem Osten in den Jahren 1975 bis 1980 wurde immer drastischer. Der chronische Mangel an Fachliteratur und an Kontakten mit dem wissenschaftlich-intellektuellen Milieu in der Bundesrepublik, Österreich und sogar mit der DDR führte, so Corbea-Hoişie, zu einer „bedauerlichen Profillosigkeit" der rumänischen Germanistik in den späten 1970er- und 1980er-Jahren. Die fremdsprachenfeindliche Haltung des Ceauşescu-Regimes mündete schließlich in der Degradierung der Germanistik-Abteilungen in Jassy, Klausenburg und Temeswar zu Nebenfachabteilungen; die deutsche Abteilung in Hermannstadt wurde 1987 wieder aufgelöst. Die Konsequenz dieser Entwicklung war die massive Emigration deutschstämmiger Hochschullehrer, Lehrer oder potenzieller Studenten. (Corbea-Hoişie 1995: 177 f.)

In der Hochschullehre, so Stănescu (2006: 32 f.), entsprach das zentralistische Curriculum im Zeitraum nach dem Zweiten Weltkrieg bis zur politischen Wende dem Konzept einer traditionellen philologisch ausgerichteten Inlandsgermanistik. Das Germanistikstudium sollte bei den Studenten in gleichem Maße eine sprach- wie literaturwissenschaftliche Kompetenz sicherstellen. An allen fünf großen Universitäten, an denen es auch eine Germanistikabteilung gab, in Bucureşti/Bukarest, Cluj/Klausenburg, Iaşi/Jassy, Sibiu/Hermannstadt, Timişoara/Temeswar wurde ausschließlich in deutscher Sprache unterrichtet, obwohl in dem einen oder anderen Landesteil eher ein Unterricht in Deutsch als Fremdsprache angebracht gewesen wäre. Kein Lehrstuhl war bereit, eine Revision der Lehrpläne und Curricula anzuregen, sich dadurch zu einer „Auslandgermanistik" mit DaF-Aufgaben „degradieren" zu lassen.

Bis zur politischen Wende sah die rumänische Germanistik ihre Aufgabe vor allem in der Pflege, Bekanntmachung und Verbreitung der deutschen Sprache und Literatur. Das Bildungskonzept war philologisch, allgemeinbildend und berufsvorbereitend ausgerichtet.

3.6. Entwicklungen im Ländervergleich

Die Entwicklung und Festigung der Germanistiken in den Ländern Mittelosteuropas in dem Zeitraum 1945–1989 erfolgte unter äußerst schwierigen

Bedingungen und unter Androhung der Auflösung während des Stalinismus und Kommunismus.

Nach dem Zweiten Weltkrieg 1945 wurde die deutsche Minderheit in den Ländern Mittelosteuropas infolge einer kollektiven Schuldzuweisung enteignet, vertrieben oder zur Zwangsarbeit in Arbeitslager in die Sowjetunion verschleppt. Flucht und Vertreibung in den ersten Nachkriegsmonaten, legitimiert nach dem Potsdamer Abkommen im August 1945, verminderten den Anteil der Deutschstämmigen in diesen Ländern erheblich, so auch die Massenausweisungen in den Folgejahren und Umsiedlungen in die Bundesrepublik.

Das Ansehen der deutschen Sprache und Kultur war auf einem Tiefpunkt angelangt, aus dem öffentlichen Leben wurde die deutsche Sprache verbannt und eine Wiederbelebung der Germanistik war zunächst nicht vorstellbar.

In der **Tschechoslowakei** verschwand nach 1945 Deutsch als Unterrichtsfach aus den Lehrplänen der Schulen, nur selten konnte der Deutschunterricht in den ersten Jahren nach dem Zweiten Weltkrieg aktiviert werden. Russisch wurde verbindliche Fremdsprache an Schulen und Universitäten, andere Philologien wurden allmählich aufgelöst. An den Gymnasien wurde fast nur ausschließlich Russisch unterrichtet, vereinzelt an Mittelschulen und Gymnasien Deutsch, Englisch oder Französisch.

Rumänien war das einzige Land in Mittel- und Osteuropa, das der deutschen Minderheit weiterhin den Gebrauch der deutschen Sprache in der Öffentlichkeit (Schulen, Kirche, Presse, Verlage, Literatur und Kunst) erlaubte, Schulen mit deutschsprachigem Unterricht durften weiterhin bestehen.

Noch bevor die kleineren germanistischen Abteilungen aufgelöst wurden (ab 1949 in **Ungarn** und ab 1952 in **Rumänien**), verließen zahlreiche und namhafte Germanisten ihre Heimat. Bei der Aufnahme von Studienbewerbern und der Einstellung von Lehrkräften an den Hochschulen spielten politische Aspekte eine entscheidende Rolle. Die Parteipolitik gewährte nur Parteimitgliedern eine Karriere an Universitäten.

Lehrende wie Studierende an germanistischen Lehrstühlen in **Rumänien** waren bis zum Ende des Zweiten Weltkrieges fast ausschließlich Angehörige der deutschen Minderheit. Nach Kriegsende folgten Verfolgungs- und Säuberungsaktionen gegen die deutsche Bevölkerung, die geistige und politische Elite Siebenbürgens und des Banats wurde in Gefängnisse eingesperrt oder in Straf- und Arbeitslager verbannt, obgleich die Machtinhaber bemüht waren, eine Massenemigration nach Westdeutschland zu verhindern.

Anfang der 1950er-Jahre wurden die West-Philologien in **Polen** an den Universitäten abgeschafft, nur die Germanistik-Lehrstühle in Posen und Breslau blieben erhalten.

Erst nach Stalins Tod 1953 besserte sich die Situation in diesen Ländern und die der deutschen Minderheit. In den osteuropäischen Ländern – mit Ausnahme **Rumäniens** –entspannte sich die politische Situation nach 1953 zunehmend.

Der Volksaufstand 1956 in **Ungarn** und **Polen** brachte trotz Niederschlagung eine Liberalisierung in Politik, Wirtschaft und Kultur. Gefordert wurde u.a. auch die Abschaffung von Russisch als Pflichtfach bzw. einzig zugelassener Fremdsprache an Schulen und Universitäten mit Erfolg, sodass 1957 das Erlernen einer zweiten Fremdsprache (Deutsch oder Englisch) an höheren Schulen in **Ungarn** gestattet wurde. Die Umschulung von zahlreichen Russischlehrern und die Einführung einer zweiten Fremdsprache („Wahlpflichtsprache“) im Gymnasium führte einen kleinen Auf- und Ausbau der Germanistik in **Ungarn** herbei.

Mitte der 1950er-Jahre wurde der Deutschunterricht in der **Tschechoslowakei** wieder eingeführt und an den germanistischen Instituten Deutschlehrer ausgebildet. Die Tätigkeit an den Universitäten in der Tschechoslowakei beschränkte sich auf diese Ausbildung von Lehrkräften für den Deutschunterricht. 1966 wurde die Germanistik als selbstständiger Lehrstuhl in Bratislava erneut eingerichtet.

Der Posener Aufstand im Sommer 1956 und die Veröffentlichung der geheimen Chruschtschow-Rede leiten in **Polen** eine Ära der Entstalinisierung ein, ein „Tauwetter“, das auch die Germanistik erfasste. 1963 erfolgte die Aufhebung noch bestehender rechtlicher Einschränkungen für Bürger deutscher Nationalität in **Polen**. Nach 1956 wurde Deutsch in Polen wieder zu einem gefragten Unterrichtsfach in diesem Land. Die Germanistik in Warschau nahm 1960 ihren Arbeitsbetrieb wieder auf, in den Nachfolgejahren auch die Germanistiken in Krakau, Toruń und Łódź. Die Studienprogramme der Germanistik wurden sukzessive reformiert und den Bedürfnissen einer modernen Deutschlehrerausbildung angepasst.

Auch in **Rumänien**, Temeswar, gab es im Oktober 1956 eine Protestbewegung, die niedergeschlagen wurde, das „Tauwetter“ hatte in Rumänien nur schwache Auswirkungen („kleines Tauwetter“). Anstelle einer Entstalinisierung kam eine neue Herrschaftsideologie des absoluten Kommunismus unter Ceauşescu auf. Dennoch führte man 1956 in Rumänien die westlichen Sprachen an Universitäten wieder ein und allmählich wurden auch die Germanistik-Lehrstühle an den großen Universitäten in Klausenburg, Jassy und Temeswar erneut aktiviert.

Beginnend mit den 1960er-Jahren kann man von einer wesentlichen Wende in der Germanistik in der **Tschechoslowakei** sprechen. Es wurden Lektoren aus der DDR eingesetzt und ein Kultur- und Informationszentrum der DDR in Prag eingerichtet. 1963 wird das traditionsreiche Prager Institut für Translatologie gegründet. Der Prager Frühling 1968 brachte in der **Tschechoslowakei** nicht die ersehnten Lockerungen wie in **Polen** und **Ungarn**. Bis zur Auflösung der Föderation und der Entstehung der Tschechischen und der Slowakischen Republik Anfang der 1990er-Jahre war die **Tschechoslowakei** zweisprachig. In enger Zusammenarbeit mit der DDR gelang eine gewisse Konsolidierung der Germanistik.

Auch in **Polen** waren an fast allen germanistischen Lehrstühlen DDR-Lektoren tätig, es gab intensive und andauernde wissenschaftliche Kontakte in die DDR. Auch Forschungsaufenthalte und das Studium an DDR-Hochschulen waren möglich und bereicherten die wissenschaftliche Entwicklung. In den 1970er-Jahren war die Liberalisierung in **Polen** so weit fortgeschritten, dass es möglich war, Bücherspenden aus Österreich und der Bundesrepublik Deutschland entgegenzunehmen.

Mitte der 1960er-Jahre waren in **Ungarn** Kontakte zu Kollegen aus der Bundesrepublik Deutschland möglich und die ersten DDR-Stipendien wurden genehmigt.

Vor der politischen Wende waren Kooperationen mit dem (auch aus dem westlichen) Ausland in vielen Ländern des Ostblocks – Entsendung von Lektoren aus der DDR, Dozentenaustausch, Voll- und Teilzeitstudium in der DDR oder Sommerkurse – in bescheidenem Ausmaß zugelassen und von den kommunistischen Machtinhabern geduldet.

Anders verlief die Entwicklung in Rumänien: Die Kulturpolitik in der kommunistischen Diktatur und die Isolation **Rumäniens** verstärkten sich Mitte der 1970er-Jahre und erreichten in den späteren 1980er-Jahren ihren Höhepunkt. Der Mangel an Fachliteratur und an Kontakten zur Forschungslandschaft in den deutschsprachigen Ländern führte zur Profillosigkeit der rumänischen Germanistik, deren Abteilungen in den größeren Universitätszentren zu Nebenfachabteilungen degradiert wurden. Rumänien besann sich auf die kulturellen Traditionen und die Literatur der deutschen Minderheit, ihre Vermittlung und Pflege, was zu einer spezifischen Schwerpunktsetzung der Forschungstätigkeit führte und ein eigenes Verständnis von der Inlandsgermanistik aufkommen ließ. Wie in **Rumänien** auch, gehörte die Erforschung der deutschen Sprache und Kultur, d.h. der Sprachinselmundarten und der mittelalterlichen Kanzleisprache, in der **Tschechoslowakei** zu den traditionellen Forschungsschwerpunkten.

Obwohl zwischen 1960 und 1980 eine massive Verdrängung der deutschen Sprache, Kultur und Literatur in der besagten Region Europas konstatiert werden konnte, gab es zaghafte – vorwiegend private – Kontakte zu Germanisten im westlichen Ausland, die impulsgebend für die einzelnen Germanistik-Lehrstühle in den ehemaligen Ostblockstaaten waren. Intensiv waren die Kontakte zu der DDR, die einen Austausch mit Studierenden und Lehrkräften ermöglichten. Obwohl die germanistischen Lehrstühle immer wieder der Willkür der Kulturpolitik ihrer Machthaber ausgesetzt waren, und in allen besagten Ländern zuweilen mit willkürlichen Schließungen der Institute oder Verboten, Deutsch als Fremdsprache in den Schulen zuzulassen, gerechnet werden musste, hat sich doch in allen Referenzländern eine stabile Germanistik entwickelt – wenn auch mit unterschiedlichen Forschungsschwerpunkten.

4. Transformationsprozesse von der Wende bis in die Gegenwart in Mittelosteuropa

4.1. Die Wendejahre – politischer Umbruch und Aufschwung der Germanistik

4.1.1. Polen

Mit der Abkehr von sozialistischen Werten und Strukturen in allen gesellschaftlichen Bereichen und damit auch im Hochschulwesen verfolgte man das Ziel, das Bildungsniveau der Bevölkerung zu erhöhen und das Bildungsangebot allgemein auszuweiten. Durch das Hochschulgesetz von 1990 wurde das Prinzip der Freiheit von Forschung und Lehre wieder eingeführt und den Hochschulen ihre institutionelle Autonomie zurückgegeben. Zudem ermöglichte das Gesetz die Gründung privater Hochschulen. So kam es Anfang der 1990er-Jahre zu einer Gründungswelle von Berufshochschulen und nichtstaatlichen Hochschulen. 1992 gab es in Polen nur zwölf, 2009 schon 330 nichtstaatliche Hochschulen.[57]

Bereits im November 1990 wird auf Initiative von Franciszek Grucza der Verband der Polnischen Germanisten gegründet.[58] Der Verband vereinigt fast die gesamte polnische Germanistik und vertritt alle germanistischen Disziplinen: Sprach-, Literatur-, Kulturwissenschaft und Translatorik sowie Glottodidaktik (Fremdsprachendidaktik). Das vom DAAD geförderte Germanistische Jahrbuch CONVIVIUM[59] wird 1993 ins Leben gerufen.

---

57 Das Ziel der neuen Hochschulpolitik war zum damaligen Zeitpunkt, die Zahl der Studienanfänger, Studierenden sowie Hochschulabsolventen deutlich zu erhöhen. So entwickelten sich die ehemals sozialistischen Eliteuniversitäten zu Massenuniversitäten. Die Zahl der Hochschulen stieg von 112 (1990/1991) auf 470 (2010/2011) Hochschulen, von denen die meisten neu gegründete private Hochschulen sind. Während im akademischen Jahr 1990/1991 in Polen 403.824 Studierende immatrikuliert waren, stieg diese Zahl im akademischen Jahr 2009/2010 auf 1.900.014. Der Anteil der Studierenden der Alterskohorte der 19- bis 24-Jährigen lag 1990/1991 lediglich bei 9,8 %. Im Studienjahr 2010/2011 studierten hingegen 40,8 % dieser Altersgruppe an einer Hochschule (DAAD Bildungssystemanalyse Polen 2017: 10).

58 Verband der Polnischen Germanisten. http://www.sgp.edu.pl/de/verband/geschichte.php.

59 Germanistisches Jahrbuch Polen. http://www.convivium.edu.pl/ Das Germanistische Jahrbuch „Convivium" versteht sich als Forum hauptsächlich für alle in Polen tätigen Germanistinnen und Germanisten. Es will für sie, aber auch für alle an Polen und

1989 wird die Germanistik in Oppeln/Schlesien gegründet, dem größten Siedlungsgebiet der deutschen Minderheit innerhalb Polens. Sie wird Anfang der 1990er-Jahre auf- und ausgebaut und widmet sich in Forschung und Lehre insbesondere dieser regionalen Spezifik.

Mit der Wende kam ich [Prof. Maria K. Lasatowicz] nach Oppeln und da gab es die Möglichkeit, das neue germanistische Institut aufzubauen, gerade in der Region, in der alle auf Germanistik gewartet hatten, wo sich die deutsche Minderheit konsolidiert hatte. Die Großeltern haben noch Deutsch gesprochen, die Eltern hatten die Sprachkompetenz wegen der Situation nach dem Krieg und des Verbots der deutschen Sprache verloren. Jetzt kam die Jugend und hatte ein riesiges Interesse an der deutschen Sprache, Kultur und Literatur. In meinem Seminar z.B. habe ich sehr viele Magisterarbeiten praktisch betreut mit dem Thema gerade auf der Suche nach den Spuren der deutschen Literatur, Kultur in Oberschlesien. Also wir haben Sprachbiografien der einzelnen Orte erstellt, wir haben Interviews mit den Großeltern, also mit den ältesten Vertretern gemacht. Das war so ein wichtiger Zug unserer Germanistik und daneben haben wir selbstverständlich auch diese klassischen Fächer angeboten. [Interview Lasatowicz Mai 2018]

Der Kontakt zu den deutschsprachigen Ländern ist von nun an ein maßgeblicher Faktor für den Auf- und Aufbau des germanistischen Instituts.

Nach der Wende ist dann der Kontakt zur Bundesrepublik Deutschland ausgebaut worden; und das war in jeglicher Hinsicht auf Schritt und Tritt. Also, da hatten wir die Kontakte mit den deutschen Universitäten, da kamen die Professoren sogar mit Gastvorträgen, auch wir haben auf einmal die Möglichkeit bekommen zu den Konferenzen nach Westdeutschland zu fahren usw. und unsere Studenten bekamen die Möglichkeit DAAD-Stipendien für Studienaufenthalte in Deutschland zu bekommen und das war auch eine große Unterstützung und hat sich jahrelang positiv ausgewirkt. [Interview Lasatowicz Mai 2018]

Bildungspolitische Maßnahmen zur Aufwertung der Hochschulen als Forschungseinrichtungen wurden eingeleitet. Die Hochschulen orientierten sich von nun an stärker an dem Humboldt'schen Ideal der Einheit von Lehre und Forschung (DAAD Bildungssystemanalyse 2017: 10).

---

der polnischen Germanistik Interessierten eine wissenschaftliche Plattform bilden, den Meinungsaustausch erleichtern, nach Deutschland ebenso hinüberwirken wie der bilateralen Zusammenarbeit in der Fachwissenschaft dienen und nicht zuletzt auch mit der Behandlung jährlich neuer interdisziplinärer Schwerpunktthemen über die Grenzen zwischen germanistischer Sprach-, Literatur- und Kulturwissenschaft hinweg integrierend tätig sein.

Ein gewaltiger Sprung gelang dem Deutschunterricht im Jahre 1989, als der real existierende Sozialismus und mit ihm alle ideologisch-politisch motivierten Beschränkungen aus dem polnischen Alltag verschwanden (Grucza 2008: 1533). Die StADaF[60] Datenerhebung aus dem Jahr 2000 belegt für die Germanistik, Deutschlehrerausbildung und Deutschstudien einen Anstieg der Studierendenzahlen von 33 % in den Erhebungszeiträumen von 1995 bis 2000. Im gleichen Zeitraum wächst die Zahl der DaF-Schüler um mehr als 50 %.

Dem Mangel an Lehrkräften für den Deutschunterricht und weiteren Fremdsprachen in den ersten Jahren nach der Wende wirkte man mit der Schaffung von sogenannten Sprachlehrerkollegs entgegen, an denen in einer dreijährigen Ausbildung Sprachlehrkräfte umgeschult und ausgebildet wurden. Insgesamt entstanden in kurzer Zeit nach der Wende mehr als 50 Kollegs, deren Absolventen die Möglichkeit hatten, im Anschluss an die praxisorientierte Ausbildung einen Magisterabschluss zu erwerben. Die Sprachlehrerkollegs waren jedoch nicht unumstritten. Teils wurde die Praxisbezogenheit sehr geschätzt, aber auch der Mangel an wissenschaftstheoretischer Ausbildung kritisiert.[61]

> Dieser Schultyp war [...] ein Ergebnis der weiteren Verschulung des Unterrichts, in dem im Grunde ein sehr beschränktes Wissen vermittelt wurde. [...] Ein Einblick in die Bibliotheken dieser Einrichtungen [...] zwingt das Urteil auf, dass man es hier vielmehr mit einem didaktisch profilierten (Sprach-) Unterricht als mit einem Studium zu tun hat. (Papiór 2011: 78 ff.)

Diese im Grunde lediglich nur für eine Übergangszeit geschaffenen Ausbildungsinstitutionen konnten sich jedoch bis in die Gegenwart halten. Insgesamt führte die kulturpolitische Öffnung zur Neugründung von über 400 privaten Hochschulen. Auch neue germanistische Institute an Universitäten kamen nach der politischen Wende hinzu, wie 1989 Opole, 1991 Bydgoszcz, 1993 Piotrków Trybunalski an einer Außenstelle der PH Kielce, später kamen Częstochowa (1995) und Olsztyn (1996) hinzu.

---

60 StADaF – Ständige Arbeitsgruppe Deutsch als Fremdsprache: Auswärtiges Amt. Deutscher Akademischer Austauschdienst. Goethe-Institut Inter Nationes. Zentralstelle für das Auslandsschulwesen.

61 Eine Art angewandter Germanistik wird auch in den erwähnten Sprachlehrerkollegs betrieben. Ihre Hauptaufgabe, die ihnen zu Beginn der 1990er-Jahre in die Wiege gelegt wurde, ist es, Lehrer für den Englisch- und Deutschunterricht auszubilden. Allein für Deutsch existieren derzeit 62 Kollegs [Stand: 2010, A.d.V.] (Grucza 2010: 1762 f.).

Der rasante Anstieg der DaF-Lerner an den Schulen einerseits und der Studierenden an germanistischen Instituten andererseits ebbt erst ab 2010 ab, was vor allem dem demografischen Wandel geschuldet ist.

4.1.2. Tschechische Republik

Die „samtene Revolution" im Oktober und November 1989 bewirkte eine rasche Umgestaltung des politischen Systems. Innerhalb weniger Monate erfolgte die Umwandlung der ČSSR in einen föderativen Staat und die Umbenennung in Tschechische und Slowakische Föderative Republik, um damit die Gleichberechtigung beider Volksgruppen zu betonen. Allerdings formten sich in der Slowakei bald separatistische und nationalistische Gruppierungen. Die Proklamation der Auflösung der Konföderation folgte wenige Wochen später. Der 1. Januar 1993 besiegelte endgültig die Gründung zweier unabhängiger Staaten: Tschechien und Slowakei.[62]

Nach der „samtenen Revolution" erlebte die tschechische Germanistik einen enormen Aufschwung; innerhalb von wenigen Jahren wurden neue Universitäten gegründet. Es entstanden „eine Reihe neuer germanistischer Lehrstühle, sodass ihre Anzahl von vier vor 1989 existierenden Lehrstühlen auf 17 gestiegen ist. Davon funktionieren 12 als selbstständige Institutionen, fünf als Bestandteil eines Fremdspracheninstituts." (Vaňková 2017: 95)

Die Studierendenzahlen an den germanistischen Lehrstühlen vervielfachen sich innerhalb von wenigen Jahren. „Während wir vor dem Umsturz im Durchschnitt zehn Studenten pro Jahr hatten, haben wir heute zehnmal so viel [...]." (Munzar 2004: 397) Die Zahl der Bewerber ist wesentlich höher als die Lehrstühle im Allgemeinen aufnehmen können.

Russisch als Pflichtfremdsprache an Schulen und Universitäten wurde abgeschafft. Westliche Fremdsprachen, insbesondere Deutsch, waren nachgefragt. Der Aufstieg des Deutschen als meistgewählte Fremdsprache an Grundschulen, Mittelschulen und Gymnasien währte bis weit in die 1990er-Jahre. Im Schuljahr 1992/1993 lag die Zahl der Deutschlernenden bei 684.348 Schülerinnen und Schülern. Englisch stand an zweiter Stelle mit 520.856 Lernern. Bis zum

62 Bis zur Auflösung der Föderation und der Entstehung der Tschechischen und der Slowakischen Republik war das Land zweisprachig. Die tschechische und die slowakische Sprache existierten jedoch in der Tschechoslowakei über viele Jahrzehnte hinweg gleichberechtigt nebeneinander. Deutsch spielte in Tschechien bzw. in den böhmischen Ländern geschichtlich fundiert eine wichtige Rolle, aufgrund ihres über Jahrhunderte hinweg währenden Status als Landessprache neben dem Tschechischen.

Schuljahr 1996/1997 stieg diese Zahl auf 711.156 Deutschlernende bzw. 647.023 Englischlernende. Erst im Folgejahr 1998/1999 änderte sich die Rangfolge; die Zahl der Deutschlerner ging auf 638.414 zurück, die Zahl der Englischlerner stieg auf 675.344 Schülerinnen und Schüler.[63]

Anfang der 1990er-Jahre, nahm die deutsche Sprache für kurze Zeit die Position der ersten Fremdsprache ein, ja. Aber das war nur eine kurze, vorübergehende Phase und dann in dieser Phase hat diese Position dann die englische Sprache besetzt und hat die deutsche Sprache total verdrängt und weil an den Grundschulen Deutsch nur als Wahlpflichtfach angeboten wurde, ja, gab es an den Grundschulen immer weniger Deutschlernende und diese Entwicklung führte dann Ende der 1990er-Jahre dazu, dass an der Mittelschule der Anteil von Deutschlernenden ziemlich steil gesunken ist. Wir als Germanistenverband haben dann diese Situation als sehr negativ bewertet. [Interview Vaňková Februar 2019]

Das Schulministerium unterstützte den Fremdsprachenunterricht mit erhöhter Stundenanzahl und setzt ab der vierten Klasse eine Pflichtfremdsprache in den Grundschulen fest, wobei sich Englisch als Fremdsprache bis zum Ende 1990er-Jahre als erste Fremdsprache durchsetzen konnte. Russischlehrer werden zu Deutsch- und Englischlehrern umgeschult. Es werden teils auch nicht ausgebildete Lehrkräfte oder Rentner im Sprachunterricht eingesetzt.

Dem Bedarf an qualifizierten Grund- und Mittelschullehrern nahmen sich die neu- oder wiedergegründeten germanistischen Institute mit Lehramtsstudiengängen an, was gerade in den Anfangsjahren nicht ohne Schwierigkeiten möglich war. Fehlende Unterrichtsmaterialien, fehlende Fachliteratur, der Mangel an qualifizierten Mitarbeitern waren Hindernisse, mit denen alle germanistischen Institute zu kämpfen hatten (vgl. Vaňková 2011: 16). Für die Akkreditierung der neuen Studiengänge war der Nachweis wissenschaftlicher Qualifizierung notwendig – eine besondere Herausforderung in den ersten Jahren. Das Promotionsstudium wurde in den 1990er-Jahren lediglich an drei Universitäten angeboten: Prag, Brünn, Olmütz. Es herrschte ein eklatanter Mangel an qualifizierten Wissenschaftlern. 2002 schreibt Fiala-Fürst „In ganz Tschechien gibt es heute im literarischen Fach vier Professoren (im Durchschnittsalter von etwa 70 Jahren) […] und vielleicht drei Dozenten." (Fiala-Fürst 2004: 389)

Die Mehrzahl der germanistischen Lehrstühle entschied sich für die inhaltliche Schwerpunktlegung in die Ausbildung von Fremdsprachenlehrkräften,

---

63 Vgl. ÚIV (2003) zit. nach Veselá (2013: 32).

denn dort lagen die größten Bedarfe. Die Orientierung an den pragmatischen Bedürfnissen des Marktes, die Frage nach der Selbstdefinition „Auslands- oder Inlandsgermanistik“[64] ist dennoch bald eine zentrale Frage.

> 1989 standen die tschechischen Germanisten vor der Entscheidung, die in Ländern mit ehemals starker deutschsprachiger Kultur obligat ist: Soll man sich als Germanist, als Historiker der deutschsprachigen Literatur den großen, kanonisierten Erscheinungen der deutschen/ österreichischen Literatur widmen [...] oder soll man sich verstärkt der deutschsprachigen Literatur des eigenen Landes zuwenden, Böhmens, Mährens und Schlesiens? (Fiala-Fürst 2004: 391)

Mit der Öffnung der Grenzen, der Demokratisierung der Gesellschaft änderten sich nach und nach auch die Curricula an den germanistischen Lehrstühlen. Die sozialistisch-marxistischen Pflichtfächer entfielen umgehend, ebenso Russisch als Pflichtfremdsprache, aber die Curricula-Gestaltung nach demokratischen Gesichtspunkten nahm noch einige Zeit in Anspruch und orientierte sich nicht selten an deutschen oder österreichischen Lehrplänen.

Ich bin Anfang 1992 zurückgekommen. Ich war vorher fünf Jahre in der Robert Musil-Forschung in Saarbrücken und hab da sehr viel wieder dazugelernt nicht nur über Musil, sondern auch über die Arbeitsorganisation in einem kleinen Arbeitsteam. Es war dann wichtig für die weitere Entwicklung hier, für die Gründung der Arbeitsstelle für deutschmährische Literatur und zugleich, mit mir am gleichen Tag, fast, einen Tag später kam mein Kollege Jörg Krappmann. Man suchte hier Muttersprachler, also hat man ihn angesprochen und er kam. Und wir haben nach vielleicht nach drei, vier, fünf Wochen, wo wir uns das angeschaut haben hier, wie das läuft, haben wir angefangen, das Studium zu reformieren. Denn Anfang der 1990er-Jahre war es so, wie ich es verlassen hab 1986, nämlich, es gab Klassenverbände, also die Studenten haben einen festen Stundenplan gehabt, die Aufnahmeprüfungen wurden nach Kombinationen organisiert, also Deutsch-Geschichte, Deutsch-Tschechisch, Deutsch-Englisch und das Curriculum war im Grunde das alte. Und wir haben uns gedacht, warum sollten wir jetzt lange überlegen, wie man das ändern soll. Wir kennen das doch, wie

---

64 Die Bezeichnung „Auslandsgermanistik“ erscheint mit Bezug auf die Germanistik in Tschechien zunächst paradox. Waren und sind doch die Regionen Böhmens, Mährens und Schlesiens bis in die Gegenwart auch Räume der deutschsprachigen Literatur. Bei der Volkszählung 2001 haben 41.000 Menschen angegeben, dass ihre Muttersprache Deutsch sei: „Obwohl die tschechische Germanistik also eine ‚Auslandsgermanistik‘ ist – versteht man dies als Oberbegriff für Germanistiken, die nicht in Ländern mit deutscher Amtssprache angesiedelt sind – so findet sie ihre Gegenstände doch auch und vor allem im ‚Inland‘“ (vgl. Winter 2010: 2).

das laufen soll aus Deutschland. Also haben wir angefangen, das Studium nach deutschem Muster umzustellen, also den Studenten freie Wahlmöglichkeiten zu geben, ihnen die Verantwortung und die Freiheit zu geben, sich den Stundenplan selbstständig zusammenzustellen, Wahlangebote haben wir vorbereitet. Die Säulen der Germanistik waren, wie gesagt, Linguistik, d.h. eher Grammatik und Deutsch als Fremdsprache, Literaturgeschichte, weniger Literaturwissenschaft, also weniger Methoden und eben Wissenschaft, Deutsch als Fremdsprache, d.h. praktische Übungen der Sprache und es kamen noch ein paar Stunden Didaktik dazu, immer, weil man auch Lehrer ausgebildet hatte, das hat sich dann geändert. So, jedenfalls wir haben angefangen, diesen strengen verplanten Unterricht mit sehr vielen Kontaktstunden, zu reformieren, haben diese Angebote geschaffen, also acht Seminare, die angeboten werden in einem Semester, die sich jedes Semester ändern müssen, und die Studenten haben das auch sehr bald begriffen, haben auch sehr eifrig mitgearbeitet an den Reformen, das hat ihnen gefallen, und '93, spätestens '94 war das Studium mehr oder weniger umgestellt nach deutschem Muster. [Interview Fiala-Fürst Juni 2018]

1999 wird der Germanistenverband der Tschechischen Republik gegründet. Er setzt sich für die Förderung der deutschen Sprache und Kultur ein und versteht sich als aktive Vertretung der Interessen von tschechischen Hochschulgermanisten im In- und Ausland. Zu den Aufgaben des Verbandes gehören die Vermittlung von Informationen, die Koordination des Meinungs- und Erfahrungsaustausches zwischen den einzelnen germanistischen Instituten, die Organisation von Fachberatungen und Konferenzen und die Förderung der wissenschaftlichen Zusammenarbeit.[65]

Die isolierte Stellung der Germanistik, die Abschottung von den westlichen Nachbarn wurde umgehend beseitigt. Zahlreiche Institutionen, mit denen ein gesellschaftlicher, wissenschaftlicher und wirtschaftlicher Austausch erfolgte, nahmen ihre Tätigkeit in Tschechien auf: u.a. die Deutsch-Tschechische Industrie- und Handelskammer mit Sitz in Prag (seit 1993), das Österreichische Ost- und Südosteuropa-Institut, die Außenstelle Brünn (seit 1991), die Tschechisch-Deutsche Gesellschaft in Prag und die Schweizer Kulturstiftung Pro Helvetia (seit 1992) (vgl. Bergerová 2010: 1809).

65 http://www.svazgermanistu.cz/informationen.asp [Stand: 27.05.2018].

4.1.3. Slowakei

Die Wende brachte auch in der Slowakei einschneidende Veränderungen in politischer und bildungspolitischer Hinsicht. Ab dem 1. Januar 1993 erhielt die Slowakische Republik mit der politischen Teilung die volle Souveränität.

Die Abschaffung des Russischen als Pflichtfremdsprache und die freie Fremdsprachenwahl brachten vor allem eine Blütezeit der westlichen Fremdsprachen, insbesondere des Deutschen und Englischen. Im Schuljahr 1999/2000 lernten rund 41 % der Schüler an slowakischen Grundschulen Deutsch und 52 % Englisch als Fremdsprache. An den Mittelschulen waren es 45 % für Deutsch und 46 % für Englisch (vgl. Kostalova 2004: 359). Andere Fremdsprachen, wie Russisch, Französisch, Spanisch und Italienisch, rangierten auf den unteren Plätzen. Diese Entwicklung forderte ausgebildete Sprachlehrer, die dafür nicht zur Verfügung standen. So wurden teils Russischlehrer zu Englisch- und Deutschlehrern umgeschult, teils auch unter- bis unqualifizierte Lehrkräfte für eine Übergangszeit eingestellt. Die Einschreibungen an den germanistischen Instituten stiegen rasant an. In den 1990er-Jahren entstanden mehrere neue Universitäten in der Slowakei, die das Studienangebot der bereits existierenden Universitäten in Pressburg/Bratislava und Preschau/Prešov ergänzten. Zu den beiden Traditionsuniversitäten kommen folgende Neugründungen hinzu: Neutra/Nitra, Tyrnau/Trnava und Neusohl/Banská Bystrica. „Im Großen und Ganzen brauchen wir uns also, wie sich zeigt, um die Zukunft der deutschen Sprache in der Slowakei in den nächsten zehn Jahren etwa keine allzu großen Sorgen zu machen", so Kostalova (2004: 360).

Das war die Blütezeit für Deutsch, also es sind wirklich sehr viele Lehrstühle, zu viele – wissen wir heute –, zu viele Lehrstühle für Germanistik entstanden, neue, ja, weil es da wirklich auch von der Sprachunterrichtspolitik an den Schulen eben sehr viel Nachfrage gab, und, ja, Deutsch war ja für die Leute in Bratislava eben die Sprache der Freiheit. Man konnte die österreichischen Medien verfolgen in den Zeiten des Sozialismus und das hat noch in den 1990er-Jahren natürlich sehr stark gewirkt, ja. Man hatte noch keine Ahnung wie sich das weiter entwickeln wird. Wir hatten – ich weiß nicht, wie weit Sie die Politik verfolgt haben –, also wir hatten ganz schwere Zeiten mit dem Meciarismus[66] *sagt man heute, also dieser Premierminister, der wirklich eher totalitäre Methoden verwendet hat, also man hatte wirklich sehr gehofft, dass man über Sprachen eben auch sehr viel Zugang hat zu den demokratischen Entwicklungen in Europa und*

66 Vladimír Mečiar, Politiker, mehrfach Premierminister in der Slowakei seit 1992.

eigentlich überhaupt. Also, es waren sehr viele Studienbewerber, sehr gute Studienbewerber. Also das dauerte vielleicht noch so bis zur Jahrtausendwende, dass wir sehr, sehr gute Absolventinnen und Absolventen hatten, die praktisch das C2-Niveau hatten. [Interview Zemaníková Juli 2018]

Das Curriculum der Germanistik war sehr traditionell ausgerichtet: *literaturwissenschaftliche, literaturhistorische Fächer, stark linguistische Disziplinen aber eben Systemlinguistik, aber auch glaube ich, eine sehr gute didaktisch-methodische Ausbildung. Also da hatte man noch ziemlich viel Raum auch dem Curriculum für Praktika an den Schulen z.B. bei den Lehramtsstudenten und -studentinnen gegeben; es hatte wirklich Gewicht. Das alles hat sich später ziemlich stark verändert.* [Interview Zemaníková Juli 2018]

Nach 1989 gab es massive Schwierigkeiten mit der personellen Deckung des Unterrichts und – wie zu erwarten – einen Mangel an Fachliteratur und Unterrichtsmitteln. Hinzu kam wirtschaftlicher Pragmatismus, politische Transformationsprozesse und die chronische Unterfinanzierung des Bildungswesens wie auch die Notwendigkeit, sich über neue, zeitgemäße Studienprogramme und Ziele wissenschaftlicher Weiterqualifizierung im Fach Germanistik Gedanken zu machen und eine Umorientierung des Denkens anzuregen:

> Der vor 1989 bestenfalls auf systematische Zufuhr „neutraler", von der marxistischen Ideologie möglichst unbelasteter Fachinformationen zusammengeschrumpfte Hochschulunterricht soll nun zu einem polemischen, problemorientierten wissenschaftlichen „Diskurs" umgewandelt werden, der hohe Ansprüche an die intellektuelle Qualität, vor allem aber auch an die intellektuelle Freiheit stellt. (Kostalova 1998: 127)

1991 wird der Verband der Deutschlehrer und Germanisten der Slowakei (SUNG) gegründet.[67] Er vertritt die Interessen der Deutschlehrer und Germanisten der Slowakei und bemüht sich um die Stärkung der Stellung der deutschen Sprache in der Slowakei.

Der Verband ist um die Förderung des Meinungs- und Erfahrungsaustausches in und außerhalb der Slowakei bemüht, fördert die Zusammenarbeit mit Schulen, Universitäten, Kultur- und Bildungseinrichtungen in und außerhalb der Slowakei. Er ist an der Weiterbildung von Deutschlehrkräften und Germanisten beteiligt, ist Herausgeber zweier Publikationen, der praxisorientierten Zeitschrift *Begegnungen* und der *Slowakischen Zeitschrift für Germanistik*, die Perspektiven der slowakischen Germanistik, wissenschaftliche Aktivitäten und Forschungstrends der hiesigen Germanistik aufzeigt und mit der internationalen Forschungslandschaft zu vernetzen versucht.

---

67 http://www.sung.sk/sung/4-SUNG/4-INFORMATIONEN [Stand: 12.01.2018].

Bereits Ende der 1990er-Jahre setzte das Philologiestudium der Germanistik neue Schwerpunkte; anstelle der ausschließlich traditionell ausgerichteten Curricula treten jetzt die Ausbildung von Übersetzern und Dolmetschern mehr in den Vordergrund; auch Wirtschaftsdeutsch wird ein fester Bestandteil des Studiums. „Eine weitere Frage in diesem Zusammenhang ist die Frage des gesellschaftlichen Ansehens unseres Berufes sowie unserer Arbeitsbedingungen. Da meine Studenten als Dolmetscher in Banken in drei Tagen mein Monatsgehalt verdienen […].“ (Kostalova 2004: 361)

Es wurde allzu deutlich, dass die Entscheidung für die deutsche Sprache bzw. das Philologiestudium in allererster Hinsicht durch erhoffte berufliche Perspektiven auf dem slowakischen – aber auch ausländischen wie deutschen – Arbeitsmarkt motiviert ist. „Sie wollen in der Industrie beschäftigt werden, vornehmlich in Unternehmen mit ausländischer Beteiligung, im Bankwesen oder in anderen ausländischen Wirtschaftsinstitutionen als DolmetscherInnen oder FremdsprachenkorrespondentInnen arbeiten.“ (Chovan 2004: 202)

4.1.4. Ungarn

Der politische Umbruch von 1989/1990 brachte, wie in allen ehemals kommunistischen Nachbarstaaten eine Neustrukturierung des politischen Systems. Die politische Wende 1989 markiert für Ungarn den Wechsel von einer marxistisch-leninistischen zu einer freiheitlich-demokratischen Bildungspolitik. Sie ist Anfang der 1990er-Jahre vor allem durch eine fortschreitende Dezentralisierung und Autonomie an den Universitäten gekennzeichnet. „Man konnte die Zwangsjacke ablegen; vor allem ein angenehmes Gefühl des Freisprechen-Dürfens stellte sich ein. Die neue Situation brachte aber auch neue Aufgaben, und die Frage besteht für manche heute darin […], ob sie den neuen Herausforderungen gewachsen sind.“ Mádl (1995: 269).

Mit der Wende war die freie Sprachenwahl für Schulen genehmigt worden. Binnen weniger Jahre kam es zu einer radikalen Veränderung an ungarischen Schulen. Das Interesse an Russisch als Fremdsprache sank und andere Fremdsprachen, allen voran Deutsch und Englisch, wurden nachdrücklich nachgefragt. An den Grundschulen konnte Deutsch vor Englisch seine Vorrangstellung bis zur Jahrtausendwende behaupten.

An den Gymnasien hingegen war Englisch die zumeist gewählte Fremdsprache, Deutsch hatte jedoch einen stabilen zweiten Platz in der Rangfolge.

Eine neue Zeitrechnung hatte für die ungarische Germanistik begonnen – Jahre des Aufbaus und Aufschwungs, die in den 1990er-Jahren begannen. Germanisten, vorwiegend Deutschlehrer, wurden gebraucht. In den Jahren nach der Wende standen bei Weitem nicht genügend ausgebildete Lehrkräfte für den Deutsch- und Englischunterricht zur Verfügung. Bildungspolitische Maßnahmen griffen steuernd in den Bildungsmarkt ein: Russischlehrer wurden zu Deutsch- und Englischlehrern umgeschult, innovative Studienangebote mit hohen Praxisanteilen für die Fremdsprachenlehrerausbildung eingeführt, Sprachprüfungen an Schulen erneuert, nationale Rahmenlehrpläne entwickelt.

Für die Umschulung von Russisch- zu Deutsch- und Englischlehrern entwickelte man ein eigenes Programm.

Also die 1990er-Jahre, das war eine ganz große euphorische Phase, weil man auf einmal sehr viele Fremdsprachen erlernt hatte und für uns Germanisten war es deshalb interessant, weil man in Ungern auf einmal konstatiert hatte, du liebe Güte, wir haben ja keine Fremdsprachenlehrer und da muss man etwas unternehmen. Da hat man alle Russischlehrer versucht umzubilden, das war die Russischumschulung, und da waren vor allem drei Sprachen gefragt: Englisch, Deutsch und Französisch. Und da haben wir alle mitgearbeitet und da haben wir die Curricula zusammengestellt, die Lehrpläne. Aus verschiedenen Richtungen versuchten wir den Russischlehrern, den praktizierenden Russischlehrern, die schon seit X Jahren Russisch unterrichtet haben, auf einmal Deutsch beizubringen. Das war eine harte Aufgabe, weil wir das an den Wochenenden machen mussten, aber wir wurden dafür extra bezahlt und das war eine große Hilfe damals, also man musste keine Privatstunden geben, sondern man hat in der Russischumschulung mitgearbeitet. Das dauerte so fünf, sechs Jahre sicherlich, ich kann es jetzt nicht genau sagen, wie viel. Und da hatten wir sehr viel Unterstützung bekommen aus der Bundesrepublik Deutschland, bei der Russischlehrerumschulung, da kamen sehr viele Kolleginnen vom Goethe-Institut und da haben wir ganz intensive persönliche Freundschaften mit den Kollegen und Kolleginnen aus Deutschland geflochten. Wir haben methodisch sehr viel gelernt, wie sie zum Beispiel Landeskunde unterrichtet haben, das war etwas völlig anderes, als was unser Verständnis über Landeskunde war in der Zeit der Sozialismus. Wir haben nur die DDR-Landeskunde gelernt, da kann ich Ihnen alles erzählen, aber dass wir dann neue Länder entdecken konnten, das war natürlich sehr schön. [Interview Knipf-Komlósi Juni 2018]

Da das Umschulungsprogramm für den Bedarf an Deutschlehrern nicht ausreichend war, wurde ein dreijähriges Studienprogramm für die Deutschlehrerausbildung ins Leben gerufen.

Károly Manherz, stellvertretender Minister zeichnete u.a. verantwortlich für das Hochschulen und initiierte eine dreijährige Ausbildung für Fremdsprachenlehrkräfte der Sprachen Deutsch und Englisch.

Als stellvertretender Minister hatte ich natürlich das Hochschulwesen und da ist ganz klar auch die Germanistik drin und zwar so, dass der Minister damals, das war eine politische Tat, Russisch als Pflichtsprache eigentlich aufgehoben hat, also plötzlich kam ein Schuljahr, das war das Schuljahr vor 1989, wo von September an nicht mehr Russisch Pflichtfach war, aber natürlich es gab Hochrechnungen und dann hätte man wenigstens 16.000 Sprachlehrer ausbilden müssen für Englisch und Deutsch. Zuerst hatten Prioritäten Deutsch und Englisch, das ist ganz klar, Französisch und Italienisch weniger […]. [Interview Manherz Februar 2019][68]

Die dreijährige Ausbildung ergänzt Programme der Umschulung von Russischlehrkräften und das hat Abhilfe geschaffen, so Knipf-Komlósi,

[…] weil wir in drei Jahren, in sechs Semestern, mit einem Fach Deutschlehrerinnen und -lehrer ausgebildet haben, aber in einer enorm hohen Stundenzahl in Deutsch und das hat sehr vieles dazu beigetragen, dass die deutsche Sprache eine beliebte Sprache in Ungarn wurde. Damals hat sie schon den zweiten Platz in der Fremdsprachenwahl eingenommen, diesen Platz hält sie bis heute noch. Aber diese in der dreijährigen Ausbildung geschulten Deutschlehrer sind nicht alle an die Schulen gegangen, sondern das war noch die Zeit, als man in der Wirtschaft noch gut sprechende, intelligente, junge Leute gesucht hat, die sehr gut Deutsch gesprochen haben, kompetent waren in bestimmten Dingen, in der Kommunikation, im Schriftlichen und so, und die konnten noch sehr gut Arbeitsstellen finden in der Wirtschaft, in den Privatunternehmen usw. Das war also eine ziemlich gute Zeit. [Interview Knipf-Komlósi Juni 2018]

Als Problem erweist sich, so Manherz im Interview, die Tatsache, dass gerade die Absolventen dieses Intensivstudiengangs, für die Ausbildung von Deutschlehrern eingerichtet, nicht den Lehrberuf ergriffen:

Das Problem war, dass sie sehr gut Deutsch konnten und deshalb nicht in die Schulen gegangen sind, zu unterrichten. Das war in der Slowakei auch so, von Polen habe ich es auch gehört … Es waren ja damals schon in diesen ersten Jahren der Wendezeit sehr viele deutsche Firmen, österreichische Firmen nach Ungarn gekommen, Joint Ventures sind entstanden. Also man hat praktisch ungefähr ein Drittel oder manchmal kann ich sagen, die Hälfte der Absolventen in die Wirtschaft einfach aufgenommen und die sind nicht in die Schulen gegangen. Das war ein sehr großes Problem […]. [Interview Manherz Februar 2019]

Auch für die ungarndeutsche Minderheit gab es spezielle Bildungsinstitutionen; dazu gehören Schulen mit deutschsprachigem Unterricht und

68 […] *weil eigentlich war ich in der letzten Regierung noch ein stellvertretender Minister, aber der einzige, der noch geblieben ist nach den Wahlen, nach der Wende in der neuen Regierung, der dann ein sogenannter Staatssekretär in dem Ministerium war, also hauptsächlich administrative Staatssekretär… Natürlich hat man die Kontrolle gehabt über Sprachunterricht, also das war mein Thema… .* [Interview Manherz Februar 2019].

Hochschulen, an denen ausschließlich Lehrkräfte für den Unterricht an deutschsprachigen Schulen ausgebildet werden.

Ich möchte noch erwähnen, dass in Ungarn die Minderheiten, die deutsche Minderheit, ja eine ziemlich starke Position hatte, und die Ausbildung für die deutschen Minderheitenlehrer, die hatte auch eine Tradition, zum Beispiel in Pécs, in Szeged aber auch in Budapest. Und diese Tradition wurde weitergeführt, und Herr Manherz zum Beispiel hatte ja darauf geachtet, dass wenn auf ministerialer Ebene, als er Staatssekretär war, sich etwas geregt hatte, hat er versucht, aus dieser Minderheitenausbildung eine Ausbildungsrichtung, einen Studiengang zu etablieren, was zum Beispiel nicht üblich war bis dahin. Aber das hat man dann auch für die anderen 13 Minderheiten eingerichtet, und das war auch etwas Neues damals, das hatte man früher nicht. [Interview Knipf-Komlósi Juni 2018]

1993 verabschiedete das ungarische Parlament ein Gesetz zur Hochschulbildung (Act LXXX). Erstmals wurde in diesem Gesetz eindeutig die Stellung der Hochschulen in der Gesellschaft definiert, die Autonomie der Hochschulen geregelt und das Recht auf wissenschaftliche Qualifikation (Promotion/Habilitation) den Universitäten zurückgegeben.

Zu diesem Zeitpunkt setzte eine enorme Expansion ein, die von der Bildungspolitik weitgehend unterstützt wurde: Die bislang unterdrückte gesellschaftliche Nachfrage nach Hochschulbildung musste befriedigt werden (Rébay 2003: 200). Die Hochschulbildung war bis zur Wende in Ungarn Eliten vorbehalten. Nur wenige hatten die Möglichkeit, nach dem regulären Schulbesuch ihre Ausbildung an einer Hochschule fortzusetzen. Die Immatrikulationsrate eines Altersjahrgangs bewegte sich um die 10 % Prozentmarke. Ungarn lag damit im Vergleich zu westeuropäischen Ländern um 30 Jahre in der Entwicklung zurück. Bildungspolitische Maßnahmen führten dazu, dass letztlich im Studienjahr 2001/2002 dieser Anteil bereits 43,6 % betrug (Rébay 2003: 200 f.).

An den Universitäten in Debrecen, Pécs und Szeged studierten Anfang der 1990er-Jahre in verschiedenen Ausbildungsformen etwa 1.500 Studierende das Fach Deutsch bzw. Germanistik – fast fünfmal so viel wie zehn Jahre zuvor (Bernáth 1995: 281). Da die Zahl der Studierenden stetig anstieg, wurden neue germanistische Institute eingerichtet.

1994 wurde die Gesellschaft ungarischer Germanisten (GuG)[69] gegründet. Dieser landesweite wissenschaftliche Verein war um die Förderung germanistischer Forschung wie auch des Unterrichts in Ungarn bemüht.

---

69 Vgl. http://www.gug.hu/ Zu den wichtigsten Aufgaben der Gesellschaft der ungarischen Germanistik gehören: die Förderung und Vertretung der Anliegen der

Die Zahl der Lehrkräfte an Hochschulen und Universitäten war binnen einiger Jahre ebenfalls um ein Vielfaches angestiegen – es waren die Jahre des Massenunterrichts.

Entscheidenden Einfluss auf die weitere Entwicklung der Germanistik in den Folgejahren bis über die Jahrtausendwende hinaus hatte die Sprachenwahl an Grundschulen (Klassen 1–8) und Gymnasien (9–12). In dieser Entwicklung zeichnet sich im Grunde genommen der Rückgang des Deutschen bzw. der Studentenzahlen in der Germanistik Anfang der 2000er-Jahre bereits ab.

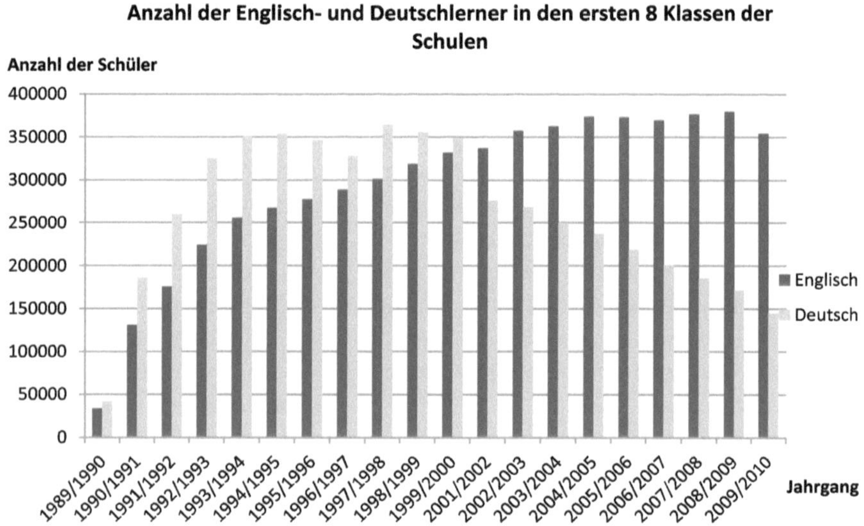

Abb. 1: Anzahl der Fremdsprachenlerner (Deutsch und Englisch) an Grundschulen in Ungarn (1989–2010). Eigene Berechnungen nach Nemzeti Erőforrás Minisztérium (= Ministerium für Nationale Ressourcen) (2010): Oktatási-Statisztikai Évkönyv (= Statistisches Jahrbuch zur Bildung 2009/2010.), S. 23–24. http://www.nefmi.gov.hu/letolt/statisztika/okt_evkonyv_2009_2010_100907.pdf Stand: 11.08.2011

Germanistik im In- und Ausland, die Unterstützung von wissenschaftlichen Forschungsprojekten, die Herausgabe eines Jahrbuches, das den fachlichen Kontakt sowie den Informationsaustausch der Mitgliedschaft fördert, die Koordinierung der germanistischen Forschungen in Ungarn, die Veranstaltung von landesweiten Aktionen, die Förderung der Gastdozentur und Gasthörerschaft sowie die Pflege der Beziehungen zu Fachinstitutionen und zur Ungarischen Akademie der Wissenschaften.

An den Grundschulen ist Deutsch als Fremdsprache bis zum Jahr 2000 stärker nachgefragt als Englisch, geht dann bis 2010 kontinuierlich zurück. Englisch wird dann ab dem Schuljahr 2001/2002 wesentlich häufiger gewählt als Deutsch und kann seine Vorrangstellung behaupten.[70]

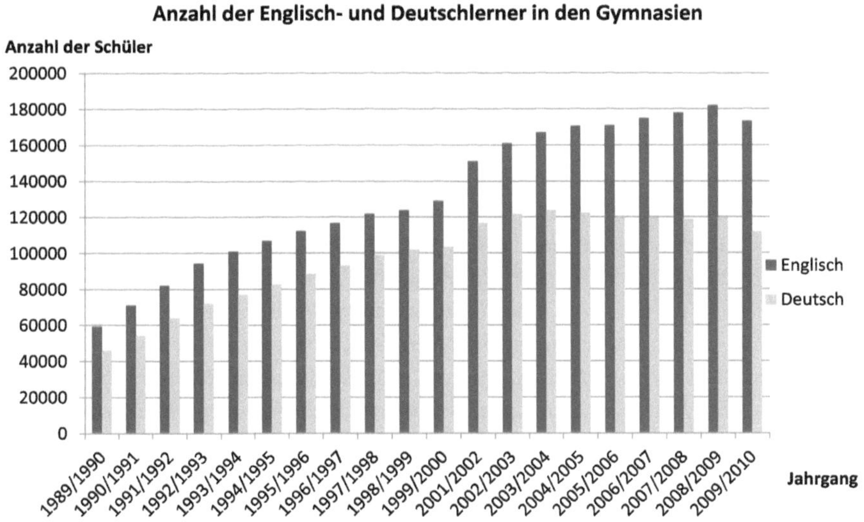

Abb. 2: Anzahl der Fremdsprachenlerner (Deutsch und Englisch) an Gymnasien in Ungarn (1989–2010). Eigene Berechnungen nach Nemzeti Erőforrás Minisztérium (= Ministerium für Nationale Ressourcen) (2010): Oktatási-Statisztikai Évkönyv (= Statistisches Jahrbuch zur Bildung 2009/2010.), S. 23–24. http://www.nefmi.gov.hu/letolt/statisztika/okt_evkonyv_2009_2010_100907.pdf Stand: 11.08.2011

An den Gymnasien ist Englisch von Beginn an die stärker nachgefragte Fremdsprache; diesen Status kann sie bis 2010 halten, aber auch Deutsch als zweite Fremdsprache behauptet sich in den zukünftigen Jahren. Diese Entwicklung wird teils nicht unkritisch gesehen, denn vor allem der British Council und andere amerikanische Bildungsinstitutionen sind in den ersten Wendejahren

70 Vgl. auch Tichy, Ellen (2014): Deutschunterricht in Ungarn: Regionale und internationale Lehrwerke - Entwicklungen und Tendenzen von der Wende bis 2010. In: Tichy, Ellen/Ilse, Viktoria (Hrsg.): Deutsch in Mittelosteuropa nach 1989. Frankfurt/M.: Peter Lang. S. 247 ff.

umgehend präsent, insbesondere in Kindergärten und Schulen, während das Goethe-Institut noch Jahre braucht, um auch für eine jüngere Klientel Sprachangebote zu entwickeln – zu lange bleibt es ausschließlich der Erwachsenenbildung verhaftet.

Nach der Wende, da war sozusagen, der Russischunterricht war weg und da hatte man eigentlich eine tabula rasa oder zumindest einen freien Lehrraum für den Fremdsprachenunterricht an sich und da waren… Allerdings war das Interesse natürlich schon längst eher für das Englische, aber vor allem die Amerikaner waren sehr schnell hier mit freiwilligen Amerikanischlehrern, ich weiß nicht, ob Sie das mitbekommen haben, also hier in Ungarn waren, also kurz nach der Wende, waren wir schon voll mit freiwilligen amerikanischen jungen Menschen, die gar keine Lehrerausbildung hatten, aber trotzdem waren sie hier, also die ganze Kultur war natürlich schon ein bisschen eher englisch-amerikanisch geprägt. Trotzdem war Deutsch die erste Fremdsprache und da hätte man es wahrscheinlich leicht zu sagen, weil die Bundesrepublik, ich habe den Eindruck, dass sie sich ein bisschen zurückgehalten haben, aber das ist vielleicht nicht der Fall. Ich weiß es nicht. Jedenfalls waren sie ein bisschen zurückhaltend mit dem Vormarsch der Lektoren sozusagen, der Vormarsch der möglichen Lehrer, und sie kamen wirklich zögernd und spät im Verhältnis zu den anderen Lehrern, und das war eine Chance, die man dann hätte nicht vergeben sollen, wenn man Deutsch wirklich als erste Fremdsprache behalten wollte. Aber das hat wohl dann nicht mehr geklappt. Na, kurz und gut. Also jetzt kann man nicht mehr konkurrieren mit den Englischen, das ist ganz klar, aber gerade in Ungarn, gerade in den mittelosteuropäischen Ländern war das Deutsch immer die Kommunikationssprache, war immer die Sprache, in der man verkehrt hat usw. Also mein Großvater sprach genauso Deutsch-Österreichisch wie Ungarisch usw. Gut, das war eine andere Zeit, ich hab schon verstanden […]. [Interview Masát Juni 2018]

Das Curriculum an den germanistischen Instituten war wie bereits vor der Wende der traditionellen Germanistik verpflichtet, mit den Schwerpunkten Sprach- und Literaturwissenschaft.

Das Curriculum in der ersten Hälfte der 1990er-Jahre ist eigentlich im Wesentlichen geblieben, was auch schon davor war. Das heißt: Zwei große Wissenschaften teilten sich eigentlich den wissenschaftlichen Bereich, Linguistik und Literaturwissenschaft etwa gleichermaßen, Landeskunde, ja, kam noch auch dazu und Landeskunde auch etwa – sagen wir – ergänzt auch mit Kulturgeschichte. [Interview Bassola Mai 2018]

Andererseits hatte der Ausbildungsschwerpunkt in der Lehrerausbildung auch Einfluss auf die inhaltliche Gestaltung von Lehrplänen, die sich an der neuen Zeit orientierten. Es ging nicht nur darum, Angebot und Nachfrage auf dem Bildungsmarkt zu bedienen. Der gesellschaftliche Wandel fand auch Eingang in die didaktisch-methodischen Konzepte des Fremdsprachenunterrichts. Der 1995 verabschiedete Nationale Grundlehrplan verpflichtete im Kapitel „Moderne Fremdsprachen" zu einem pragmatischen, kommunikativen Konzept des Sprachunterrichts. Damit war der Paradigmenwechsel von der Grammatik-Übersetzungsmethode zu einer kommunikativ orientierten Fremdsprachendidaktik entschieden, auch wenn es in der Praxis noch einige Zeit in Anspruch nehmen sollte, bis dieser Ansatz tatsächlich praktiziert worden war (vgl. Paul 2001: 1548).

Die Öffnung der Grenzen macht Ungarn jetzt auch als Wirtschaftsraum für internationale Unternehmen attraktiv, die einen Bedarf an gut ausgebildeten Fachkräften mit sehr guten Deutsch- und Englischkenntnissen haben. Schon in den 1990er-Jahren ist es keine Seltenheit, dass Absolventen der Germanistik nicht im Lehramt tätig sind, sondern in die Wirtschaft gehen, die zudem wesentlich bessere Gehälter zahlt.

4.1.5. Rumänien

Mit der Dezentralisierung der Verwaltung der Universitäten nach der politischen Wende erlangten diese ihre Autonomie zurück. Damit lag die wissenschaftliche Selbstverwaltung wieder in den Händen der Universitäten, Lehrpläne und Prüfungsthemen konnten wieder selbst bestimmt werden. Dies galt auch für den Auf- und Ausbau der Philologien selbst, sodass die Germanistik an den fünf großen Universitäten (Bukarest, Klausenburg, Jassy, Temeswar und Hermannstadt) wieder in ihrer in den 1970er-Jahren etablierten Struktur legitimiert wurden.

In der Gestaltung der Curricula orientierte man sich in den Hochburgen der deutschen Minderheiten, wie z B. in Hermannstadt, an der deutschen Wissenschaftssystematik und richtete die Studienordnungen so nah wie möglich an der Binnengermanistik aus. Es war allerdings problematisch: Die berufliche und fachliche Erfahrung, die Ausstattung der Bibliotheken, die mangelhafte Ausstattung der Lehrstühle, veraltete Lehrwerke und überhaupt der Mangel an Fachliteratur erschwerten den Wiederaufbau.

Ja, die erste Zeit 1989 nach der politischen Revolution haben wir mit so viel Enthusiasmus erlebt und in unserer naiven Vorstellung von Wissenschaft, Forschung und Lehre gemeint, dass jetzt alle Wege offen seien und dass wir ungeahnte Möglichkeiten einer weiteren Entwicklung haben. Also, erst einmal der große Umbruch und die Umstellung im Denken und im Selbstverständnis, dass wir jetzt ein Lehrstuhl sind, der nach Inhalten und Zielsetzungen von Freiheit in

Lehre und Forschung unterrichten und arbeiten kann und dass wir als Bezugsmodell die Wissenschaftssystematik die in Deutschland, in deutschen Einrichtungen an Universitäten übernehmen dürfen und können und dass wir selber entscheiden können über Inhalte und Zielsetzungen der Gestaltung des Studiums zur Ausbildung von zukünftigen Deutschlehrern, deren, ja, diese neuen Aufgaben und das neue Berufsfeld musste zunächst einmal curriculumtheoretisch begründet werden und zu dieser curriculumtheoretischen Begründung haben wir immer als Bezugsmodell die deutsche Studienordnung genutzt und übernommen, und haben dabei sehr viel Hilfe bekommen von deutschen Kollegen, von deutschen Universitäten. [Interview Konnerth April 2018]

Vorerst mussten sich die germanistischen Institute allerdings einer viel gravierenderen Herausforderung stellen: der massiven Emigration der deutschen Minderheit in Rumänien.

Wie die folgende Tabelle zeigt, hat es seit den 1930er-Jahren eine stetige Abwanderung der deutschen Minderheit aus Rumänien gegeben, die Emigrationswelle nach der Öffnung der Grenzen 1989 kam jedoch fast einem Exodus gleich:

Tab. 5: Absolute Zahl der Angehörigen der deutschen Minderheit in Rumänien nach Volkszählungen (gerundete Zahlen)[a]

	1930	**1977**	**1992**	**2002**	**2011**
Absolute Zahl der Angehörigen der deutschen Minderheit in Rumänien nach Volkszählungen	633.000	359.000	119.500	59.800	37.000

a Bottesch (2008: 332 ff.). Die Zahl für die Volkszählung 2011 wurde ergänzt.

Die Zahl der Angehörigen der deutschen Minderheit zwischen 1930 und 1977 war um fast 50 % gesunken. Ursache waren der Zweite Weltkrieg und die Deportation 1945 und 1949.

Ende der 1960er-Jahre normalisierten sich die Beziehungen zwischen der Bundesrepublik Deutschland und Rumänien; diplomatische Beziehungen wurden aufgenommen und Familienzusammenführungen ermöglicht. Diese verliefen infolge des wirtschaftlichen West-Ost-Gefälles fast ausnahmslos in Richtung Deutschland (Bottesch 2008: 344).

In den Wendejahren bis 1992 verließen ein Drittel aller Angehörigen der Deutschen Minderheit das Land und im Laufe der 1990er-Jahre noch mal etwa die Hälfte der in Rumänien verbliebenen Deutschen. Die Zahl lag nun bei knapp 60.000 Personen – ein Zehntel der ehemals in Rumänien lebenden Deutschen nach den Zahlen der Volkszählung von 1930. Allein nach dem Zusammenbruch des Kommunismus im Winter 1989 verließen innerhalb von sechs Monaten 111.150 Deutsche Rumänien (Gabanyi 2000).

Und das war die andere Seite der Medaille, die Auswanderung, denn wir waren einer der besten Lehrstühle für Germanistik in Rumänien [Hermannstadt/Anm. d. Verf.], *wenn ich sage, einer der besten, weil wir eine lange Zeit nur deutschstämmige Kollegen am Lehrstuhl gehabt haben, wir haben uns immer damit gelobt, wir sind nur Deutsche am Lehrstuhl, ja. Das war eine Selbstverständlichkeit, dass wir Deutsche sind. Es gehörte zum Selbstverständnis des Lehrstuhls, dass wir die Gestaltung des Studiums, die Ausbildung von Studierenden nach den Inhalten und Zielen der Lehrerausbildung für den Unterricht in Deutsch als Muttersprache ausgerichtet haben. Wir haben uns verstanden als Lehrstuhl für Germanistik, der Lehrer ausbildet für den Unterricht in den Schulen für Deutsch als Muttersprache und haben dann mit der Auswanderung erleben müssen, dass wir einfach, ja, von der Muttersprachenausbildung zur Auslandsgermanistik, ja, ich möchte jetzt sagen, hinabgeglitten sind, das war für uns eine Enttäuschung, ja. Zu unserem Selbstverständnis hat das nicht gehört, dass wir Deutsch als Fremdsprache unterrichten, sondern Deutsch als Muttersprache. Aber weil der Zustrom durch die Auswanderung und die Sprachkompetenz der Studierenden immer geringer geworden sind, haben wir uns einfach ausrichten müssen nach den Inhalten und Zielsetzungen des Unterrichts für die Ausbildung der Lehrer für Deutsch als Fremdsprache und immer weniger als Muttersprache.* [Interview Konnerth April 2018]

In den vergangenen Jahrzehnten war die erste Zielgruppe in germanistischen Studiengängen fast ausschließlich die deutsche Minderheit. Bei den Aufnahmeprüfungen galt es, (fast) muttersprachliche Kompetenz nachzuweisen. Auch der Lehrkörper setzte sich bis auf wenige Ausnahmen aus Angehörigen der Minderheit zusammen. Bisher waren die Curricula der germanistischen Institute ausschließlich an einer Inlandsgermanistik ausgerichtet. Dies traf sowohl auf die Regionen mit hoher Konzentration deutschsprachiger Bevölkerung (Banat/Siebenbürgen) zu als auch auf germanistische Lehrstühle im Regatul Vechi/Altreich[71] (z.B. in Jassy/

71 Als Altreich (rumänisch Regatul Vechi) wurde nach dem Ersten Weltkrieg jenes Gebiet Rumäniens bezeichnet, das schon vor dem Krieg zu diesem Staat gehört hatte: die Regionen Moldau, Walachei und Dobrudscha. In den Friedensverträgen von Versailles 1919 und Trianon 1920 erhielt Rumänien Siebenbürgen, das

Iași).[72] Mit der Emigration der deutschen Minderheit ging auch ein großer Teil der gewohnten Klientel verloren; vorerst weniger in den Hochburgen des Banats und in Siebenbürgen, aber in anderen Regionen wurde es durchaus kritisch:

Also, 1990 war das erste Jahr nach den Umwälzungen, hatten wir einen Schock gleich bei der Aufnahmeprüfung, obwohl wir hofften, dass eine Menge Leute nach so vielen Jahren sich stellen werden, und wir hatten einen Schock, weil nur fünf Leute zur Aufnahmeprüfung erschienen waren. Und der Grund war, dass das westliche Publikum aus Siebenbürgen und aus dem Banat nicht mehr bereit war, den Weg nach Osten, nach Iași zu machen, sondern die machten schon auf nach Westen, sie fuhren schon in die andere Richtung. [Interview Corbea-Hoișie Juli 2018]

So gingen auch die ersten Initiativen von Jassy und Bukarest aus, neue Modelle für die Germanistik zu entwerfen, deren Ausrichtung sich an einer Klientel von Studierenden orientierte, deren Muttersprache nicht mehr Deutsch, sondern Rumänisch war. Erste Schritte von der Inlands- zur Auslandsgermanistik waren nicht mehr zu vermeiden.

Diese Neuentwicklungen, so Sandu (1997: 20 f.), machten eine „Umgestaltung der Veranstaltungen im Sinne einer Auslandsgermanistik notwendig, die der Realität Rechnung trägt, dass für die Studierenden Deutsch nicht Mutter-, sondern Fremdsprache ist." Im Mittelpunkt soll nun zum einen die Kommunikationskompetenz, d.h. der fehlerfreie Umgang mit der deutschen Sprache stehen, zum anderen aber auch ein möglichst umfassendes Bild der Zivilisation und Kultur der deutschen Sprache, was mit der Einführung des Faches „Landeskunde" Einzug in die Curricula der Germanistik hält.

> Seit 1991 haben die Vertreter aller Fremdsprachenabteilungen an den rumänischen Universitäten mehrmals über gemeinsame curriculare Richtlinien beraten [...]. Infolge einer Initiative der DAAD-Lektoren in Rumänien [...] wurde 1993 eine interuniversitäre

---

östliche Kreischgebiet, die südliche Maramuresch, die Bukowina, zwei Drittel des Banats und zusätzlich Bessarabien. Man spricht somit von Großrumänien oder einfach Rumänien. Auch heute ist die regionale Unterscheidung von Altreich und Rumänien im Allgemeinen noch üblich.

72 In Jassy/Iași war die Nachfrage zunächst sehr gering bzw. fast exklusiv auf Studierende aus der Moldau angewiesen, deren Sprachkenntnisse keineswegs den üblichen Hochschulstandards entsprachen. In Bezug auf diese Realität stand man vor der dringenden Notwendigkeit, tief greifende curriculare Änderungen aus eigener Initiative zum Zweck der Verbesserung der sprachlichen und wissenschaftlichen Handlungskompetenz der zukünftigen Germanistikabsolventen zu unternehmen (Corbea-Hoișie 1997: 93 f.).

> Arbeitsgruppe „Curriculum Germanistik in Rumänien" konstituiert, die für eine Anpassung des Unterrichts an die Realitäten und Notwendigkeiten der heutigen rumänischen Gesellschaft im Sinne einer Bevorzugung des Sprachunterrichts zum Nachteil des traditionell philologischen Selbstverständnisses der Hochschulgermanistik plädiert. (Corbea-Hoişie 1997: 63 f.)

Gehörten vor der Wende die Schüler vorwiegend der deutschen Minderheit an, so sind es nach dem starken Rückgang der deutschen Minderheit mehrheitlich Kinder und Jugendliche rumänischer Ethnie, die Schulen mit Deutsch als Unterrichtssprache besuchen. Das ehemals gut ausgebaute deutschsprachige Bildungssystem der deutschen Minderheit war bemüht, weiter zu bestehen. Vor allem in den Städten konnte sich der deutschsprachige Unterricht dadurch erhalten, dass über 90 % der Schüler rumänische oder ungarische Muttersprachler waren (Bottesch 2008: 388).

Die Absolventinnen und Absolventen der deutschsprachigen Schulen kamen mit hervorragenden Deutschkenntnissen in Studiengänge der Germanistik, aber ihre Muttersprache in den Elternhäusern war nicht mehr die deutsche Sprache. Eine weitere Zielgruppe bilden Absolventinnen und Absolventen rumänischer Lyzeen mit einem erhöhten Anteil an DaF-Unterricht.

1990 hat man die Philologie [in Hermannstadt/A.d.V.] *neu gegründet. Es war für die Germanistik eine bessere Situation als jetzt. Es gab Aufnahmeprüfungen für die Besetzung der ausgeschriebenen Plätze. Die Absolventen waren nicht hauptsächlich Muttersprachler im Sinne deutscher Abstammung, aber sie waren hauptsächlich Muttersprachler als Absolventen deutscher Schulen, mit deutschem Abitur. Die Situation war hervorragend. Ich bin melancholisch, wenn ich darüber spreche. D.h. der Unterricht ausschließlich in deutscher Sprache. Wir haben nie ein Wort rumänisch erklärt, das machten die Studenten selbst, wenn es soweit war. Also das war die Situation: eine hervorragende. Das Studium dauerte damals 10 Semester, fünf Jahre, von denen neun Semester Vorträge, Vorlesungen und Seminare gehalten wurden und das 10. Semester war für die Vorbereitung der Abschlussprüfung und der Diplomarbeit. Also das war eine sehr gute Zeit. Sehr gute Studenten. Die meisten von diesen Absolventen, die noch im Land sind, gehören heute zu den Germanisten, die forschen und in Universitäten unterrichten.* [Interview Sass Mai 2018]

1990 wurde die *Gesellschaft der Germanisten Rumäniens* (GGR) gegründet.[73] 1992 publizierte die Gesellschaft der Germanistik Rumäniens das erste Heft der *Zeitschrift der Germanisten Rumäniens* (ZGR), die inländischen und ausländischen Germanisten für die Veröffentlichung wissenschaftlicher Beiträge zur Verfügung stand. Damit war ein entscheidender Vorstoß gegen die Jahrzehnte

73 Vgl. http://www.ggr.ro. [Stand: 25.05.2018].

andauernde Isolierung der rumänischen Germanistik gelungen. Des Weiteren wurden Kontakte zur Binnengermanistik wiederhergestellt und damit ein entscheidender Schritt zur Internationalisierung germanistischer Institute in Rumänien gemacht. Der Nachholbedarf war sehr hoch, sodass eine beschleunigte Annäherung an das deutschsprachige Ausland zunehmend gewagt wurde. Kontinuierlich wurden Kontakte und Angebote für Institutspartnerschaften, Stipendien- und Dokumentationsaufenthalte erneut oder überhaupt erstmals wahrgenommen, die eine Internationalisierung germanistischer Institute in Rumänien mit sich brachten.

Hauptziel des Germanistikstudiums bleibt die Ausbildung von Deutschlehrern, aber neben dem Berufsfeld „Schule" gewinnt nun mit der Öffnung der Grenzen der Beruf des Übersetzers und Dolmetschers an Bedeutung und findet ebenfalls Eingang in die Curricula der Germanistik. Durch die zunehmende Ansiedlung internationaler Unternehmen werden Fachkräfte mit sehr guten Sprachkenntnissen (Englisch und Deutsch) gebraucht.

Die Zahl der Germanistikstudenten ist in den 1990er-Jahren sprunghaft angestiegen. Zu den fünf bestehenden großen Lehrstühlen kommen Neugründungen von Fakultäten mit germanistischer Haupt- oder Nebenfachausbildung z.B. in Braşov/Kronstadt, Craiova, Oradea/Großwardein, Constanţa/Konstanza und Suceava/Suczawa hinzu.

Fremdsprachen werden nach der politischen Wende in allen Bereichen der schulischen und außerschulischen Ausbildung verstärkt nachgefragt. Dies führte „zu einem regelrechten Boom im Fremdsprachenunterricht und damit zum unumgänglichen Teufelskreis: einerseits die große Nachfrage nach Fremdsprachensprechern, andererseits das geringe Angebot an Lehrfähigen." (Stănescu: 2001: 1673) Offiziell wird die erste Fremdsprache in der 2. Schulklasse der Grundschule eingeführt, die zweite Fremdsprache in der 6. Klasse. Auch in den Kindergärten beginnt man, Fremdsprachenunterricht zu integrieren. Deutschsprachige Schulen in den Städten, bisher fast ausschließlich den Angehörigen der deutschen Minderheit vorbehalten, erleben eine bis dahin unvorhersehbare Nachfrage, die sich bis in die Gegenwart hält.

Deutsch wird außerdem in der Philologie als dritte fakultative Fremdsprache angeboten oder als obligatorische Wahlfremdsprache studienbegleitend im nichtphilologischen Unterricht.[74] Auch diese Stunden werden zum größten Teil von den Germanistik-Lehrstühlen übernommen, soweit es in der jeweiligen Fakultät keinen eigenen Lehrstuhl für Fremdsprachen gibt.

---

74 Vgl. dazu Stănescu (2006: 36 f.).

Die Entwicklungen der 1990er-Jahre besiegelten einen Zeitenwandel – den nicht mehr vermeidbaren Wandel von einer Inlands- zur Auslandsgermanistik. Dennoch war dieser Schritt nicht unumstritten, das Festhalten an bewährten Strukturen einer traditionellen Germanistik mit dem Schwerpunkt der Lehrerausbildung für Deutsch als Muttersprache allseits spürbar. Es sollte noch einige Zeit in Anspruch nehmen, bis dieser Wandel tatsächlich konkrete Gestalt in der Praxis annahm.

4.1.6. Entwicklungen im Ländervergleich

Die Wende 1989/1990 brachte Jahre des Aufbaus und des Aufschwungs der Germanistik in diesen Ländern Mittelosteuropas. Der politische Umbruch markierte, wie in allen ehemaligen kommunistischen Staaten, auch einen Wandel in der Bildungspolitik. Dies äußerte sich zunächst in einer fortschreitenden Dezentralisierung und Autonomie der Universitäten. Durch das Hochschulgesetz von 1990 wurde in **Polen** die Freiheit von Forschung und Lehre wieder eingeführt. Dieses Gesetz ermöglichte zudem die Gründung privater Hochschulen.

Das 1993 in **Ungarn** verabschiedete Gesetz zur Hochschulbildung regelte die Autonomie der Hochschulen und gab ihnen das Recht auf wissenschaftliche Qualifikation (Promotion/Habilitation) zurück.

War die Hochschulbildung bis zur Wende in diesen Ländern den Eliten vorbehalten, wuchsen nach 1990 die Immatrikulationsraten nicht nur im Fachgebiet der Germanistik gewaltig. Die zurückerlangte Selbstverwaltung ermöglichte Universitäten, ihre Lehrpläne und Prüfungsthemen selbst zu bestimmen und den Auf- und Ausbau ihrer Philologien zu entscheiden. Infolge dieser Wandlung wurden länderübergreifend die Germanistiken an den ehemaligen Standorten in ihrer früher etablierten Struktur wieder legitimiert und neue Hochschulen und Universitäten gegründet. Im Zuge der kulturpolitischen Öffnung **Polens** wurden neue germanistische Institute an Universitäten etabliert, es kam zu einer regelrechten Gründungswelle von Berufshochschulen und nichtstaatlichen Hochschulen. Bereits 1989 wird die Germanistik in Oppeln/Schlesien gegründet, dem größten Siedlungsgebiet der deutschen Minderheit innerhalb **Polens**. Sie wird Anfang der 1990er-Jahre auf- und ausgebaut und widmet sich in Forschung und Lehre insbesondere dieser regionalen Spezifik. In **Rumänien** kommen zu den fünf bestehenden großen Lehrstühlen Neugründungen von Fakultäten mit germanistischer Haupt- oder Nebenfachausbildung z.B. in Braşov/Kronstadt, Craiova, Constanţa/Konstanza und Suceava/Suczawa hinzu, auch Privatuniversitäten z.B. in Neumarkt/Târgu Mureş

(Sapientia-Universität) oder in Großwardein/Oradea (Christliche Universität Partium) wurden gegründet. In der **Slowakei** entstehen in den 1990er-Jahren mehrere neue Universitäten, die das Studienangebot der bereits existierenden Universitäten in Pressburg und Preschau ergänzten: Neutra/Nitra, Tyrnau/Trnava und Neusohl/Banská Bystrica. Nach der „samtenen Revolution" erlebte auch die Germanistik in **Tschechien** einen großen Aufschwung. Innerhalb von wenigen Jahren wurden neue Universitäten und neue germanistische Lehrstühle gegründet, sodass ihre Anzahl von vier vor 1989 existierenden Lehrstühlen auf 17 stieg.

In allen Referenzländern gab es massive Schwierigkeiten mit der personellen Deckung des Unterrichts. Für die Akkreditierung neuer Studiengänge war der Nachweis wissenschaftlicher Qualifizierung notwendig, aber ein Promotionsstudium wurde zum Beispiel in den 1990er-Jahren in Tschechien lediglich an drei Universitäten angeboten: Prag, Brünn, Olmütz. Es herrschte ein eklatanter Mangel an qualifizierten Wissenschaftlern. Die mangelhafte Versorgung mit Fachliteratur und -personal erschwerte zudem den Wiederaufbau. Die Zahl der Studienbewerber war wesentlich höher als die Lehrstühle aufnehmen konnten.

Nach der Wende wurde das Fremdsprachenangebot auf allen Bildungsebenen in diesen Ländern erweitert und die obligatorische Fremdsprache Russisch abgeschafft, was einen noch nie da gewesenen Aufschwung der Fremdsprachenphilologien auslöste.

Mit der freien Sprachenwahl an Schulen sank das Interesse an Russisch als Fremdsprache und andere Fremdsprachen, vornehmlich Deutsch und Englisch, wurden nachgefragt. In Polen und der Slowakei steigen die Deutschlernerzahlen an den Schulen rapide an.

An den Grundschulen in **Ungarn** ist Deutsch als Fremdsprache bis zum Jahr 2000 stärker nachgefragt als Englisch, an den Gymnasien ist Englisch von Beginn an die stärker nachgefragte Fremdsprache. Bis heute behauptet sich Deutsch als zweite Fremdsprache in Ungarn. Der Aufstieg des Deutschen als Fremdsprache in **Tschechien** als meistgewählte Fremdsprache an Grundschulen, Mittelschulen und Gymnasien währte bis weit in die 1990er-Jahre. Erst 1998 änderte sich die Rangfolge: Die Zahl der Deutschlerner ging zurück und die Zahl der Englischlerner stieg. In **Rumänien** erleben deutschsprachige Schulen in den Städten, bisher fast ausschließlich den Angehörigen der deutschen Minderheit vorbehalten, eine bis dahin unvorhersehbare Nachfrage, die bis in die Gegenwart andauert.

Dem gravierenden Mangel an Fremdsprachenlehrkräften entgegnete man in **Ungarn** mit der Einführung eines intensiven dreijährigen Lehramtsstudiums sowie mit der Umschulung von Russischlehrern zu Deutsch-, Englisch-, oder

Französischlehrern. Ähnlich verfuhr **Polen** mit der Gründung von Lehrerkollegs; kurz nach der Wende entstanden mehr als 50 Kollegs. Neue Studienangebote mit hohen Praxisanteilen sollten die Fremdsprachenlehrerausbildung reformieren, neue nationale Rahmenlehrpläne kamen zum Einsatz. Die Umschulung von Russischlehrern zu Deutsch- und Englischlehrern sowie teils auch der Einsatz von ungeschultem Personal ergänzten die Maßnahmen.

Der deutschen Minderheit in **Ungarn** standen tradierte Bildungsinstitutionen in Pécs, Szeged oder Budapest zur Verfügung. Es handelt sich hierbei um Schulen mit deutschsprachigem Unterricht und Hochschulen, an denen Lehrkräfte für den Unterricht an deutschsprachigen Schulen ausgebildet wurden.

Nach dem Zusammenbruch des Kommunismus 1989 und der Öffnung der Grenzen kam es zu einem Massenexodus der deutschen Bevölkerung aus **Rumänien** in die Bundesrepublik Deutschland. Die traditionsreichen ehemaligen „deutschen Schulen" wurden nun von rumänischen Schülern besucht.

Im Laufe der 1990er-Jahre verließen etwa die Hälfte der in **Rumänien** verbliebenen Deutschen das Land. Vor der Wende bestand die Zielgruppe an germanistischen Instituten fast ausschließlich aus Angehörigen der deutschen Minderheit mit muttersprachlichen Sprachkompetenzen, nun mussten sich germanistische Institute zunehmend auf Studierende mit Fremdsprachenkompetenz Deutsch einstellen und die vormals an der Inlandsgermanistik ausgerichteten Lehrinhalte revidieren. Diese Realität zwang die Institute curriculare Änderungen vorzunehmen, um die sprachlichen Kompetenzen zukünftiger Germanistikabsolventen zu verbessern. Im Mittelpunkt soll nun der fehlerfreie Umgang mit der deutschen Sprache stehen, zum anderen war es notwendig, „Landeskunde" als Fach in die Curricula der Germanistik aufzunehmen. An allen fünf großen Universitäten **Rumäniens**, an denen es auch eine Germanistikabteilung gab, wurde ausschließlich in deutscher Sprache unterrichtet, und kaum ein Lehrstuhl war bereit, eine Revision der Curricula einzuleiten und sich dadurch zu einer „Auslandgermanistik" zu bekennen.

Die Curricula an den germanistischen Instituten in **Ungarn**, **Rumänien** und der **Slowakei** orientierten sich in den ersten Jahren nach der Wende weitgehend an der Inlandsgermanistik, sie waren traditionell philologisch geprägt, wobei das zentrale Ausbildungsziel das Lehramt für Deutsch als Fremd- und Muttersprache war. In den anderen Ländern war das Curriculum – wie bereits vor der Wende – der traditionellen Germanistik verpflichtet und damit der Sprach- und Literaturwissenschaft.

Bis zur politischen Wende 1989/1990 sah die **rumänische** Germanistik ihre Aufgabe vor allem in der Pflege, Vermittlung und Verbreitung der deutschen

Sprache, Literatur und Kultur. Das Bildungskonzept war philologisch-allgemeinbildend und berufsvorbereitend ausgerichtet.

Die Curricula an den germanistischen Instituten in der **Tschechoslowakei** waren traditionellen Vorgaben der Germanistik verpflichtet; es wurden jedoch auch Lehrkräfte für den Deutschunterricht, Dolmetscher und Übersetzer ausgebildet.

Nach der Wende kam es zur Gründung germanistischer Fachverbände: Gesellschaft der Germanisten Rumäniens (GGR/1990), Verband der Polnischen Germanisten (1990), Verband der Deutschlehrer und Germanisten der Slowakei (SUNG/1991), Gesellschaft ungarischer Germanisten (GuG/1994), Germanistenverband der Tschechischen Republik (1999). Diese landesweit vertretenen wissenschaftlichen Vereine bemühten sich um die Förderung germanistischer Forschung und des Unterrichts in deutscher Sprache. Auch sollten nach den Jahren der Isolation eine Annäherung an das deutschsprachige Ausland und Kontakte zur Binnengermanistik wiederhergestellt und damit ein entscheidender Schritt zur Internationalisierung germanistischer Institute gemacht werden. So wurden kontinuierlich Kontakte und Angebote für Institutspartnerschaften, Stipendien- und Dokumentationsaufenthalte erneuert oder überhaupt erstmals wahrgenommen.

Hauptziel des Germanistikstudiums bleibt die Ausbildung von Deutschlehrern, aber neben dem Berufsfeld „Schule“ gewinnt nun mit der Öffnung der Grenzen der Beruf des Übersetzers und Dolmetschers an Bedeutung und findet ebenfalls Eingang in die Curricula der Germanistik.

Durch die zunehmende Ansiedlung internationaler Unternehmen werden Fachkräfte mit sehr guten Sprachkenntnissen (Englisch und Deutsch) gebraucht. Schon in den 1990er-Jahren ist es keine Seltenheit, dass Absolventen der Germanistik nicht im Lehramt tätig sind, sondern in die Wirtschaft gehen, die wesentlich bessere Gehälter zahlt.

Nach den Jahren des Aufschwungs in der Nachwendezeit wird die Jahrtausendwende als „Anfang des langsamen Abstiegs der Germanistik“ [Interview Fiala-Fürst Juni 2018] wahrgenommen.

4.2. Die Jahrtausendwende und die erste Dekade – Bologna-Reform und Globalisierung

4.2.1. Polen

In den Jahren nach der Jahrtausendwende sind der demografische Wandel sowie vor allem bildungspolitische Eingriffe für die Entwicklung der

Germanistik entscheidend, die Schulreform von 1999, der EU-Beitritt 2004 und der Bologna-Prozess.

Ein großes Problem für die polnischen Hochschulen ist der demografisch bedingte Rückgang der Studierendenzahlen, der sich auch in rückläufigen Einschreibezahlen in Studiengänge an germanistischen Instituten bemerkbar macht. Seit 2005 ist die Zahl der Studienanfänger stark zurückgegangen. Schätzungen gehen davon aus, dass sich die Gesamtzahl der Studierenden bis 2020 im Vergleich zu 2005 nahezu halbieren werde.

Vermutlich auch wegen besserer Gehaltsaussichten in anderen Berufszweigen als dem Lehramt entscheiden sich viele polnische Abiturienten mit sehr guten Deutschkenntnissen nicht für ein philologisches Studium, sondern wählen eher eine technisch-naturwissenschaftliche oder wirtschaftswissenschaftliche Ausrichtung. Selbst die Absolventen der Germanistik entscheiden sich oft nicht für den Lehrerberuf, obwohl das Studium grundsätzlich auf die Ausbildung von Lehrkräften ausgerichtet ist.

Einige Germanistik-Institute entschieden, Sprachintensivkurse im ersten Studienjahr einzuführen, damit sie auch Studierende ohne Deutschkenntnisse aufnehmen konnten. Mit dieser Maßnahme konnten rückläufige Immatrikulationszahlen aufgefangen werden, was aufgrund der „Pro-Kopf-Finanzierung" der Ministerien eine notwendige Maßnahme war, um den Bestand der Studiengänge und Arbeitsplätze zu sichern. Allerdings erforderte die Umstellung auf Nullanfänger erhebliche didaktische und studienrelevante Konsequenzen für die Curricula, die sich von den einst traditionellen Vorstellungen eines Germanistikstudiums entfernten, was durchaus kritisch gesehen wurde. Nach einem Jahr Deutschunterricht wird man kaum in der Lage sein, das wissenschaftliche Schrifttum in der Sprache eines Philologiestudiums lesen und rezipieren können. Kritische Stimmen verwerfen diesen Ansatz. „Studenten, die nur auf eine Fundierung ihrer Sprachfertigkeit ausgerichtet sind, sollten normale Sprachkurse besuchen, um damit auch ihre Kosten zu senken" (Papiór 2011: 78).

Die Schulreform führte die Dreiteilung in polnischen Schulen ein: eine sechsjährige Grundschule, ein dreijähriges Gymnasium und ein ebenfalls dreijähriges allgemeinbildendes Lyzeum bzw. eine technische Oberschule oder eine zweijährige Fachschule. Diese Umstrukturierung wirkte sich insofern ungünstig auf den Fremdsprachenunterricht aus, als dass bei wechselnder Schülerschaft im ungünstigen Fall unterschiedliche Fremdsprachen unterrichtet wurden oder das Niveau nicht kontinuierlich aufeinander aufgebaut werden konnte. Diese Diskontinuität führte letztlich zu mangelhaften Deutschkenntnissen bei polnischen Studienbewerbern der Germanistik. Erst seit dem 1. September 2009 sollte ein polnischer Schüler zwölf Jahre lang die erste Fremdsprache (i.d.R.

Englisch) und sechs Jahre lang die zweite (meistens Deutsch) lernen (Jaroszewski 2011: 71). Als Konsequenz entscheiden sich germanistische Institute, auf Aufnahmeprüfungen ganz oder teils (Aufnahmegespräch) zu verzichten oder den Sprachunterricht Deutsch im Rahmen des Studiums auszuweiten.

Der EU-Beitritt 2004 verstärkte die Ansiedlung internationaler, vor allem deutscher Unternehmen in Polen, insbesondere in den grenznahen Regionen. Damit wächst der Arbeitskräftebedarf nach Fachkräften mit ausgewiesen guten Deutsch- und Fachkenntnissen binnen kurzer Zeit an.

Diese Wirtschaftsentwicklung mit den zahlreichen Firmen, die dann in die Region Oppeln gekommen waren, hatten einen großen Bedarf an gut ausgebildete Germanisten. Wir haben die Translatorik eingeführt und umgestellt, also weniger Literatur und Kulturfächer. Die regionale Schwerpunktsetzung haben wir behalten, das ist die Spezifik der Oppelner Germanistik, wir müssen die Traditionen mit der Gegenwart verbinden, also das bleibt nach wie vor und ist bei den Studenten beliebt. Und dann wir haben die Translatorik praktisch eigentlich eingeführt und sie erfreut sich besonders großer Beliebtheit bei den Studenten. Wir bilden keine arbeitslosen Germanisten aus, ich sage das immer, also unsere Absolventen, der Arbeitsmarkt bietet ausreichend Stellen für unsere Absolventen. [Interview Lasatowicz Mai 2018]

Die sogenannte Bologna-Reform[75] führte zu wichtigen Veränderungen: die Einführung eines gestuften Studiensystems mit Bachelor- und Masterabschlüssen, welches es in Polen weitestgehend schon gab; die Modularisierung und Orientierung zur Vermittlung Kompetenzen bis hin zur Vergabe von ECTS-Kreditpunkten. Es wurden zunächst in Polen die sogenannten „ministerialen Standards", d.h. Mindestanforderungen eingeführt, die vom Ministerium für das Hochschulwesen bestimmt wurden und denen jeder Studiengang entsprechen musste. Die Curricula bzw. die Lehre waren durch diese Umstellung sehr starr und verschult; bestimmte Inhalte, Themen und Lehrveranstaltungen mussten nach diesen Vorgaben behandelt und durchgeführt werden (Joachimsthaler/Mikołajczyk 2012: 15).

Die Umsetzung der Bologna-Reform in Lizenziats-, Magister- und Doktorandenstudium wurde durchaus kritisch betrachtet. Jaroszewski (2011: 72) sieht in dieser Umstrukturierung eine Senkung des Unterrichtsniveaus, ähnlich wie

75 Schon vor dem formalen Beginn des Bologna-Prozesses 1998 begannen die polnischen Hochschulen damit, ihre Studiengänge zu reformieren. Sukzessive wurde der einheitliche fünfjährige Magisterstudiengang in Bachelor- und Masterstudiengänge transformiert (DAAD Bildungssystemanalyse 2017: 18).

bei der Schulreform 1999 sei eine Kontinuität nicht gewährleistet, da damit zu rechnen sei, zumindest teils auf allen Stufen mit unterschiedlichen Studierenden arbeiten zu müssen. Universitäten seien in Gefahr zu Fachhochschulen degradiert zu werden, da das Lizenziatsstudium in erster Linie praxisorientiert zu sein hat und das wissenschaftliche und bildungsorientierte Magisterstudium ex definitione ergänzend sei.

Bis zur Einführung des Bologna-Prozesses in Polen, es traf, ich denke, ungefähr dieselbe Zeit wurde bei uns auch ein neues Abitur eingeführt in Polen und es wurden die Aufnahmeprüfungen an den Hochschulen abgeschafft. Und das war, ich glaube, wirklich ein Meilenstein in diesem Sinne, zugleich haben sich … die Regeln zur Aufnahme an den Universitäten auch geändert. Die Kandidaten, man konnte sich bei einer beliebigen Zahl von Universitäten bewerben; bisher war das klar, wir hatten eine Aufnahmeprüfung, es kamen 200 Kandidaten, wir konnten 60 Leute wählen. Danach sah die Rekrutierung so aus, dass wir eine Rangliste erstellt haben nur nach den Ergebnissen beim Abitur und es gab eine Rangliste mit 200 oder 300 Leuten, wir haben die ersten 50 angerufen, von denen uns 40 gesagt haben: „Nein, Dankeschön. Wir sind nicht interessiert, wir haben schon eine andere Uni gewählt.“ So sind wir dann immer weiter nach unten gegangen und dann hatten wir Kandidaten mit C2 und B1. [Interview Makowski Juli 2018]

Der Wegfall der Aufnahmeprüfungen zwingt viele Lehrstühle, sich mit den heterogenen deutschen Sprachkenntnissen ihrer Studierenden arrangieren zu müssen. In Abhängigkeit von Vorkenntnissen werden Intensivsprachkurse in das Curriculum integriert, eine Ablehnung von Studierenden ist aufgrund der üblichen „Pro-Kopf-Finanzierung“ keine Alternative.

Die mit der Umstrukturierung einhergehende Praxisorientiertheit in den Curricula wurde vor allem von den Vertretern der traditionellen Philologie kritisch gesehen. Die Umstellung auf die neue Studienstruktur orientierte sich zunächst stark an den bereits bestehenden Studiengängen. Man nahm notwendigerweise erhebliche Kürzungen vor. Im Hinblick auf die sprachliche Kompetenz der Studierenden entfallen teils Pflichtfächer, wie Simultandolmetschen, andererseits werden sprachpraktische Übungen in der Stundenzahl verstärkt. Man hat versucht, sich den Bedarfen der Studierenden anzupassen, wobei die traditionellen Komponenten der Curricula unverändert bleiben: Sprachwissenschaft, Literatur, Didaktik und Kultur. Wahlfächer, in der Regel berufsorientierte Module, ergänzen das Curriculum.

Also verzichtet haben wir auf die Kurse in der Literatur, wir haben nur manche ausgewählte Themen in die Lehrveranstaltungen aufgenommen. Das hatte eine negative Wirkung, die Jugend in Deutschland hat das Abitur, hat Literatur in der Oberschule gehabt. Das trifft auf die polnischen Studenten nicht zu. Die Universitätsausbildung sollte diese Defizite auch irgendwie praktisch eigentlich beseitigen und das war leider nicht möglich, wir mussten kürzen, einfach kürzen. [Interview Lasatowicz Mai 2018]

Eine Zweiteilung des Studiums in ein Bachelor- und Masterstudium, wie es später in die Bildungsgeschichte der Mitgliedsländer der Europäischen Union einging, gab es in Polen bereits früher.

Ich [Joanna Szczęk] *habe in dem System studiert, dass ich erstmal eine Bachelorarbeit schreiben musste und danach die Masterarbeit, aber das Studium war damals noch nicht getrennt. Also man musste sich nicht persönlich für das Studium im Masterstudiengang anmelden, das ging einfach automatisch. Wenn man diese 3 Jahre absolviert hat, die Bachelorarbeit geschrieben hat, dann wurde man automatisch für das Masterstudium eingeschrieben. Falls man es wollte, natürlich, aber damals gab es ganz wenige Abgänger, also früher haben die Studenten ganz schön brav fünf Jahre studiert und jetzt haben wir viele Abgänger, die nur ein Bachelorstudium machen.* [Interview Szczęk Juli 2018]

Also vor Bologna, ich habe den Eindruck, es hat eine bestimmte Gruppe von Studierenden angefangen und auch mehr oder weniger dieselbe Gruppe dann auch das Studium nach fünf Jahren abgeschlossen, also vielleicht 10, 15 % sind dann im Laufe der Zeit irgendwo verschwunden. Jetzt haben wir für dieses Jahr 82 Studierende aufgenommen für den Bachelorstudiengang, aber für den Masterstudiengang haben wir nur 21 aufgenommen. Also, und letztes Jahr war es ähnlich: Wir hatten ungefähr 80 Leute aufgenommen, von denen jetzt nur 20 weiter studieren möchten. [Interview Makowski Juli 2018]

Den Beginn für den Prozess der Umstrukturierung nach den Bologna-Vorgaben in Polen sieht Grucza weitaus früher. *So, der Prozess hat angefangen Ende der '60er nach der Revolution von Posen, in Posen war es damals 56 und es ging so durch bis Ende der 1980er-Jahre, also wie gesagt, als Bologna kam, Bologna hat nur formalisiert in die Zweiteilung der Studien, 3+2, also Lizenziat oder Bachelor und Magister. Es war die Idee meines Meisters, Professor Ludwig Zabrowski; er sagte nämlich, wir müssen etwas machen, damit wir die Germanistik den polnischen Leuten, polnischen Studenten schmackhaft machen. Früher hat man auch im Ausland die Germanistik so betrieben wie in Deutschland oder in Österreich, wie für Muttersprachler. Man hat z.B. Gotisch gemacht, man hat Althochdeutsch von den Studenten verlangt. Wozu? Ein polnischer Student braucht das überhaupt nicht. Das ist mühsam für Leute, die kaum selbst Deutsch sprechen. Man zwingt sie dazu, dass sie sich mit Gotisch auseinandersetzen oder mit Althochdeutsch, wo sie Schwierigkeiten mit Hochdeutsch haben, oder mit der alten Literatur, irrsinnig. Er hat es damals zu Stande gebracht, dass die*

Programme sozusagen entlastet wurden. Andererseits aber schuf er Raum für etwas, was die Leute brauchen, nämlich für den Unterricht der deutschen Sprache. Begonnen hat der Prozess Ende der 1950er-Jahre, es ging dann die 1960er- und die 1970er-Jahre weiter. Wir hatten insofern das, was Bologna vorschlug, in Polen schon vorweg gemacht. Es gab Widerstände von den alten Philologen, klar. Philologen sind für nichts. Ein Philologe ist ein Liebhaber. Was ist das denn für ein Fach, Liebhaber zu sein? Ich meine, das ist doch eben kein Beruf. Damit kann man kein Geld machen. Ein Beruf ist der Unterricht, das Lehramt, Dolmetscher oder Übersetzer. Es gibt dann auch andere Möglichkeiten, etwa Arbeit in Verlagen und der Kulturmittler. Auch Politik, ich habe in den letzten Jahren eben diesen weitgefassten Begriff geprägt von Germanistik. Es sind nicht nur Leute, die sich mit Sprache und Literatur beschäftigen und Kultur eventuell, sondern auch Leute, die sich mit Politik beschäftigen, Geschichte beschäftigen, alle die sich mit deutscher Geschichte oder, noch besser, der Geschichte der Deutschen, Politik der Deutschen beschäftigen. Wenn man das so macht, dann eröffnen sich da auch Perspektiven, Berufsperspektiven, die es früher nicht gab für den Philologen. [Interview Grucza Mai 2018]

Die Bologna-Reform wird mit der Möglichkeit der „weitgefassten" Germanistik durchaus positiv wahrgenommen, eröffnet sich doch damit den Studierenden zum einen die Möglichkeit nach drei Jahren einen universitären Abschluss zu erlangen und sich im Anschluss sowohl für eine Berufstätigkeit entscheiden als auch in einem anderen Fachgebiet einen Master absolvieren zu können, der im Inland oder Ausland angesiedelt sein kann.

Ich denke das Masterstudium, das Masterdiplom hat nicht diesen Wert wie früher, also sie verstehen es manchmal nicht, dass es für sie besser wäre, doch dieses Masterstudium zu machen und Masterdiplom in der Hand zu haben als nur den Bachelor. Sie springen so herum, sie probieren mal hier, mal dort und ja bei uns muss man sehr schwer an den Sprachkenntnissen arbeiten und manche schaffen das nicht. Wir nehmen im ersten Studienjahr 200 Studenten auf und von diesen 200 überleben 115–120. Aber das ist auch nicht unsere Schuld, dass sie weggehen, also wir bemühen uns, aber sie entscheiden sich irgendwie anders im Laufe des Semesters. Sie haben wahrscheinlich eine andere Vorstellung von einem Philologiestudium. Wir wollen, unsere Mitarbeiter wollen es auch, dass es ein Philologiestudium bleibt, also kanonisch, klassisch und alles was dazu gehört und keine gravierenden Änderungen. Die Studenten werfen uns immer vor, dass wir einfach, ja, nicht modern sind, dass wir uns der sich ändernden Welt nicht anpassen. Also sie würden gerne, was würden sie gerne machen? Sie würden gerne Translatorik machen, davon haben wir schon was, eine Spezialisierung, aber das ist im Grunde genommen auch schwierig, denn diese Studenten, die sich für diese Spezialisierung entscheiden, können das nicht so gut schaffen, weil sie schwache Sprachkenntnisse haben. Es gibt keine Offenheit für andere Kombinationen, z.B. Deutsch in der Touristik oder Deutsch in der Ökonomie oder juristische Sprache. Also unsere Mitarbeiter sind dafür nicht bereit. Also es muss so bleiben, diese Literatur jedes Semester und Prüfungen und Seminare dazu und alles für alle obligatorisch. [Interview Szczęk Juli 2018]

Die Bologna-Reform verankerte das Zweitfachstudium in den Curricula, wobei dieses von einer beliebigen Philologie über Kulturwissenschaft bis hin zu Rechts- und Wirtschaftswissenschaften frei wählbar ist und so nach Papiór (2011: 79) nicht mit einem Zweitstudium zu verwechseln sei. Er formuliert für die polnische Germanistik nach der kulturpolitischen Öffnung und dem Anschluss an das demokratische Europa Aufgaben und Ziele, wobei er drei Problemen Bedeutung beimisst:

1. Die Stellung einer Fremdphilologie im Ausbildungs- und Forschungskontext der eigenen nationalen Kultur – unter Berücksichtigung von Forschung, Ausbildung, Lehre, Unterricht sowie historischer Kontexte, insbesondere bedingt durch den ein Jahrtausend währenden direkten Kontakt der Nationen und Kulturen;
2. Die materiellen und finanziellen Voraussetzungen für Forschung und Lehre, die der eigene Staat gewährleisten kann;
3. Die von den Absolventen des fremdphilologischen Studiums zu erwartenden Berufs- und Gehaltsmöglichkeiten.

Aus dieser Perspektive wäre erneut die Diskussion aufzunehmen, „ob sich die polnische Germanistik nicht von einer eng philologischen Programmorientierung [...] lossagen sollte, und ob sie nicht etwa einer theoretischen kulturwissenschaftlichen Profilierung [...] bedarf." (Papiór 2011: 80)

Mit dieser ersten Dekade nach der Jahrtausendwende bekennt sich die polnische Germanistik mehrheitlich zu einer Germanistik, die „die Spezifik sowie die Bedürfnisse ihrer (polnischen) Umwelt und damit auch die beruflichen künftigen Aufgaben der Studierenden systematisch zu berücksichtigen [hat]." (Grucza 2010: 1764)

> Ihre derzeitige Lehrspezifik besteht darin, dass sie (a) sich ausdrücklich als ein Fach präsentiert, das nicht Philologen, sondern in erster Linie DaF-Lehrer und/oder Übersetzer/Dolmetscher ausbildet; (b) außer rein germanistischen auch solche Veranstaltungen anbietet, in denen Faktoren des Berufes ihrer Absolventen sowie Faktoren der Umwelt, in der sie diesen ausüben werden, behandelt bzw. geübt werden. (ebenda)

Zu den sogenannten tragenden Säulen der polnischen Germanistik zählt nun neben der Sprach- und Literaturwissenschaft, die Glottodidaktik, die Translatorik sowie die germanistische Landes- und Kulturkunde.

4.2.2. Tschechische Republik

Die Jahrtausendwende ist für mich sowieso der Anfang des langsamen Abstiegs der Germanistik, also ich will das nicht „Verfall" nennen, aber wahr ist, dass die 1990er-Jahre, das Ende der 1990er-Jahre war eine absolute Glanzzeit, also Anfang der 1990er-Jahre war die angenehmste Zeit in der Germanistik, weil es herrschte diese geistige Freiheit und es war alles möglich. Also alles, was wir uns, damals jung mit kaum 30, alles, was wir uns ausgedacht haben, war möglich, war umsetzbar. Unsere Chefs, meine Lehrer, Lucy Topolská, Ludvíg Václavek haben uns die Daumen gehalten, haben uns völlige Freiheit gegeben, haben uns beraten, ja, aber haben nicht gesagt, das geht nicht und das darf man nicht. Also, das Wort „dürfen", „nicht dürfen" war überhaupt nicht im Plan und es war eine sehr angenehme Zeit und ein Ethos der Änderung war da und die Studenten haben mitgetan. Also, das war die schönste Zeit. Die Glanzzeit war dann das Ende der 1990er-Jahre, wo das Deutsche als erste Fremdsprache immer noch in Tschechien da war. Die Studenten, das waren die besten Studenten, die wir hatten, am Ende der 1990er-Jahre, fast alle haben schon bei der Aufnahmeprüfung ein fließendes Deutsch gesprochen […]. [Interview Fiala-Fürst Juni 2018]

Im Jahr 2001 wurde das „Nationale Programm für die Entwicklung des Bildungswesens in der Tschechischen Republik" (Nationales Bildungsprogramm – NPV), das sogenannte Weißbuch, vom Ministerium für Schulwesen, Jugend und Sport verabschiedet. Im „Nationalen Bildungsprogramm" heißt es mit Blick auf die Fremdsprachen, dass der Unterricht von zwei Fremdsprachen sukzessive in allen Schultypen eingeführt werden sollte (Gester 2011: 12). Mit der ersten Fremdsprache, für alle Schulen verpflichtend, soll in der 3. Klasse der Grundschulen begonnen und allen Schülern die Wahl einer zweiten Fremdsprache in der Sekundarstufe ermöglicht werden. Eine von den beiden Fremdsprachen sollte Englisch sein.

Für die erste Fremdsprache, vorzugsweise Englisch, ist vorgesehen, am Ende der Mittelschule das Niveau B2 zu erreichen.

Nach dem Aktionsplan für den Fremdsprachenunterricht 2005–2008 (Akční plán výuky cizích jazyků 2005–2008), muss eine Fremdsprache als Pflichtfach unterrichtet werden; die zweite Fremdsprache hingegen ist kein Pflicht-, sondern ein Wahlpflichtfach, d.h. Schulen und Lerner können sich für eine

Fremdsprache oder auch ein anderes Wahlpflichtfach entscheiden. Dieses Konzept ist als „English-only-Politik" in die Bildungsgeschichte Tschechiens eingegangen und hatte verheerende Folgen für alle anderen Fremdsprachen, vor allem für Deutsch (vgl. Abb. 3).

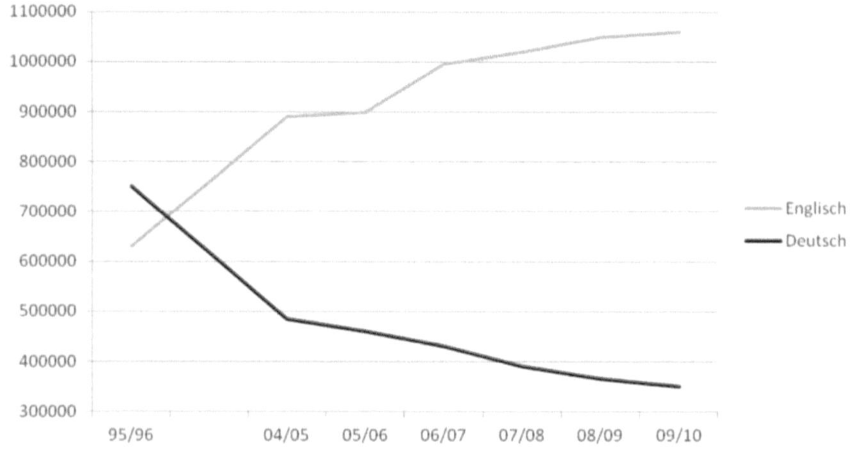

Abb. 3: Entwicklung der Schülerzahlen im Deutsch- und Englischunterricht zwischen 1995/1996 und 2013/2014 in Tschechien. Institut für Informationen im Schulwesen. http://www.uiv.cz, zit. nach Gester (2011: 15).

Bereits Ende der 1990er-Jahre geht die Zahl der Deutschlerner zugunsten des Englischen als Fremdsprache zurück. Jedoch wird ab dem Schuljahr 2005/2006 sehr deutlich wie sich die „English-only-Politik" negativ auf den Deutschunterricht auswirkt.[76] Tatsächlich ist in der ersten Dekade der Anteil der Grundschulen (Klassen 1–9), die eine zweite Fremdsprache anbieten, sehr gering. Im Schuljahr 2003/2004 bieten 7,3 % der Grundschulen eine zweite Fremdsprache an, bis zum Schuljahr 2009/2010 steigt diese Zahl auf 40 % (vgl. Šenderová 2016: 10). An den weiterführenden Schulen liegt das Angebot einer zweiten Fremdsprache zwar höher, aber durch den späten Lernbeginn in der 7. oder 8. Schulkasse liegen die Fremdsprachenkenntnisse bei Schulabschluss wesentlich niedriger als bei der zuerst gelernten Fremdsprache ab der 3. Schulklasse.

76 Erst ab dem Schuljahr 2013/2014 ist eine zweite Fremdsprache an den Grundschulen obligatorisch.

Das Englische wurde dann in Tschechien sogar zur einzigen Fremdsprache erklärt, die gelernt werden muss. Alle anderen Fremdsprachen waren dann nur noch fakultativ bzw. die Möglichkeit oder Notwendigkeit, eine andere Fremdsprache zu lernen, war nicht begeben. Das war natürlich ein großes Problem fürs Deutsche und für alle anderen Fremdsprachen. [Interview Fiala-Fürst Juni 2018]

Die Konsequenz ist ein bereits beginnendes allgemein sinkendes Sprachniveau bei Studienanfängern. Obwohl die Studierendenzahlen bis Ende 2010 nur unmerklich zurückgehen, existieren bereits Befürchtungen, germanistische Studiengänge könnten zu reinen Sprachschulen degradiert werden. Bewerber mit hervorragenden Deutschkenntnissen kommen von den 28 DSD-Schulen[77] des Landes und den Schulen mit erweitertem Deutschunterricht.

Der prozentuale Anteil der Deutschlerner an der Gesamtbevölkerung fällt von 5,54 % im Jahr 2005 auf knapp 4,00 % im Jahr 2008. Der Rückgang hat allerdings auch demografische Gründe (vgl. Winter 2010: 10).

Seit der Jahrtausendwende wird der Bologna-Prozess in Tschechien konsequent umgesetzt und verstärkt in der Zeit nach dem EU-Beitritt 2004, ist aber 2008 erst abgeschlossen.

Dazwischen kam die Bologna-Reform, die uns am Anfang überhaupt nicht gefallen hat, muss ich sagen, vor allem die Teilung des fünfjährigen Studiums in ein Bac-Studium, Magisterstudium, das haben wir lange nicht begriffen, wie das gehen soll und es wurde in Tschechien auch zu wenig aufgeklärt, was damit gemeint ist, mit dieser Trennung des Studiums. Für uns war das nur ein unkompetenter, für uns unkompetenter Versuch, das Studium der Germanistik zu verkürzen, kann mich erinnern, unser Argument war: Ein Philologe ist nicht ausgebildet nach drei Jahren und es kam uns wie ein unkompetenter Eingriff von irgendwelchen Ministerialräten vor. D.h. wir haben ohne große Begeisterung umgestellt. Später haben wir gelernt damit umzugehen. Später haben wir gelernt, dass das Bologna vielleicht nach dem amerikanischen Muster zugeschnitten ist, also das Bac-Studium soll eher praktischen Zwecken gewidmet sein. Gut, wir haben gelernt damit umzugehen. Ich kann mir jetzt gar nicht mehr vorstellen, dass wir zurückgingen zu einem fünfjährigen Magisterstudium, andererseits glaub ich, dass man Angebote der Bologna-Deklaration, also diese Trennung der beiden Studiengänge noch besser ausnutzen könnte. Man könnte die Curricula doch noch besser machen, damit es wirklich gelten kann, dass nach einer dreijährigen Ausbildung die Germanisten doch etwas können. Ich glaub nicht, dass dem heute so ist. [Interview Fiala-Fürst Juni 2018]

---

77 Schulen, an denen das Deutsche Sprachdiplom angeboten wird.

Auch von anderer Seite wird die Bologna-Reform vor allem kritisch gesehen, weil der überwiegende Prozentteil der Bachelor-Absolventen die Universität nach diesem Abschluss verlässt und für die Germanistik verloren geht:

Diese Umstrukturierung in die Bachelorphase hat den Studierenden ermöglicht, dass sie nach dem Abschluss des Bachelorstudiums praktisch das Germanistikstudium verlassen. Ja, also … Sie sagen, wir … wir können dann etwas anderes studieren, ja, und es hat sich gezeigt, dass nur ein ziemlich geringer Prozentteil der Bachelorstudenten weiter das Studium in der Masterphase fortsetzt. Ja. Und das ist eigentlich schade, ja, weil wir dadurch, also ziemlich viele Studierende jetzt verloren haben. Ja. Und es zeigt sich immer deutlicher, weil … weil der Bedarf von in der Germanistik von qualifizierten, also Arbeitskräften, in Tschechien ziemlich hoch ist. [Interview Vaňková Februar 2019]

Auch aufseiten der Germanistik in Prag stößt die Bologna-Reform auf Widerstand, weil bewährte Magistercurricula aufgegeben werden mussten und erforderliche Kürzungen nicht überzeugten:

Ja, bei uns – und das betrifft nicht nur unser Fach, sondern auch andere philologische Fächer an der Philosophischen Fakultät in Prag–, bei uns konnten wir eine ziemlich große Resistenz wahrnehmen. Das fünfjährige Magisterstudium haben viele für sinnvoll gehalten und wir wollten bzw. die Träger, die Entscheidungsträger, wollten am Anfang eben diese Reform eigentlich ja … oder haben die Reform nicht befürwortet. Das Bachelorstudium wurde erst 2008 akkreditiert […]. Also erst 2008. Und, so, die Meinung war, eigentlich müssen wir etwas reduzieren, die Bachelorstudiengänge wurden für eine nicht besonders überzeugende Alternative zum alten Magisterstudiengang, eine kürzere und nicht besonders überzeugende Alternative des alten Magisterstudiengangs gehalten und … ja, aber es musste… die Reform musste implementiert werden und das hat auch die Prager Germanistik betroffen […]. [Interview Dovalil März 2019]

Von den Studierenden selbst wird das zweistufige Universitätssystem nach angloamerikanischem Vorbild positiv aufgenommen:

> Der Einfluss des angloamerikanischen Universitätssystems ist nicht nur als Vorbild für viele Reformmaßnahmen, sondern auch durch die zunehmende Gründung von Niederlassungen britischer und amerikanischer Hochschulen in Tschechien sehr stark, das angloamerikanische Hochschulsystem ist für tschechische Studieninteressenten trotz hoher finanzieller Hürden enorm attraktiv. (DAAD Bildungssystemanalyse Tschechische Republik 2017: 10)

Um dem Rückgang der Immatrikulationszahlen in Studiengänge an germanistischen Instituten entgegen zu wirken, versucht man, Bachelorstudiengänge attraktiver zu gestalten, was heißt, man geht in den Curricula stärker auf die Bedürfnisse der Praxis ein. So werden zum Beispiel an den Universitäten folgende BA-Studiengänge angeboten (vgl. Bergerová 2010: 1811):

- Universität Hradec Králové: Deutsch für den Fremdenverkehr;
- Westböhmische Universität Plzeň: Deutsch in der Kommerzpraxis;
- Universität Pardubice: Deutsch für die Wirtschaftspraxis;
- Universität J. E. Purkyně Ústí nad Labem: Interkulturelle Germanistik;
- Schlesische Universität Opava: Deutsch im Bereich der Wirtschaft.

Ein rein philologisches Germanistikstudium kann man lediglich an drei tschechischen Universitäten absolvieren, in Prag, Olomouc und Brno, auch ein Promotionsstudium ist an diesen drei Universitäten möglich (nach der Jahrtausendwende auch in Ostrava und Opava). Damit konnte die Zahl der Doktoranden erweitert und eine weitere Nachwuchsbasis geschaffen werden.

Es sind jedoch eher die anwendungsbezogenen Studiengänge, die sich steigender Beliebtheit erfreuen. Viele Institute haben die üblichen Aufnahmeprüfungen als Qualitätskontrolle abgeschafft, was ihnen zwar steigende Mittelzuweisungen für die Studienanfängerzahlen nach der Pro-Kopf-Finanzierung einbringt, jedoch auch eine nicht zu ignorierende Abbrecherquote nach dem ersten Studienjahr.

Die Volkswagengruppe hat im Jahr 2000 am Stammsitz der Škoda-Autowerke in Mladá Boleslav eine eigene Hochschule gegründet. Dem verstärkten Bedarf an Weiterbildung im Managementbereich passen sich selbstverständlich Germanistikinstitute an, die ihr Studienangebot zusätzlich für die Bereiche Unternehmenskommunikation, interkulturelle Germanistik oder Wirtschaftsdeutsch öffnen (vgl. Winter 2010: 10 ff.).

> Sehr bedeutende Handelspartner Tschechiens sind Deutschland und Österreich. Daher finden wir im Land eine bedeutende Anzahl deutscher und österreichischer Firmen, Banken und Investoren, die zugleich Arbeitsplätze für Tschechen (unter anderem auch für einen hohen Prozentsatz von Absolventen des Germanistikstudiums und leider auch der Absolventen der Deutschlehrerausbildung) geschaffen haben. (Bergerová 2010: 1809)

Die Mitgliedschaft in der Europäischen Union, die Öffnung des Marktes und die Ansiedlung deutschsprachiger Unternehmen, nicht zuletzt die geografische Lage Tschechiens in direkter Nachbarschaft mit zwei deutschsprachigen Ländern eröffnen Absolventinnen und Absolventen germanistischer Institute ein breites lokales und globales Angebot beruflicher Perspektiven in Bildung, Kultur und Wirtschaft. Wie in allen anderen mittelosteuropäischen Ländern ist das Erlernen von Fremdsprachen nicht allein dem kulturellen Interesse, sondern der beruflichen Verwertbarkeit in persönlichen Biografien geschuldet.

Die demografische Entwicklung und bildungspolitische Entscheidungen haben nicht nur zu einem Rückgang der Immatrikulationen geführt, sondern auch zu vermehrter Konkurrenz bestehender germanistischer Lehrstühle innerhalb des Landes und oftmals zu einem Profilwandel der Germanistik, der sich von den Spezifika traditioneller Philologie entfernt hat.

Der deutschen Philologie als selbstständigem Fach droht der Untergang, sodass die meisten germanistischen Institute Tschechiens, durch den staatlichen Finanzierungsmodus bedingt, die Philologie nur noch als „appliziertes Deutsch" (vgl. Fiala-Fürst 2014: 204) für die Wirtschaft oder den Tourismus instrumentalisieren.

Der Rückzug des Deutschen treffe auch die Geisteswissenschaften schwer. Deutsche Denker und Philosophen können in den Lehrveranstaltungen nicht behandelt werden, wenn Studierende deren Werke kaum in der Originalsprache Deutsch lesen können. Zudem liegt in Archiven ein vielfältiger und reicher Bestand an Verwaltungsschrifttum in deutscher Sprache vor. Auch für die Auswertung deutschsprachiger geschichtlicher Quellen, die bis zu 80 % der tschechischen Archivbestände bilden, benötigen Historiker Deutschkenntnisse (vgl. Fiala-Fürst 2014: 204).

Auf die Abwendung von der traditionellen Philologie reagierte der Olmützer Lehrstuhl für Germanistik mit der Einführung des neuen Studiengangs *Deutsch als Sprache der Geisteswissenschaften* an der Palacky-Universität im Jahr 2010. Damit sollte nicht nur Deutsch in diesem Fachbereich gerettet werden, sondern auch eine Unterstützung des Deutschen als Kultursprache im mitteleuropäischen Raum signalisiert werden.

Der neue Studiengang vermittelt auf der Bakkalaureatsstufe in deutscher Sprache die Grundlagen von sechs traditionellen geisteswissenschaftlichen Fächern (Geschichte und Kulturgeschichte, Philosophie, allgemeine und vergleichende Sprachwissenschaft, vergleichende Religionswissenschaft, Mediävistik, Kunstgeschichte) samt ihrer deutschen und österreichischen Fachgeschichte und Terminologie. Nach Studienabschluss kann der Absolvent ein Magisterstudium in einer der genannten Disziplinen an tschechischen, deutschen bzw. österreichischen Universitäten beginnen. Der neue Studiengang ist jedoch nicht als *German-Studies*, *Deutschland-Studien* oder *Interkulturelle Germanistik* zu betrachten, sondern orientiert sich an den traditionellen Geisteswissenschaften. Damit verspricht man sich auch einen hohen multiplikatorischen Effekt: Die Absolventen des Studienganges werden in der Lage sein, als Multiplikatoren des Deutschen in mehreren Bereichen der

Geisteswissenschaften weiterzuwirken. Die Interdisziplinarität und die Anhebung der Allgemeinbildung sind weitere positive Absichten dieser Einrichtung. Dieses Studienprogramm ist als ein allgemeinbildendes Propädeutikum aufzufassen, da den Studierenden geistesgeschichtliche Grundlagen vermittelt werden (vgl. Fiala-Fürst 2014: 205–208).

4.2.3. Slowakei

Um die Jahrtausendwende sinkt die Nachfrage nach Deutsch zugunsten des Englischen an den Schulen. Lernten 2000 insgesamt noch etwa 380.000 Schüler Deutsch, so kann 2005 ein Rückgang von mehr als 10 % festgestellt werden. Die EU-Expertenkommission konstatiert für die Slowakei, dass „die Zukunft der anderen Fremdsprachen außer Englisch in der Slowakei durch die offizielle Fremdsprachenpolitik bedroht ist" (Profil 2009: 49 zit. nach Fedáková/Puchalová 2014: 187). Um die Teilhabe an einer globalisierten Welt auch für die Slowakei bildungspolitisch zu verankern, wird 2007 eine Reform für den Fremdsprachenunterricht durchgesetzt, mit der Englisch als erste Fremdsprache an Grund- und Mittelschulen verbindlich in den Lehrplänen festgeschrieben und eine zweite Fremdsprache obligatorisch in den weiterführenden Schulen festgelegt wird. Das Gesetz wurde 2008 im Parlament verabschiedet und erfuhr später zahlreiche Änderungen und Ergänzungen.

Ein nicht zu unterschätzender Aspekt ist dabei der EU-Beitritt der Slowakei 2004, sprachenpolitisch, aber auch für die Existenz germanistischer Institute.

Das war ganz groß; der EU-Beitritt damals 2004. Da gab es natürlich auch sehr viel Nachfrage nach sehr guten Experten in Brüssel und wir haben sehr viele Absolventinnen gerade aus dieser Zeit, ja. Das waren Kinder, die in den 1990er-Jahren diese sehr reiche und gute Sprachausbildung genossen haben, an der Jahrtausendwende circa absolviert haben und dann sehr gute Positionen gefunden haben mit dem Beitritt zur EU, in Luxemburg, Brüssel usw. [Interview Zemaníková Juli 2018]

Selbstverständlich hatte der EU-Beitritt auch einen beträchtlichen Einfluss auf die Fremdsprachenpolitik und die Entwicklung des Fremdsprachenunterrichts. Deutsch konnte sich als zweite Fremdsprache eine sichere Position sichern. Englisch rangierte in der Slowakei als erste Fremdsprache. Die slowakische Bildungspolitik plädierte derzeit bereits für die Durchsetzung einer einzigen Pflichtfremdsprache Englisch in den schulischen Curricula; diese Reform trat allerdings erst 2011 in Kraft.

Die bildungspolitischen Entscheidungen blieben nicht ohne Einfluss auf den Bedarf an Fremdsprachenlehrkräften für Deutsch und führten zwangsweise zu einer Neuorientierung der Germanistik an Universitäten. In den 1990er-Jahren hatte man eine erhebliche Zahl von Neugründungen germanistischer Institute entschieden. Die Zahl der Immatrikulationen ging in der ersten Dekade des neuen Jahrtausends jedoch erheblich zurück; gleichzeitig waren auch Studienschwerpunkte und Berufsziele wie -möglichkeiten im Wandel begriffen. Der Lehrerberuf war zwar immer noch sehr gefragt, jedoch neue Perspektiven auf einem lokalen und globalen Arbeitsmarkt als Dolmetscher, Übersetzer und Mitarbeiter in internationalen Unternehmen im Land selbst als auch im Ausland versprachen lukrative Alternativen für Absolventen germanistischer Institute.

Bei der Erörterung zeitgeschichtlicher Entwicklungen der Germanistik, der Deutschlehrerausbildung und des Fremdsprachenangebotes an Schulen – und damit der allgemeinen Entwicklung von Deutsch als Fremdsprache – kam erstmals die gefährdete Existenz so mancher Germanistikstudiengänge, mit Ausnahme der Studiengänge der Translatorik, auf.

Bereits 1999 unterzeichnete die Slowakische Republik die Bologna-Deklaration und nahm von Anfang an am Bologna-Prozess teil. Das Hochschulgesetz von April 2002 (Act No 131/2002) legt die Einführung von Bachelor- und Masterabschlüssen fest. Das vormals herrschende lineare Bildungssystem wurde ohne gravierende Änderungen in Bachelor- und Masterstudiengänge umgewandelt. Es wurden intermediäre Organisationen gegründet, die bei der Umsetzung des Bologna-Systems in die Praxis geholfen haben. Bei der Umsetzung der Bachelorstudiengänge ist allerdings zu vermerken, dass diese nicht auf die Berufswelt vorbereiten, sondern vielmehr als Grundlage für die Weiterbildung dienen (vgl. László 2014: 269).

Der durch die Bologna-Vorgaben geforderte Praxisbezug in den Curricula bedeutete in erster Linie Verzicht auf traditionelle Fachgebiete der Germanistik.

Ja. Also wir haben versucht, die Zahl der Creditpoints anzupassen, was Verschiebungen bewirkt hat. Es gab verbindliche Beschreibungen von bestimmten Fachbereichen, also was Studienprogramme in bestimmten Fachbereichen beinhalten müssen, also was sind Kerndisziplinen und was sind dann noch zusätzlich erwünschte Disziplinen. Es gibt dann noch die Möglichkeit, dass man das modifiziert und das war für uns eigentlich das Ausschlaggebende. Ich glaube, bei den Beschreibungen dieser bestimmten Fachbereiche wurde z.B. bei den Philologien immer noch sehr viel von den klassischen Fächern behalten. Also z.B. Literaturgeschichte und auch Mediävistik. Ja, auch wenn man das vielleicht nicht will, dann doch, ja, auch bei den Prüfungen, vielleicht mal denkt, na ja, gut, das ist jetzt vom Arbeitsmarkt nicht so erwünscht, ja, weil das alles beherrscht uns jetzt... Das sind die Verschiebungen, also wir haben immer noch z.B. Sprachgeschichte, aber es ist ein Semester, ja, ... es ist kein Schwerpunktfach, ja, und es wird mehr ... Wir werden jedenfalls dazu motiviert, dass es sehr stark anwendungsorientiert sein soll [...]. Wir haben jetzt auch aufgrund von diesen sprachpolitischen Entscheidungen sehr wenige Lehramtsstudierende, auch viele wollen Dolmetschen und Übersetzen studieren. Aber das soll sehr stark anwendungsorientiert sein, ja. Wozu braucht ein Dolmetscher Sprachgeschichte? [Interview Zemaníková Juli 2018]

Zu den Schwerpunkten der Germanistik in der Slowakei zählen die pädagogisch-didaktische Ausrichtung (Ausbildung von DaF-Lehrkräften) sowie die wirtschaftliche bzw. kulturwissenschaftliche Profilierung (Ausbildung von Übersetzern und Dolmetschern) (vgl. Juhásová 2015: 18). Das Germanistikstudium umfasst sprach- und kulturwissenschaftliche Fachbereiche (linguistische Disziplinen, Literaturwissenschaft, praktische Übungen zur Vertiefung und Erweiterung der Sprachkompetenz, Landeskunde und Geschichte der deutschsprachigen Länder).

Mit der Öffnung der Grenzen lassen sich immer mehr internationale und deutschsprachige Unternehmen in der Slowakei nieder, Absolventen germanistischer Institute mit guten Deutsch- und Englischkenntnissen sind vor allem im Bereich der Outsourcing-Branche gefragte Arbeitnehmer. Deutsch als Berufs- und Fachsprache gewinnt zunehmend an Bedeutung.

Andererseits ist verstärkt die Tendenz zu beobachten, DaF-orientierte Studiengänge einzurichten, die die teils mangelhaften Deutschkenntnisse von Studienanfängern zu kompensieren versuchen. Die Finanzierung der Hochschulen bzw. Fakultäten hängt überwiegend von der sogenannten Pro-Kopf-Finanzierung ab; um genügend Studierende für den Erhalt der Studiengänge aufweisen zu können, wird zunehmend auf Aufnahmeprüfungen verzichtet.

Ahlrep (2018: 120) verweist am Beispiel der Wirtschaftsuniversität Bratislava darauf, in welcher Weise sich slowakische Universitäten auf die sich wandelnden Anforderungen des Arbeitsmarktes einzustellen versuchen. So wirbt die Universität bei Studieninteressierten neben der fachlichen Ausbildung in den Kerndisziplinen mit einer ergänzend aufgestellten Sprachausbildung. Daneben bietet die 2009 gegründete Fakultät für *Angewandte Fremdsprachen* den interdisziplinären Studiengang *Fremdsprachen und Interkulturelle Kommunikation* an, der den Absolventen vielseitige Berufsmöglichkeiten für unterschiedliche Branchen eröffnet.

4.2.4. Ungarn

Zwei wesentliche Entwicklungen kennzeichnen die ersten zehn Jahre nach der Jahrtausendwende: Der eklatante Rückgang der Studierendenzahlen in der Germanistik und die Bologna-Reform. Der Rückgang der Studierendenzahlen innerhalb der Germanistik ist zum einen demografisch bedingt, die Zahl der Immatrikulationen ging insgesamt landesweit zurück. Zum anderen zeigt die Sprachenwahl an Grundschulen und Gymnasien deutlich, dass Englisch nun zur bevorzugten Fremdsprache avancierte. Während die Zahl der Studierenden in der Anglistik stetig ansteigt, gehen die Immatrikulationszahlen in der Germanistik kontinuierlich zurück. Studiengebühren und ein reduzierteres Studienangebot innerhalb der Germanistik sowie geringere Berufsaussichten haben das Ihre beigetragen. Stellen im Schuldienst waren rar geworden und die Aussichten auf eine Anstellung im Hochschuldienst ebenso.

2008 gab es Anfang April landesweit nur noch 250 Direktstudenten, die Germanistik als Hauptfach im Bachelor gewählt hatten. Diese Zahl verteilte sich auf rund sieben Universitäten und verdeutlicht, dass damit die Substanz für eine weiterführende Masterausbildung wohl ausschließlich an den großen Universitäten, in erster Linie in Budapest, zu verorten wäre (vgl. Kegelmann 2007: 21 ff.).

Der Vertrag von Bologna wurde 1999 unterzeichnet und im Studienjahr 2005/2006 ungarnweit in die Praxis umgesetzt. Die Studienreform nach den Vorgaben von Bologna trifft die Universitäten nach eigenen Aussagen teils überraschend: Innerhalb von wenigen Monaten wird für das Studienjahr 2005/2006 die Stufung zunächst für den Bachelor, später auch für den Master und das Modularsystem einschließlich ECTS-System für die Praxis vorbereitet.[78]

Sie fragten nach dem Bologna-Prozess, ja. Ich glaube, der Bologna-Prozess ist in Ungarn verfehlt worden, weil man das irgendwie sehr stark durchdringen wollte, und … sehr stark und sehr schnell. Die Universitäten und die Lehrstühle mussten Curricula zusammenstellen, indem ihnen gesagt wurde, in einer sehr kurzen Zeit das fertig zu machen und man hat eigentlich auch vorgewarnt, wenn man mehr Studierende hat, dann wird man es später leichter haben, denn die Studentenzahl würde eigentlich dazu wesentlich beitragen, wie die Gelder kommen. Das ist also 2005–2006. [Interview Bassola Mai 2018]

Besonders kritisiert wurde, dass der Systemwechsel vom fünfjährigen Diplomstudiengang zum dreijährigen Bachelor ohne besondere Vorbereitung

78 Die Umstellung auf das Kreditpunktesystem hatte teilweise schon zu Beginn der 1990er-Jahre stattgefunden.

durchgeführt werden musste und die Umstrukturierungen im Curriculum eine besondere Herausforderung waren, die letztendlich entgegen des eigentlichen Ziels des Bachelors, mehr praxisrelevante Inhalte in das Studium zu implementieren, ins Gegenteil verkehrte, da die neuen Curricula vergleichsweise mehr Theorie enthielten als das vormals bestehende fünfjährige Programm.

Es hat bestimmte Änderungen gegeben, aber Sie müssen das auch so sehen, wir sind ohne besondere Vorbereitung, mussten wir einen „Systemwechsel" durchführen in der curricularen Entwicklung, nämlich woran wir gewöhnt waren, das war die fünfjährige universitäre Ausbildung in Germanistik und als wir unser Bologna-Programm, selbst das Curriculum, ich meine die germanistischen Universitäten haben sich zusammengetan, und haben ein gemeinsames Curriculum erstellt, da haben wir uns absolut daran gehalten, was haben wir bisher gemacht? Das heißt wir haben sozusagen das fünfjährige Programm in ein dreijähriges BA-Studium übersetzt, übertragen, einfach übernommen. Und dann haben wir gestaunt, du liebe Güte, das ist ja alles Theorie, da kommen wir ja nicht dazu, dass unsere Studenten auch die Sprache erlernen, die Kultur erlernen, Landeskunde usw. usf., und da wollten wir alles – angefangen von der Pragmatik bis zur Phonetik, Phonologie –, wollten wir alles auch im BA-Studium haben, aber das kann man nicht machen. Man hatte nicht das Stundendeputat dazu. Das war unmöglich und das war ein sehr großer Fehler, und dieser Fehler musste natürlich auch korrigiert werden, das ist klar. [Interview Knipf-Komlósi Juni 2018]

Schon ein Jahr nach der Einführung ist die Resonanz unter den führenden Vertretern der germanistischen Lehrstühle verheerend. Zentrale Kritikpunkte sind der Mangel an Zeit, überzeugende Curricula entwickeln zu können, der Paradigmenwechsel von einer „reinen Germanistik" zu einer vagen Interdisziplinarität, die Betonung von Praxisorientiertheit auf Kosten einer vertieften Germanistik bis hin zum Verlust des bis dahin gepflegten Humboldt'schen Ideals einer geisteswissenschaftlichen Ausbildung. Diese Einschätzung der Studienreform fällt mit einer radikalen Verminderung der Anzahl der Germanistikstudenten zusammen, den Szendi (2007:25) wie viele andere auch als äußerst beunruhigend beschreibt, auch wenn kein nachweisbarer kausaler Zusammenhang offensichtlich wäre.

Das Jahrbuch der ungarischen Germanistik (Tichy/Masát 2008) resümiert die Entwicklungen der Jahre nach der Jahrtausendwende mit dem Titel: Wohin steuert die ungarische Germanistik? Hessky (2007: 14 f.) konstatiert, Deutsch habe seine vornehme Position unter den Fremdsprachen (europaweit) eingebüßt und die bildungspolitischen Maßnahmen der jüngsten Vergangenheit hätten das gesamte Bildungswesen bis hin zum Hochschulwesen in eine desolate Lage versetzt. Sie kritisiert die Dominanz des Englischen im ungarischen

Bildungssystem, welche vor allem das Deutsche als Fremdsprache gefährde. Bassola (2007: 18 ff.) bemängelt die zu engen Bahnen und die neuen praxisorientierten Lerninhalte, die unzureichende Vermittlung theoretischer Grundlagen der Germanistik und plädiert für die Wiedereinführung der zweistufigen Lehramtsausbildung für Grundschullehrer im Rahmen der BA-Stufe in acht Semestern und Gymnasiallehrer in 10 bzw. 11 Semestern.

> Will man die Grundfunktion der Universität beibehalten, nämlich den Studierenden über die Kenntnisvermittlung hinaus auch noch das logische Denken und das Schritthalten bei der Entwicklung des eigenen Faches beibringen, so müsste man zur Grundlegung der theoretischen Kenntnisse zurückkehren. (Bassola 2007: 19)

In der Praxis der Curriculum-Gestaltung versucht man zunächst, den Stoff unterzubringen, der auch für den fünfjährigen Diplomabschluss von Bedeutung war, was zu einer Überfrachtung führte und sich letztlich auf die literatur- und sprachwissenschaftlichen Anteile auswirkte: „Literatur- und Sprachwissenschaft (sowie die Fachdidaktik) drohen zugunsten sprachpraktischer und praxisrelevanter Anteile (Übersetzung, Fachsprachen, Medien etc.) aus dem Mittelpunkt in eine eher marginale Rolle zu geraten." (Kegelmann 2007: 24 f.)

Der Bologna-Prozess in den 2000er-Jahren führte die Germanistik in Ungarn – nach Ausbau und Aufschwung der 1990er-Jahre – in eine Krise. Bereits 2004 weist Glauninger (2004: 207 f.) hinsichtlich der Zukunftschancen der deutschen Sprache in Mittel-, Südost- und Osteuropa auf eine Transformation der Germanistik hin,

> die sich in komprimierter Form wohl am plakativsten unter dem Schlagwort der ‚Kommerzuniversität' zusammenfassen lassen: Akademische Bildung wird vor diesem Hintergrund auch in den geisteswissenschaftlichen Disziplinen ausnahmslos zur beruflichen Ausbildung, zweckfreie bzw. anwendungsferne Wissenschaft ist an Universitäten, die sich als ‚autonome' Dienstleister innerhalb eines dynamischen Ausbildungsmarktes dem ‚Wettbewerb' stellen und verkaufen müssen, nicht mehr finanzier- und legitimierbar.

Auch Orosz/Rada (2010: 50 ff.) suchen nach Gründen für den Trendwechsel, für den eklatanten Rückgang an Immatrikulationen, den Imageverlust des Germanistikstudiums oder gar des Deutschen als Fremdsprache in Ungarn. Die Globalisierung, bildungspolitische Entscheidungen – Englisch als Fremdsprache den Vorrang zu gewähren – und der Mentalitätswandel zeugten davon, „dass sich die meisten Studierenden in Ungarn in der letzten Zeit in erster Linie die praktische Anwendbarkeit von FS-Kenntnissen vor Augen halten." (ebenda)

Ebenso lassen sich aber auch konstruktive Anregungen für die Zukunft der ungarischen Germanistik ausmachen, darunter der Vorschlag von Földes

(2004: 104), ausführliche und zielgerichtete Bedarfs- und Bedürfnisanalysen durchzuführen im Hinblick auf einen adäquaten Handlungsbedarf. In diesem Zusammenhang verweist Földes insbesondere auf Angebote zu Wirtschaftsdeutsch und Fachsprachen. Szendi (2007: 27) empfiehlt, „aus der Not eine Tugend zu machen" und mit intensiveren Unterrichtsmethoden den weiteren Rückgang der Studierendenzahlen aufzuhalten.

Kegelmann (2007: 23) rückt vor allem die berechtigten Berufsperspektiven der Absolventen in den Vordergrund und fordert die Germanistik auf, allzu eng gesetzte Grenzen zu überwinden:

> Mit der Berufsperspektive der Studierenden, die für die Wahl eines Faches von entscheidender Bedeutung ist, hängt zusammen, dass sich die Germanistik in Ungarn sicher auch damit konfrontieren muss, lieb gewonnene Grenzziehungen zu überwinden und stärker mit Fachbereichen zusammenzuarbeiten, die traditionellerweise nicht in ihrem Horizont liegen, so beispielsweise den Wirtschafts-, Rechts- und Kommunikationswissenschaften. Hier bieten sich vor allem mit Bezug auf die Fachsprachen enge Verbindungen an, die bislang noch kaum genutzt werden. Insbesondere für die MinorstudentInnen, deren Zahl möglicherweise im Verhältnis zu den Hauptfachstudierenden zukünftig überproportional wachsen könnte, könnte ein solches Angebot sehr interessant sein.

Ab 2010 kommen einerseits neue Herausforderungen auf die Germanistik in Ungarn zu, darunter vor allem die desolate wirtschaftliche Situation des Landes und – daraus resultierend – massive Einsparungen im Bildungsbereich, aber auch neue Konzepte in der Gestaltung der Curricula, die zukunftsweisend und viabel sind.

Die ab 2011 gewährte uneingeschränkte Arbeitnehmerfreizügigkeit erlaubt ungarischen Arbeitnehmern, sich innerhalb der EU ohne weitere Formalitäten einen Arbeitsplatz zu suchen. Dieser Umstand könnte der Fremdsprache Deutsch erneut einen neuen Aufschwung geben. Andererseits eröffnet es Abiturienten und Studierenden die Möglichkeit, ihr Studium nun problemlos ins Ausland zu verlegen.

Die strukturelle Umgestaltung des ungarischen Hochschulsystems begann zwar bereits 1996, wurde aber erst nach der Änderung des Hochschulgesetzes (1999) im Jahr 2000 endgültig umgesetzt. Ziel der Reform war es, das zersplitterte System von Hochschulen rationeller zu gestalten. Das neue Hochschulsystem sollte einerseits auf diese Weise finanziell effizienter werden, andererseits konnten durch Zusammenschlüsse größere Institutionen entstehen, die nicht nur in einem, sondern interdisziplinär in mehreren Wissenschaftsgebieten tätig waren. So wurden in Ungarn diverse Universitäten zusammengelegt, wodurch viele ehemalige Fachuniversitäten (abgesehen von den Kunsthochschulen) verschwanden. Die neuen Universitäten sind größere Hochschuleinrichtungen im traditionellen Sinne („universitas"), kleinere Einrichtungen bzw. Fachhochschulen, die in ähnlichen Fachgebieten Ausbildungen anboten, wurden ebenfalls zusammengelegt und einige Fachhochschulen sind in Universitäten integriert und in Hochschulfakultäten umgewandelt worden. Durch diese Reform verringerte sich die Zahl der Hochschuleinrichtungen deutlich: Von 25 staatlichen Universitäten blieben 17 übrig, von den 52 staatlichen Fachhochschulen 13. Die nichtstaatlichen Hochschulen waren von dieser Umgestaltung ausgenommen (vgl. hierzu Rébay 2003: 202).

4.2.5. Rumänien

Im Juni 2004 wurde vom rumänischen Parlament das Gesetz 288/2004 verabschiedet und damit die Einführung der Studienstruktur nach den Bologna-Vorgaben nach dem Drei-Stufen-Modell Bachelor (3 Jahre), Master (2 Jahre) sowie Promotion/Doktorat (4–5 Jahre) verbindlich für alle Hochschulen in Rumänien entschieden und im Studienjahr 2005/2006 in die Praxis umgesetzt. Die Modularisierung des Curriculums und die ECTS-Bewertung waren weitere Bestandteile der Reform. Mehrfach werden in diesen Zeiten der Umstrukturierung Tagungen zu spezifischen Themen der germanistischen Curriculaentwicklung abgehalten, u.a. auch die internationale Tagung im Februar 2005 in Schäßburg (Rumänien).[79] Im Mittelpunkt standen u.a. das Selbstverständnis der philologischen (Auslands-)Germanistik, bzw. Chancen, notwendige Änderungen und Gefahren für die Auslandsgermanistik durch den Bologna-Prozess, heterogene Sprachkenntnisse bei Studierenden im Bachelorstudium, eine Realität, der sich viele Institute bereits in den zurückliegenden Jahren stellen mussten, die Entwicklung von berufsorientierten Studiengängen, die der regionale und globale Arbeitsmarkt immer mehr forderte und letztlich interdisziplinäre Masterstudiengänge, die sich ebenfalls am Arbeitsmarkt orientieren sollten. Die Auseinandersetzung mit diesen Themenschwerpunkten war durch den Rückgang der Immatrikulationszahlen, die Abschaffung der Aufnahmeprüfungen, heterogene Deutschkenntnisse in den Studiengruppen, die Notwendigkeit, sich den Anforderungen des Arbeitsmarktes zu stellen und letztlich die Pro-Kopf-Finanzierung des Bildungsministeriums notwendig geworden.

Die unter Profilierungszwang stehende rumänische Germanistik war nach der Wende kaum bereit, in den fünf großen Universitäten in Bukarest,

79 Vgl. Rundschreiben DAAD und GGR 20.01.2005; http://www.ggr.ro/TagFeb05a.htm [Stand: 12.01.2018].

Klausenburg, Jassy, Temeswar und Hermannstadt, wo der Unterricht (noch) in deutscher Sprache erfolgte, die Ausarbeitung neuer Lehrpläne voranzutreiben. Nach einem Jahrzehnt wurde allerdings die Diskrepanz zwischen dem traditionell philologischen Selbstverständnis der rumänischen Germanistik und den Anforderungen des Arbeitsmarktes augenscheinlich. Derweil gefährdeten die landesweit niedrigen Immatrikulationszahlen bei den Philologien-Abteilungen bereits die Existenz germanistischer Lehrstühle.

Die Bologna-Reform zwang sozusagen zu neuen Lehrplänen, um das ehemals fünfjährige Germanistikstudium auf drei plus zwei Jahre zu reformieren. Diese Reform wurde teils sehr ablehnend in Hinblick auf das philologische Selbstverständnis einer traditionellen Germanistik empfunden.

Sie haben mich gefragt, was Bologna ist? Bologna 2004 ist der Übergang von der Bildungsuniversität zur Ausbildungsuniversität, das ist der Verzicht auf das alte Humboldtsche Ideal, der Verzicht auf Bildung aber es ist mit Verlaub auch ein weiterer Verzicht auf Qualität. Für mich ist Bologna das letzte, was... Das ist einfach eine Katastrophe und es zeugt auch natürlich von unserem Amerika-Fetischismus, vom vielgeleiteten Amerika-Fetischismus. [Interview Gadeanu Mai 2018]

Stănescu (2005: 146) spricht von einem „generellen Umdenken des Hochschulstudiums im Zuge des Bologna-Konzeptes und einer erzwungenen Abwendung von philologischen Lehrambitionen". So würde der Hochschulunterricht verstärkt DaF-Unterricht verlangen, die Germanistik sei weiterhin eher berufsvorbereitend als berufsbildend und ein Unwille existiere, alte Methoden und Inhalte aufzugeben, sodass „die Germanistik verstärkt in Konkurrenz zu neuen praxisorientierten fremdsprachlichen Studienangeboten [gelangt]".

Die Schaffung neuer Curricula für das dreijährige Bachelorstudium entstand durch Kürzung der bestehenden Curricula und damit mit der Frage, welche Inhalte, Vorlesungen und Seminare reduziert werden bzw. welche in den neuen Lehrplan aufgenommen werden sollten. In welcher Weise sollte der klassisch philologische Schwerpunkt erhalten bleiben?

Eine neue Reduzierung, eine Umgestaltung des ganzen Programms und für uns bedeutete Bologna eine neue Reihe von Dilemmata, wie wir das weitermachen. Einerseits weil wir eine Auswahl aus großem Stoff der Germanistikfächer treffen mussten: Was ist wichtig, was ist nicht so wichtig, was soll ein Absolvent wissen, was muss er wissen, was kann er wissen, was soll er wissen. Das einerseits. Andererseits gab es zumindest in Iași seitens des damaligen Rektorats, nach 2000, die klare Weisung, das war eine Weisung, dass die Studenten, die Studentinnen, die Studierenden nicht länger als 22 Stunden in der Woche an der Universität verbringen müssen. Also stellen Sie sich vor, zwei Fächer, 22 Stunden, ja. Was bleibt von dem Ganzen? [Interview Corbea-Hoişie Juli 2018]

Sass (2010: 300) äußert sich wie folgt dazu:

> Ich zähle nicht zu den grundsätzlichen Befürwortern der BA-Studiengänge, weil vom traditionellen philologischen Kern der Curricula viel verlorengeht, lehne sie aber auch nicht entschieden ab, weil ich als Literaturwissenschaftlerin feststellen muss, dass es immer weniger Studierende gibt, die schöngeistige Literatur lesen oder die sich an der Forschung beteiligen wollen.

Einerseits wird die immer schlechter werdende Sprachkompetenz der Studierenden bemängelt, andererseits durchaus berechtigte Berufsinteressen und -aussichten in Betracht gezogen.

Also, da kann ich jetzt nicht nur positiv oder nur negativ... Ich würde jetzt als ausgebildete Germanistin und als Literaturwissenschaftlerin würde ich sagen, dass wir die Germanistik, die traditionelle Germanistik nicht mehr haben können. Im Augenblick schon ganz und gar nicht. Es wird nicht mehr so viel gelesen, wissenschaftliche Arbeit wird kaum noch, kann kaum noch betrieben werden, weil das Niveau der Studenten und die Sprachkompetenz gesunken sind, ja. Andererseits aber können wir sagen, dass es für die Berufsaussichten der Studenten, dass sie schneller einen Arbeitsplatz bekommen oder so, dass es nicht schlecht ist. Sie können schon nach drei Jahren arbeiten, sie haben ein Diplom, sie haben schon eine Ausbildung und für den Arbeitsmarkt jetzt in Rumänien und vor allem in Hermannstadt ist es gut, dass Studierende mit zwei Sprachen gleich einen Arbeitsplatz finden. [Interview Sass Mai 2018]

Der Rückgang an Immatrikulationen in der traditionellen Philologie wird teilweise durch sogenannte berufsorientierte[80] Studiengänge aufgefangen, die sich an den Bedarfen des Arbeitsmarktes und der Employabilität der Studierenden orientieren. Anfang der 2000er-Jahre wird der Studiengang *Angewandte Fremdsprachen* an mehreren Universitäten Rumäniens in das Studienangebot aufgenommen. Er bedient die Nachfrage nach einer berufsorientierten Ausbildung in den Berufsfeldern Wirtschaft, Tourismus, aber auch Übersetzen und Dolmetschen.

Zu den Zielsetzungen dieses Studiengangs gehören der Erwerb von Fremdsprachenkenntnissen in Verbindung mit der Vermittlung berufspraktischen Wissens durch die Vermittlung von Sachwissen, von Kenntnissen zur Gesellschaft und Kultur im deutschen Sprachraum, von Kenntnissen aus

---

80 Der Begriff *berufsorientiert* ist hier sicher etwas ungünstig in der Formulierung gewählt. Genauer erfasst der Begriff *berufsbildend*, was tatsächlich gemeint ist, eine praxisorientierte Ausbildung für bestimmte Berufe, während die eher philologisch ausgerichteten Studiengänge berufsvorbereitend ausgerichtet sind.

den Bereichen Jura, Technik und Gesellschaftswissenschaften; die Förderung sprachpraktischer Fertigkeiten; die Vermittlung von Fertigkeiten im Bereich Übersetzen und Dolmetschen; die Berücksichtigung der Bereiche Kultur; Internationales Marketing oder Medien und die Erweiterung des Angebots im Hinblick auf die deutschsprachige berufsorientierte Ausrichtung im Bereich der Wirtschaft.

Dazu kommen interdisziplinär ausgerichtete Master-Studienprogramme, wie *Interkulturelle Studien zur Deutschen Sprache und Literatur*, *Germanistik als Europäische Kulturwissenschaft*, *Mehrsprachigkeit und Multikulturalität*, *Wirtschaftskommunikation in deutscher Sprache*, *Europastudien* oder *Übersetzungswissenschaft*.

Ein wachsendes Problem sind die Deutschkenntnisse der Studierenden. Parallel zur Einführung der Bologna-Richtlinie werden auch die Aufnahmeprüfungen an den germanistischen Instituten abgeschafft, sodass das Abiturzeugnis als alleinige Grundlage für die Immatrikulation dient. Inhaltliche Umstrukturierungen und die Reduzierung der Studieninhalte, Seminare und Vorlesungen nicht mehr in deutscher Sprache halten zu können sowie die Implementierung eines umfangreichen Deutschunterrichts sind die Folgen. Vor allem die großen Universitäten sind im Umgang mit diesen Herausforderungen personell und strukturell besser ausgestattet.

Erfolgreicher sind Studienprogramme in deutscher Sprache abseits der Germanistik. Die Mehrzahl der Absolventinnen und Absolventen deutschsprachiger Lyzeen in Rumänien entscheidet sich nicht für ein Studium der Germanistik, sondern für berufsorientierte natur- und ingenieurwissenschaftliche sowie wirtschaftswissenschaftliche Studiengänge in deutscher Sprache. Führend sind Fakultäten in Klausenburg, Bukarest und Temeswar. An einigen dieser Universitäten können Studierende zudem ein Doppeldiplom erwerben, das in Kooperation mit deutschen Universitäten angeboten wird.

Die zunehmende Internationalisierung (internationale Universitätsvereinbarungen und Institutspartnerschaften, Studienaufenthalte im deutschsprachigen Ausland, die EU-Mitgliedschaft 2007) öffnet den Absolventinnen und Absolventen nicht nur den Zugang zum lokalen, sondern auch zum globalen Arbeitsmarkt. Parallel dazu steigt der Anteil der Abiturienten deutschsprachiger Lyzeen, die ein Vollstudium im Ausland anstreben.

Jetzt wenn wir von Meilensteinen sprechen, da müssen wir das Jahr 2007 erwähnen. 2007 ist der EU-Beitritt Rumäniens und nach diesem Jahr hat die Germanistik begonnen, Probleme zu haben, erst seit 2007. Obwohl es 1989 – 90 eine massive Auswanderung der Sachsen, der deutschen Minderheit gegeben hat, hat es noch nicht die massive Auswanderung quasi der Absolventen aus deutschen

Schulen gegeben, die kamen erst mit dem EU-Beitritt Rumäniens. Und, warum das? Weil man in diesem Augenblick nicht mehr Geld nachweisen musste, um im Ausland studieren zu können, man konnte einfach mit dem Personalausweis ins Ausland gehen und da sind ganze Klassen aus deutschen Schulen mit deutschem Abitur nach Österreich oder nach Deutschland zum Studium gegangen. Und in dem Augenblick, seit damals gibt es Schwierigkeiten, die Plätze, die ausgeschriebenen Plätze für die Germanistik mit Studenten von muttersprachlichen Schulen zu besetzen. [Interview Sass Mai 2018]

Die Mitgliedschaft in der Europäischen Union begünstigte aber auch die verstärkte Ansiedlung internationaler Unternehmen in Rumänien. Die Zahl der deutschsprachigen Unternehmen in Rumänien ist seit der Wende stetig gewachsen; mehr als 800 Unternehmen sind in den acht in Rumänien ansässigen Deutschen Wirtschaftsclubs organisiert.[81]

Trotz aller Kritik wird der Bologna-Prozess auch als willkommene Gelegenheit zum Überdenken der Fachinhalte und Fachkonzepte der Germanistik begrüßt, als Chance, Mindeststandards und ortsspezifische Profilierung durch Analysen von Schwerpunkten, Stärken und Schwächen zu überdenken. Mit der Anpassung der Studienprogramme an Berufsprofile der lokalen rumänischen Gesellschaft und des Einräumens eines vorrangigen Stellenwertes des auf den Ausbau kommunikativer Kompetenzen ausgerichteten Sprachunterrichts und landeskundlicher Inhalte, war der Wandel von einer Inlands- zur Auslandsgermanistik besiegelt.

Auch nach der Wende gehörten weiterhin spezifische Themen der Inlandsgermanistik (z.B. die rumäniendeutsche Literatur und deren Geschichte und Rezeption, Dokumentation des Deutschtums in Rumänien) zu den bevorzugten germanistischen Forschungsinteressen.

Die Faktoren des Wandels der Inlandsgermanistik zur Auslandgermanistik, der in Rumänien unter dem Zwang objektiver Gegebenheiten erfolgen musste, waren bedingt durch gesellschaftliche, demografische und wirtschaftliche Entwicklungen, durch ein verändertes Selbstverständnis, das auch eine Schwerpunktverlagerung der forschungs- und bildungspolitischen Interessen bedingte, eine Umorientierung der Qualifizierung zu erweiterten Berufsfeldern in den Branchen Übersetzung/Dolmetschen, Tourismus, Wirtschaft und den verstärkten Einbezug des sprachlichen und landeskundlichen Unterrichts.

81 Vgl. DWS. Beitrag zur Entwicklung der Wirtschaftsbeziehungen. http://www.dws.ro/derclub.html [Stand: 12.01.2018].

4.2.6. Entwicklungen im Ländervergleich

In den Jahren nach der Jahrtausendwende sind vor allem der demografische Wandel, der Bologna-Prozess und bildungspolitische Eingriffe für die Entwicklung der Germanistik entscheidend. Zudem eröffnen sich neue Perspektiven durch den EU-Beitritt: zunehmende Globalisierung, Internationalisierung und Arbeitnehmerfreizügigkeit.

Der demografische Wandel führt zu einem eklatanten Rückgang der Studierendenzahlen – nicht nur in der Germanistik. In allen Referenzländern geht die Zahl der Immatrikulationen zurück, teils werden die Aufnahmeprüfungen ganz abgeschafft, teils durch Aufnahmegespräche ersetzt. Häufig kann somit kein ausreichend hoher homogener Sprachstand als Eingangsvoraussetzung für ein Germanistikstudium mehr garantiert werden. Die Pro-Kopf-Finanzierung macht allerdings die Abweisung von Bewerbern (fast) unmöglich.

Der Bologna-Prozess verändert die Studienlandschaft in der ersten Dekade des neuen Jahrtausends (nicht nur) in den Referenzländern.

Die **Slowakei** legt mit dem Hochschulgesetz (April 2002) die Einführung von Bachelor- und Masterabschlüssen fest, Ungarn, Polen und Rumänien folgen im Zeitrahmen von 2004 bis 2006, in **Tschechien** beginnt der neue Bachelor an der Prager Germanistik 2008.

Ohne Ausnahme wird die Umsetzung des neuen Konzepts mit wenig Begeisterung in die Praxis umgesetzt. Bestenfalls wird es als willkommene Gelegenheit zum Überdenken der Fachinhalte und Fachkonzepte der Germanistik begrüßt, als Chance, Mindeststandards und ortsspezifische Profilierung durch Analysen von Schwerpunkten, Stärken und Schwächen zu überdenken.

Die Schaffung neuer Curricula für das dreijährige Bachelorstudium entstand fast ausnahmslos durch Kürzung der bestehenden Curricula und warf damit die Frage auf, welche Inhalte, Vorlesungen und Seminare reduziert werden bzw. welche in den neuen Lehrplan aufgenommen werden sollten bzw. in welcher Weise bewährte philologische Inhalte erhalten bleiben können. Die Auseinandersetzung mit den Ansprüchen eines traditionell philologischen Selbstverständnisses in der Ausbildung von Germanisten wird auch in den kommenden Jahren ein zentrales Diskussionsthema bleiben.

Schon bald zeigt sich, dass das Bachelorstudium von Studierenden gut angenommen, aber in den seltensten Fällen der Master im Fachgebiet Germanistik angestrebt wird. Ein Großteil der Studierenden strebt nach dem dreijährigen Studium eine Berufstätigkeit an, ein Teil der Absolventen geht ins Ausland, um dort weiter zu studieren oder eine Arbeit aufzunehmen, ein weiterer Teil wählt einen Master in einem anderen Fachgebiet. Die Germanistiken geraten in die

Krise, fast ausschließlich in den Hauptstadtgermanistiken können sich Masterprogramme in der Germanistik halten, in der Peripherie fehlt es oft an einer hinreichenden Zahl an Bewerbern.

Die schwierige Lage der Germanistik in den Referenzländern ist auch bildungspolitischen Entscheidungen geschuldet, die nicht ohne Einfluss auf den Bedarf an Fremdsprachenlehrkräften für Deutsch in dieser Region führten. Das Interesse an Deutsch war, wie in vielen anderen Ländern auch, nach der Jahrtausendwende zurückgegangen und die Nachfrage nach Englisch als erste Fremdsprache deutlich gestiegen. Nach Englisch konnte sich Deutsch allerdings einen sicheren zweiten Platz bei der Sprachenwahl in der schulischen Bildung sichern.

In **Tschechien** setzt der Aktionsplan für den Fremdsprachenunterricht 2005–2008 fest, dass eine Fremdsprache als Pflichtfach unterrichtet werden muss, die zweite Fremdsprache im Zuge eines Wahlpflichtfaches angeboten werden kann. In der Regel ist Englisch die erste Fremdsprache und die Zahl der Deutschlerner nimmt rapide ab (English-only-Politik). In der **Slowakei** wird Englisch als erste Fremdsprache im Schulunterricht verankert, eine zweite Fremdsprache ist erst in den weiterführenden Schulstufen verbindlich. Damit sinkt auch in der Slowakei die Zahl der Deutschlerner; diejenigen, die sich nach dem Abitur für ein Germanistikstudium entscheiden, haben bei Weitem nicht mehr den Sprachstand, der für ein Studium in deutscher Sprache notwendig wäre.

An den bedeutendsten Standorten der Philologien in der mittelosteuropäischen Region ist nicht nur ein globaler Rückgang an Studienbewerbern auszumachen, auch die Sprachkenntnisse der Studienanwärter sinken. Einige germanistische Institute entscheiden sich, den Sprachunterricht Deutsch im Rahmen des Studiums auszuweiten bzw. Sprachintensivkurse im ersten Studienjahr einzuführen, damit sie auch Studierende ohne Deutschkenntnisse aufnehmen können und auf Aufnahmeprüfungen ganz oder teils (Aufnahmegespräch) verzichten. Mit dieser Maßnahme konnten rückläufige Immatrikulationszahlen teils aufgefangen werden, was aufgrund der „Pro-Kopf-Finanzierung“ der Ministerien eine notwendige Maßnahme war, um den Bestand der Studiengänge (und Arbeitsplätze) zu sichern. Allerdings erforderte die Umstellung auf Nullanfänger erhebliche didaktische und studienrelevante Konsequenzen für die Curricula, die sich von den einst traditionellen Ansprüchen eines Germanistikstudiums entfernten.

Gleichzeitig waren auch Studienschwerpunkte und Berufsziele wie -möglichkeiten im Wandel begriffen. Der Lehrerberuf zählte nach wie vor zu den attraktiven Berufszielen, jedoch versprachen neue Berufsperspektiven auf dem lokalen und globalen Arbeitsmarkt als Dolmetscher, Übersetzer und Mitarbeiter in internationalen Unternehmen auch im Ausland lukrative Alternativen für Absolventen germanistischer Institute.

Durch die fortschreitende Internationalisierung (internationale Universitätsvereinbarungen und Institutspartnerschaften, Studienaufenthalte im deutschsprachigen Ausland, die Mitgliedschaft in der Europäischen Union) wird der Zugang zum globalen Arbeitsmarkt immer selbstverständlicher. Parallel dazu steigt der Anteil der Abiturienten, die ein Vollstudium im Ausland anstreben.

Mit der Einführung der uneingeschränkten Arbeitnehmerfreizügigkeit durch den Beitritt zur Europäischen Union ist Arbeitnehmern gestattet, sich innerhalb der EU ohne Arbeitserlaubnis einen Arbeitsplatz zu suchen. Dieser Umstand gab der Fremdsprache Deutsch zwar einerseits einen neuen Aufschwung, andererseits eröffnete dies Abiturienten und Studierenden die Möglichkeit, ihr Studium nun problemlos ins Ausland zu verlegen.

Der Imageverlust des Germanistikstudiums ist teils den weitreichenden bildungspolitischen Entscheidungen – Englisch als Fremdsprache an Schulen und Hochschulen den Vorrang zu gewähren – zu verdanken. Einen nicht unbedeutenden Einfluss hatte auch die schlechte wirtschaftliche Situation in diesen Ländern, die zu massiven Einsparungen im Bildungsbereich führte.

Die Germanistikabteilungen an den Universitäten in den fünf Referenzländern haben nach 1990 auf die Einführung der Marktwirtschaft und später auf die Bologna-Reform mit einem erweiterten und vielfältigeren Angebot an Lehrinhalten reagiert, die den Absolventen größere Berufschancen eröffnen sollten. Andererseits mussten Studienanforderungen reduziert werden, da das Bologna-Studium kaum Raum für den Ausgleich heterogener Sprachkenntnisse der Studierenden bietet, sodass parallel mit Anfänger- und Fortgeschrittenen-Gruppen gearbeitet wird. Diese Kompromisslösungen sicherten den Germanistiken das Überleben.

Gleichfalls im Mittelpunkt standen Überlegungen zur Entwicklung von berufsorientierten Studiengängen und interdisziplinären Masterstudiengängen, die der regionale und globale Arbeitsmarkt zunehmend forderte. Der Rückgang der Immatrikulationszahlen, heterogene Deutschkenntnisse in den Studiengruppen, die Notwendigkeit, sich den Anforderungen des Arbeitsmarktes zu stellen und letztlich die Pro-Kopf-Finanzierung des Bildungsministeriums machten diese Entwicklung unabdingbar.

In **Rumänien** wurde z.B. der BA-Studiengang „Moderne angewandte Fremdsprachen“ im Zuge des Bologna-Prozesses eingeführt, der mehr Studierende als die traditionelle Philologie anzog. Er bedient die Nachfrage nach einer berufsorientierten Ausbildung in den Berufsfeldern Wirtschaft, Tourismus, Übersetzen und Dolmetschen. Dazu kommen interdisziplinär ausgerichtete MA-Studienprogramme. Um den Absolventen vielseitige Berufsmöglichkeiten für unterschiedliche Branchen zu eröffnen, wurde 2009 in der **Slowakei** die Fakultät für Angewandte Fremdsprachen mit dem interdisziplinären Studiengang *Fremdsprachen und Interkulturelle Kommunikation* gegründet.

Die demografische Entwicklung und bildungspolitische Entscheidungen haben nicht nur zu einem Rückgang der Immatrikulationen geführt, sondern auch zu vermehrter Konkurrenz bestehender germanistischer Lehrstühle innerhalb des Landes und oftmals zu einem Profilwandel der Germanistik, der sich von den Spezifika traditioneller Philologie entfernte.

In den großen Universitätszentren dieser Region, wo der Unterricht in deutscher Sprache erfolgte, war man nur zögerlich gewillt, die Ausarbeitung neuer Lehrpläne anzugehen, obwohl in der Peripherie landesweit niedrige Immatrikulationszahlen bei den Philologien die Existenz germanistischer Lehrstühle gefährdeten.

4.3. Die zweite Dekade im neuen Jahrtausend – bildungspolitische Eingriffe und neue curriculare Entwicklungen

4.3.1. Polen

„Ein Gespenst geht um in der Welt – das Gespenst des Bankrotts der Geisteswissenschaften. Landauf, landab wird von ihnen versichert, sie seien nutzlos und bringen keinen Profit." Mit diesen Worten beginnt ein Beitrag von Zychlinski (2011: 87) zum Thema „Philologie als Anthropotechnik".

In der zweiten Dekade des neuen Jahrtausends entrüstet das am 1. Oktober 2011 offiziell in Kraft getretene neue polnische Hochschulgesetz, das als seit der politischen Wende umfangreichste Reformpaket des polnischen Hochschulsystems gilt. Die Novellierungsansätze beziehen sich auf drei Reformschwerpunkte, die im Wesentlichen die Steigerung der Effizienz und Transparenz verfolgen[82]: Die Finanzierung einer Hochschule sollte künftig einem zentralen Wettbewerbsmodell unterliegen, dies betraf den Wettbewerb zwischen Hochschulen einerseits und zwischen einzelnen Fakultäten andererseits. Im Bereich der Finanzen sollten Hochschullehrer nur noch eine weitere Stelle annehmen dürfen, was angesichts der niedrigen Gehälter an Hochschulen allgemein auf

---

82 Vgl. im Folgenden Makowicz (2011: 774 f.).

Widerstand stieß. Ein Modernisierungsgesetz sollte dazu beitragen, akademische Laufbahnen in Zukunft effizienter zu machen. Der dritte Schwerpunkt der Reformen sah neue Studienmodelle vor und setzte den Fokus einmal mehr auf die Sicherung von Qualität in Forschung und Lehre.

In Bezug auf die Studiengänge muss ich sagen, dass sich eigentlich nicht so viel geändert hatte, also weniger als auf jeden Fall nach dem Eintritt des Bologna-Prozesses. Aus didaktischer Sicht würde ich sagen, dass ich nicht so extreme Veränderungen gemerkt habe nach der Reform 2011. Was sich ändern musste, das war, wir mussten die Programme neu schreiben, umschreiben in puncto Qualität der Lehre, d.h. man musste für jeden Studiengang dann auch so eine Beschreibung herstellen nach einem bestimmten Qualifikationsrahmen, für bestimmte Fächer mussten dann auch Beschreibungen erstellt werden mit der Einteilung in Wissen, Fähigkeiten, social skills, also das wurde vielleicht in dieser Richtung dann auch etwas stärker normiert. Man schaute eigentlich eher auf die Kompetenzen der Studierenden in dem Sinne, also man hat die Programme erstellt, also eigentlich von hinten aus, man hat zuerst überlegt, welche Kompetenzen soll der Absolvent beherrschen und in dieser Hinsicht hat man das Programm dann erstellt. [Interview Makowski Juli 2018]

Studienpläne und Studienprogramme werden weitestgehend der Kompetenz der Hochschulen überlassen; eigenverantwortlich dürfen neue Studiengänge eingeführt werden. Das neue Hochschulgesetz schafft die Möglichkeit und fordert zugleich, mit dem wirtschaftlichen und sozialen Umfeld der Universität zusammenzuarbeiten. Studiengänge mit einem praktischen, berufsorientierten Profil können und sollen eingerichtet und eine engere Zusammenarbeit mit potenziellen Arbeitgebern angestrebt werden. Die Umsetzung wird neben anderen Kriterien von staatlichen Prüfungsausschüssen kontrolliert und bewertet. Kritiker sehen allerdings unerwünschte Eingriffe in die Gestaltung der Curricula, in die Lehre selbst z.B. durch Praktika oder Lehrveranstaltungen direkt in den Unternehmen.

> Die bisherige Zurückhaltung der Dozenten in dieser Hinsicht, die darin eine Gefahr für die Prinzipien Humboldts und eine Umwandlung der Universität in eine Fachhochschule sehen, stößt auf einen bis jetzt eher deklarativ erklärten als wirklich in konkrete Angebote übersetzten Willen organisierter Wirtschaftsvertreter und einzelner Unternehmer, an einem solch anspruchsvollen Projekt, das die ständige Präsenz aller Beteiligten erfordert, tatsächlich teilzunehmen. Auch bleibt etwas unklar, wie philologische Praktika jenseits der bereits altbewährten Sprach- und Übersetzungsübungen und der didaktischen Versuchsstunden aussehen sollen. (Joachimsthaler/Mikołajczyk 2012: 16)

Diverse Erfahrungen aus der Praxis zeugen jedoch davon, dass eben dieser Weg über die Zusammenarbeit mit in der Regel ortsansässigen internationalen Unternehmen sich gewinnbringend für Studierende, Absolventen und Lehrstühle gestaltet. Um ein Beispiel zu nennen, sei auf das Institut für Germanistik in Oppeln verwiesen. So verfügt es über ein weitreichendes Netzwerk von Partnern, die in unterschiedlichen Bereichen und Branchen der Wirtschaft tätig sind; vor allem im Bereich der Outsourcing-Branche, in der etwa 70–90 % der Absolventinnen und Absolventen gleich nach dem Studienabschluss einen Arbeitsplatz finden. Das Germanistische Institut bietet sowohl eine Ausbildung und Profilierung des germanistischen Nachwuchses, z.B. im deutsch-polnischen Kulturtransfer oder im schulischen Bereich, wie auch in den Bedarfsfeldern der Wirtschaft, in den Bereichen Recht und Übersetzungswissenschaft. Im Fachgebiet *Deutsch in Recht und Wirtschaft* werden u.a. Grundlagen der Mikro- und Makroökonomie, ausgewählte Aspekte der Landeskunde des deutschsprachigen Kulturraumes, deutschsprachige Handelskorrespondenz und eine Einführung in das Handelsrecht vermittelt.[83] Sitek (2018) berichtet über die erfolgreichen Kooperationen zwischen lokalen Wirtschaftsunternehmen und dem Germanistischen Institut der Universität Oppeln. Die Verbindung von Studium und Ausbildung schildert Sitek vor dem Hintergrund der Bedingungen des gegenwärtigen, heterogenen Arbeitsmarktes als besonders vorteilhaft. Die Zahl der Absolventinnen und Absolventen, die nicht im Bildungsbereich, sondern in der lokalen und internationalen Wirtschaft tätig sind, ist in den letzten Jahrzehnten erheblich gestiegen. Von Wirtschaftsunternehmen werden neben den fremdsprachlichen Fähigkeiten vor allem Soft Skills wie Proaktivität, Flexibilität, schnelle Anpassungsfähigkeit an die Dynamik des Businessmilieuwandels und ein gutes Gefühl für die Bedürfnisse der Kunden geschätzt.

Weitere Änderungen betrafen die Universitäten in einem äußerst positiven Sinne:

Was sich jetzt aber geändert hatte, und das finde ich sehr gut als Änderung, ich glaube, das war im November dieses Jahres, hat das Ministerium auf diese Pro-Kopf-Finanzierung verzichtet. Absurderweise nach der Rekrutierung, also, wo die Unis schon rekrutiert haben, haben sie dann die Regeln wieder geändert und so einen Quotienten eingeführt, dass jetzt pro Dozent 14 Studierende sein müssen. D.h., also bei der Germanistik haben wir jetzt praktisch, ich würde sagen, 25 bis

83 Vgl. im Weiteren Lasatowicz (2018: 29–38) und Sitek (2018: 39–48).

30 % weniger Kandidaten aufgenommen. Und ich finde das sehr gut, dass man auf diese Pro-Kopf-Finanzierung verzichtet hat. [Interview Makowski Juli 2018]

Voraussichtlich im Oktober 2018 wird ein neues Hochschulgesetz in Kraft treten, das in seinen Bestimmungen noch nicht in allen Einzelheiten bekannt ist. Erwartet wird jedoch, dass Universitäten/Fakultäten in bestimmte Kategorien eingeteilt, die auf der Basis der zurückliegenden wissenschaftlichen Leistungen der letzten vier Jahre begründet sein werden. Die Zugehörigkeit zu einer bestimmten Kategorie entscheidet letztlich über die Höhe der staatlichen Finanzierung. Praxisorientierte Studiengänge sollen in Zukunft umfangreiche Praktika für ihre Studierenden anbieten. Die Internationalisierung der Universitäten soll verbessert werden, zum einen durch mehr internationale Studierende an polnischen Universitäten, zum anderen durch mehr Studienaufenthalte im Ausland polnischer Studierender.

Bisher ist vielerseits gegen dieses bevorstehende Gesetz protestiert worden.

Das ist das Problem, das war auch eines der Postulate, dass … die gegen die Reform vorgebracht wurden, dass kleinere Universitäten mit weniger wissenschaftlichem Potenzial zu didaktischen Universitäten reduziert werden, d.h. – wie gesagt – diese Einteilung in Kategorien bedeutet Geld für die Universität, aber auch – ab einer bestimmten Kategorie oder unter einer bestimmten Kategorie – darf man keine „Magister" verleihen oder Doktortitel verleihen, d.h. es wird sich dann sicher die Struktur ändern an einer bestimmten Uni, wenn sie jetzt kein Recht hat, Magistertitel zu verleihen, sieht es dann wahrscheinlich auch schlimm aus, wenn es um die Bachelorstudiengänge geht, weil keiner zu einer Uni geht, wo man den Bachelor machen kann und dann … [Interview Makowski Juli 2018]

Von einem Bankrott der Geisteswissenschaften bzw. der Germanistik soll zwar nicht, wie anfangs erwähnt, die Rede sein, dennoch erwarten staatliche Behörden, dass sich auch Studienfächer, wie die neuen Philologien an den Realitäten des Marktes orientieren und in Anlehnung an festgelegte Qualitätsmerkmale finanzielle Unterstützung von staatlicher Seite erhalten. Die Verfechter Humboldt'scher Ideale sehen darin eine Katastrophe für den Fortbestand der Germanistik in Polen; die Pragmatiker eher eine folgerichtige Entscheidung angesichts eines sich wandelnden Arbeitsmarktes für Geisteswissenschaftler.

4.3.2. Tschechische Republik

Aufgrund der Sprachenpolitik, die treffend als „English-only-Politik" bezeichnet wurde, gingen die Kenntnisse in der Fremdsprache Deutsch immer weiter zurück; selten wurde Deutsch als erste Fremdsprache in den Grundschulen angeboten. Der Beginn des Deutschunterrichts auf den weiterführenden Schulen sicherte schon aufgrund der Kürze der Zeit keine hinreichenden Deutschkenntnisse, die ein Studium der Germanistik erforderlich machte. In der Zivilgesellschaft als auch bei deutschen und österreichischen Unternehmen machte sich der Rückgang der deutschen Sprache immer mehr bemerkbar. Eine Kampagne der deutschen und österreichischen Botschaft in Zusammenarbeit mit der Deutsch-Tschechischen Industrie- und Handelskammer versuchte, dieser Entwicklung entgegenzuwirken. „Šprechtíme", so der Name der Kampagne, bedeutet so viel wie „Wir lernen Deutsch". Die Kampagne hatte sich zum Ziel gesetzt, junge Menschen wieder zu motivieren, Deutsch zu lernen. Nicht zuletzt waren es deutschsprachigen Unternehmen in Tschechien, die Arbeitskräfte mit guten Deutschkenntnissen dringend benötigten. In Zusammenarbeit mit den Goethe-Instituten wurde durch spielerische Sprachanimationen auf die deutsche Sprache aufmerksam gemacht – Zielgruppe waren in erster Linie Kinder und ihre Eltern. Ein von dem deutschen und österreichischen Botschafter sowie dem Vorsitzenden des Assoziationsrates der Region unterzeichnetes Memorandum zur Mehrsprachigkeit und zur Förderung der deutschen Sprache unterstützte die Kampagne.

Im Zuge dieser Kampagne zeigte eine Umfrage der Deutsch-Tschechischen Industrie- und Handelskammer (DTIHK), in der sie vor allem die Mitglieder und deutsche Unternehmen in Tschechien gefragt hatte, dass neben Englisch Deutsch eine der wichtigsten Unternehmenssprachen ist.

Die Tabelle zeigt die Ergebnisse einer Umfrage der Deutsch-Tschechischen Industrie- und Handelskammer (DTIHK). Welche Fremdsprachen sind für das Unternehmen wichtig?

Tab. 6: Ergebnisse der Umfrage – Deutsch-Tschechische Industrie- und Handelskammer (Šíchová 2011: 66)

Grad der Bedeutung	**Englisch**	**Deutsch**	**Französisch**	**Russisch**
sehr wichtig	40,76 %	75,16 %	04,46 %	03,18 %
wichtig	24,84 %	16,56 %	08,28 %	03,82 %
weniger wichtig	28,03 %	07,01 %	23,57 %	18,47 %
nicht wichtig	06,37 %	01,27 %	63,69 %	74,52 %

Mit dem Schulgesetz aus dem Jahr 2013 wird die zweite Fremdsprache im Grundschulbereich wieder eingeführt. Binnen weniger Jahre hatte die englische Sprache die deutsche Sprache aus den Grundschulen fast völlig verdrängt; Deutsch wurde lediglich als Wahlpflichtfach angeboten.

Wir als Germanistenverband haben dann diese Situation als sehr negativ bewertet und haben dann auch uns sehr stark dafür eingesetzt, ja, dass … Sozusagen auch die zweite obligatorische Fremdsprache an den Grundschulen eingeführt werden … sollten, ja, und das hat 10 Jahre gedauert, … . Also 2011 sollte offiziell die erste Fremdsprache an den Grundschulen eingeführt werden und die Durchsetzung hat noch 2 Jahre länger gedauert, also erst 2013, ja, haben wir diesen Erfolg sozusagen gefeiert, aber bis zu diesem Datum ist die Anzahl von Deutschlernenden an Mittelschulen so steil gesunken, dass wir auch an den Hochschulen das ziemlich stark gespürt haben. Ja. [Interview Vaňková Februar 2019]

Mit der Verpflichtung, eine zweite Fremdsprache anzubieten, kann sich Deutsch als zweite Fremdsprache nach Englisch einen festen Platz in der Sprachenfolge sichern. Englisch bleibt nach wie vor die erste Fremdsprache im Angebot aller Bildungsinstitutionen. Die verkürzte Lernzeit aus zurückliegenden Jahren und der Umstand, dass Deutsch auch in Zukunft erst ab der 7. oder 8. Klasse in den Grundschulen vermittelt wird, bleibt auch für die Folgejahre ein Problem für den Sprachstand der Studienbewerber an germanistischen Instituten. Dennoch ist innerhalb kürzester Zeit ein bescheidener Aufschwung bei der Zahl der Deutschlerner zu verzeichnen.

[…] das ist selbstverständlich ein großer Sieg der Philologien und man muss sagen, da hat auch der Tschechische Germanistenverband seine Rolle gespielt, eine wichtige Rolle gespielt, also Druck ausgeübt und es ist uns dann auch eben gelungen, dass es tatsächlich umgesetzt worden ist, und man merkt schon, dass sich langsam die Situation bessert, wobei klar die Auswirkungen … Da braucht man Jahre, bis die Schüler, die dann schon Deutsch wählen können, auch an die Universitäten kommen. Aber das Interesse steigt langsam auch durch diese zweite Fremdsprache. [Interview Cornejo September 2018]

Der langsame Aufstieg der Deutschlernerzahlen weckt Hoffnung auf eine bessere Zukunft für die Germanistik, zumal im Vergleich zu Vorwendezeiten wesentlich mehr Institute in Tschechien germanistische Studiengänge anbieten. Auf der anderen Seite wuchs bei sinkenden Studierendenzahlen die Konkurrenz unter den Instituten, teilweise auch die Angst um die Existenz ganzer Institute.

Die Germanistik … also als Hochschulfach, ja … Also ich muss sagen, dass die tschechische Germanistik sich in den letzten zwei Jahrzehnten sehr schnell entwickelt hat. Man muss daran denken, dass vor der Wende in Tschechien insgesamt vier Institute, die das Studium, das Germanistikstudium, angeboten haben, existierten und das waren auch Prag, Brünn, Ölmütz, Budweis, ja. Und inzwischen ist die Anzahl hoch, also sehr steil gestiegen. Wir haben jetzt 17 Institute … Manche Kollegen … Man kann es so sagen: Es gibt Kollegen, die diese Konkurrenz sehr negativ empfinden, ja. Ich sehe diese Konkurrenz mehr als Chance für Studierende, weil das Angebot an den einzelnen Instituten variabel ist, sie können sich entscheiden für verschiedene Studiengänge, also entweder eher theoretisch oder praktisch orientiert. Auf jeden Fall aber muss man sagen, dass diese Institute jetzt um das Überleben kämpfen. [Interview Vaňková Februar 2019]

Das Eingangsniveau in germanistischen Studiengängen liegt, wie die Praxis zeigt, zwischen A2 und B2. Aufnahmeprüfungen sind weitestgehend abgeschafft worden; dies ist vor allem der Pro-Kopf-Finanzierung von Studiengängen geschuldet.

> Trotz dieser Probleme […] zeigen unsere Erfahrungen, dass die viel größere Motivation von Studierenden, Studienaufenthalte im Ausland und der Kontakt mit deutschen Muttersprachlern sowie mit deutschsprachigen Massenmedien Faktoren sind, die es ermöglichen, sehr schnell einen deutlichen Fortschritt zu erreichen. (Vaňková 2017: 96)

Zum 1.09.2016 trat eine Novellierung des Hochschulgesetzes in Kraft, das das seit 1998 bestehende Hochschulgesetz ersetzt. Wichtige Änderungen betreffen die Qualitätssicherung der Hochschulbildung und das Akkreditierungsverfahren. Demnach soll die Genehmigung nicht mehr für einzelne Studiengänge, sondern für das gesamte Studienfach erteilt werden.

Einzelne Studiengänge können dann von den Hochschulen selbstständig ausgeschrieben werden. Das neue Akkreditierungssystem verspricht den Hochschulen nicht nur mehr Autonomie, sondern auch die Möglichkeit, fakultätsübergreifend interdisziplinäre Studienprogramme vor allem im Bachelorbereich anbieten zu können, um so die vielfach unübersehbare und isolierte Struktur der Studiengänge überwinden zu können (vgl. DAAD Bildungssystemanalyse Tschechische Republik 2017: 32).

4.3.3. Slowakei

Als Meilenstein für die zweite Dekade des neuen Jahrtausends wird vor allem die Novellierung des Schulgesetztes von 2011 gesehen, welches in Kombination mit der ungünstigen demografischen Entwicklung zu einem erheblichen Rückgang von Immatrikulationen führte. Insbesondere das Lehramtsstudium verlor an Nachfrage.

2011 wurde das Schulgesetz dahin gehend modifiziert, dass Englisch verbindliche erste Fremdsprache an den Grundschulen wurde; eine zweite

Fremdsprache war ebenfalls obligatorisch. Bis 2015 gab es immer noch zwei obligatorische Fremdsprachen an den Grundschulen.

2015 wurde dieses Schulgesetz wiederum geändert: Englisch wird die einzige Pflichtfremdsprache; eine zweite Fremdsprache ist nunmehr lediglich fakultativ, d.h. es liegt im Ermessen von Schulleitern, Eltern und Lernern, ob sie angeboten wird.

Also wir hatten dann 2014 und 2015 diese Akkreditierung, also diese bürokratischen Entscheidungen. Es war eine sehr, sehr anspruchsvolle Arbeit, also, ich war damals – das haben wir noch nicht gesagt – ich war Prodekanin für Studienangelegenheiten an unserer Fakultät und habe diese Akkreditierung unserer Programme, Fakultätsprogramme, eigentlich verantworten müssen. Es war auch administrativ eine ganz, ganz schwierige Angelegenheit. Eine ganze Menge an Daten mussten vorbereitet werden. Ich weiß nicht, ob man es „Meilenstein" nennen kann, aber da haben auch viele wirklich 2014 nochmal gründlich überlegt, wie sie ihre Studienprogramme konzipieren, was für neue Studienrichtungen sie vielleicht öffnen, gerade 2014 kamen dann solche Studienprogramme, die eher auf Wirtschaftsdeutsch orientiert sind und eben Fachkommunikation. Es gibt unterschiedliche Namen für diese Programme, aber die sind dann eher wirklich auf Fachdeutsch, Wirtschaftsdeutsch orientiert und ja, man hat natürlich überall auch noch das Lehramtsstudium behalten, aber die Zahlen sind ganz dramatisch. Also, ich habe mir die Daten nochmal angeschaut und ein paar Daten dann auch hervorgehoben: In drei Jahren, 2015 bis 2017, ist die Gesamtzahl der Lehramtsstudenten um 60 % gesunken, also das sind wahnsinnige Zahlen […].

Mehr oder weniger sind das die Folgen der Sprachenpolitik, aber auch die Demografie, weil wir das erst jetzt merken an diesem Rückgang. Bei den Hochschulen ist das jetzt das absolute Tief. Das Lehramtsstudium hängt natürlich auch damit zusammen und es hängt auch mit der Bildungspolitik des Landes zusammen. Wir haben jetzt die zwanzigste, die zwanzigste Bildungsministerin. Also, in der ganzen Zeit, das sind ja nicht mal dreißig Jahre, ja, also die wechseln so häufig, dass man eigentlich keine Konzeption entwickeln kann. Also, das ist alles ein Komplex, ja. Man kann zwar die Meilensteine irgendwie benennen, aber die Entwicklung ist insgesamt… Also, ich bin eigentlich von Grund auf Optimist, aber die Entwicklung ist wirklich nicht mit Optimismus zu sehen. [Interview Zemaníková Juli 2018]

Im Herbst 2018 hat das Bildungsministerium die Wahl der ersten Fremdsprache in den Schulen liberalisiert. Diese Entscheidung war nicht überraschend, sie wurde auf Druck des slowakischen Deutschlehrer- und Germanistenverbandes und der Deutsch-Slowakischen Industrie- und Handelskammer nach vielen Werbekampagnen und vor allem bedingt durch die Bedarfe der in der

Slowakei ansässigen deutschsprachigen Unternehmen durchgesetzt. Die Schulen erhalten somit die Möglichkeit, neben Englisch auch Französisch, Deutsch, Russisch, Spanisch oder Italienisch als erste Fremdsprache anzubieten.

Insbesondere für Deutsch als Fremdsprache sind im Zeitrahmen von 2015 bis 2018 slowakeiweit Werbekampagnen mit Unterstützung der Goethe-Institute an den Grundschulen organisiert worden. „Wir wollen Deutsch sprechen", so der Titel der Kampagne. Die Auswirkungen der English-only-Politik waren bereits aus dem Nachbarland, der Tschechischen Republik, bekannt.[84] Die Projekte fanden slowakeiweit statt und haben an den Grundschulen so viele Anhänger gefunden, dass man sich jetzt um potenzielle Deutschlehrer bemüht, die den neuen Ansturm an in den Schulen bewältigen können.

Die veränderten Rahmenbedingungen des Fremdsprachenunterrichts in der Slowakei haben zur Folge, dass sich Schwerpunkte verlagern bzw. neue Zielgruppen in den Blick genommen werden. Der gegenwärtigen gesellschaftlichen und sprachpolitischen Situation entsprechend, sind slowakische Universitäten bemüht, sich den neuen Anforderungen anzupassen und eine Schwerpunktverlagerung einzuleiten, die den Studierenden ermöglicht, auf verschiedene und vielfältigere Berufsbereiche zielgerichtet vorbereitet zu werden. Infolgedessen kam es zu einer Erweiterung des Studienangebots um Studienprogramme, die nicht exklusiv auf die Lehrerausbildung ausgerichtet sind: Neben dem *Dolmetschen-Übersetzen* (in Nitra, Banská Bystrica, Prešov, Bratislava) gibt es z.B. auch den Studiengang *Interkulturelle und Transkulturelle Kommunikation* an der Pädagogischen Fakultät der Comenius-Universität in Bratislava sowie *Deutsch in der Fachkommunikation* in Trnava und *Deutsche Sprache und Kultur* in Ružomberok. Die Katholische Universität in Ružomberok bietet zum ersten Mal seit dem Wintersemester 2015 das Germanistikstudium auch für Interessenten ohne sprachliche Vorkenntnisse an.

4.3.4. Ungarn

Im April 2010 gewann die nationalkonservative Partei „Fiatal Demokraták Szövetsége" (FIDESZ) („Bund junger Demokraten") die Parlamentswahlen mit einer Zweidrittelmehrheit und löste damit die acht Jahre lang regierende Sozialistische Partei (MSZP) ab. Der neue Parteichef Viktor Orbán leitete mit seiner Regierung ein umfangreiches politisches Reformprogramm ein. Die neue Regierung stand vor großen Herausforderungen: Die weltweite Finanz- und

84 Erst ab dem Schuljahr 2013/2014 wurde eine zweite Fremdsprache an den Grundschulen in der Tschechischen Republik obligatorisch.

Wirtschaftskrise hatte Ungarn hart getroffen. Nur dank eines Hilfspaktes des IWF, der Weltbank und der Europäischen Zentralbank in Höhe von 25 Milliarden Dollar konnte die Wirtschaft stabilisiert werden. Als Reaktion auf die Krise initiierte die damalige Regierung um Premier Bajnai ein Stabilisierungsprogramm sowie innenpolitische Reformvorhaben.[85]

Auch Bildungsinstitutionen waren von den drastischen Reformen betroffen. Ziel einer umfassenden Bildungsreform sollten „eine Steigerung der Qualität, der Effizienz und Wettbewerbsfähigkeit, eine praxisnähere Orientierung am Arbeitsmarkt und an den Bedürfnissen des Landes (Bildung künftig ein „Dienst an der Allgemeinheit") sowie drastische Kosteneinsparungen sein."[86] Massive Einsparungen im Bildungswesen und erhebliche Eingriffe in die Finanzierung der Universitäten folgten: Anstelle der bisherigen Pro-Kopf-Finanzierung, die die Universitäten dazu nötigte, möglichst viele Bewerber zum Studium zuzulassen, sollte jetzt „eine feste staatliche Finanzierung treten, die 70 % des Gesamtbudgets einer Hochschule ausmacht. Weitere 15 % werden wie bisher über Kopfquoten, der Rest als forschungsbezogene Gelder ausgezahlt."[87]

Die erst vor wenigen Jahren eingeführte Bologna-Reform wurde teilweise wieder zurückgenommen. Die Universitäten sollten von nun an autonom entscheiden, ob sie zu den traditionellen fünfjährigen Diplomstudiengängen in der – vorerst – Lehrerausbildung zurückkehren wollten.

Die durch die Bildungsreform geforderte „praxisnähere Orientierung am Arbeitsmarkt und an den Bedürfnissen des Landes" schlägt sich in der Germanistik durch diverse sogenannte Spezialisierungen nieder.

Und wir haben Translatologie gemacht, kontrastive Linguistik gemacht, und jetzt haben wir 2012 – 2013 dann „Deutsch im Beruf", die Spezialisation eingeführt. Jetzt haben wir schon drei Spezialisationen und jetzt gleich am besten und am meisten diese letzte Spezialisation „Deutsch im Beruf" und die Translatologie ist zurückgegangen. Der Markt ist auch gesättigt, der Arbeitsmarkt, muss man auch sagen, also man braucht nicht mehr so viele Dolmetscher/Übersetzer […]. [Interview Knipf-Komlósi Juni 2018]

Die Ergebnisse einer Online-Befragung (Tichy 2012: 141 ff.) von Germanisten in leitender Funktion aus dem Jahr 2012 ergab: Alle Befragten konstatieren

85 Vgl.http://www.bpb.de/politik/hintergrund-aktuell/69129/parlamentswahl-in-ungarn-12-04-2010 [Stand: 03.05.2018].

86 Schnier, Beate (o.J.): Land im Umbruch – Neuere politische Entwicklungen in Ungarn https://www.daad.de/medien/ic_bericht_ungarn.pdf [Stand: 01.04.2018].

87 Ebenda.

einen Rückgang an Deutschlernern in den Schulen und Studierenden in der universitären Deutschlehrerausbildung. Bei der Evaluation des Ist-Zustandes wurden die folgenden ursächlichen Aspekte häufiger genannt: (1) externe Faktoren wie die Globalisierung, die Position des Englischen bei der Sprachenwahl im europäischen Kontext, Englisch als lingua franca in deutschen Unternehmen, ein Prestigeverlust des Deutschen; (2) interne Faktoren wie sprachen- und bildungspolitische Entscheidungen, die Qualität der Lehrerausbildung, die Bedeutung des Deutschlernbeginns bereits in der Grundschule sowie die besondere Schwierigkeit, auf der Grundlage des Ungarischen als Muttersprache Deutsch zu lernen. Von den meisten Experten wird die zunehmende Globalisierung als ein entscheidender Grund für den Rückgang des Deutschen und den gleichzeitigen Anstieg des Englischen in allen Bildungsinstitutionen gewertet.

> Das Fach Deutsch als Fremdsprache hat hohes Ansehen in allen genannten Bereichen", so eine ungarische Hochschullehrerin, „es hat sich etabliert, trotzdem kämpft es mit Problemen, die aber nichts mit dem Fach zu tun haben, es ist eine Folgeerscheinung der Globalisierung. (Tichy 2012: 143)

Auch die Qualität der Lehrerausbildung selbst wird als ein Faktor wahrgenommen, der für die Durchsetzungsfähigkeit des Deutschen eine entscheidende Rolle spielt:

[…] daher wage ich zu behaupten, dass die Lehrerausbildung immer noch sehr kopflastig ist und die Vorbereitung auf die Herausforderungen der Praxis meistens zu kurz kommt. Das ist natürlich stark verallgemeinernd, denn nicht an allen Universitäten und Hochschulen sind die Ausbildungsinhalte gleich und die Qualität der Ausbildung hängt z.T. von der Einstellung des Lehrerteams zum Fach bzw. von seinem Engagement ab, aber andererseits finde ich diese Art von ‚Zufälligkeit' nicht unbedingt akzeptabel, und würde mir wünschen, dass man sich an einem Standard orientiert, den man aber zuerst in universitäts- und hochschulübergreifenden fachlichen Diskussionen genau ausarbeiten sollte. […] Insgesamt denke ich, dass sowohl die sprachliche als auch die methodische Aus- und Fortbildung der Deutschlehrkräfte auf eine neue Basis gestellt werden sollte, damit sie mit den neuen Anforderungen mithalten können. [Online-Befragung Tichy 2012, U.M./anonym]

Einerseits hat sich die Fremdsprachendidaktik im Vergleich zu Vorwendezeiten erheblich verändert, Fremdsprachen werden nun mit einem deutlich merkbaren Anspruch auf kommunikative Kompetenz vermittelt; auch nimmt die fachdidaktische Ausbildung in den Curricula mehr Raum ein, andererseits gibt genau diese Entwicklung Anlass zu Kritik, wenn sie zulasten der Sprachausbildung ausfällt:

Didaktik war schon irgendwie immer ein Zankapfel irgendwie in der Germanistik, nicht nur in der Germanistik überhaupt, in der Fremdsprachenphilologie, also Didaktik wurde lange Zeit nicht als eigentlicher und selbstständiger Forschungsbereich angesehen und etwas hat sich geändert, aber als, wie Sie auch richtig sagten, 2005–2006 der Bologna-Prozess auch in Ungarn eingeführt wurde, da hat eigentlich die Didaktik in ganz Ungarn mehr zugegriffen und eine zu große Sparte für sich herausgeschnitten. Das heißt: In dieser Zeit seit 2005–2006 nimmt für meine Begriffe die Didaktik eine zu große Rolle auf Kosten des Sprachgebrauchs, früher und auch heute ist es noch so, dass die, dass in der Germanistik wie auch in allen Fremdsprachenphilologien der Unterricht in der Fremdsprache gehalten wird. [Interview Bassola Mai 2018]

Da Deutsch überwiegend als zweite Fremdsprache in der Regel nach Englisch erst ab dem Gymnasium an den Schulen unterrichtet wird, nehmen die Deutschkenntnisse der Schulabgänger merklich ab. Dies macht sich bei den Sprachkenntnissen der Studienanfänger in der Germanistik bemerkbar; die Sprachausbildung muss im Rahmen des Studiums daher einen zunehmend großen Raum einnehmen.

Die Zahl der Immatrikulationen im Bachelorstudium sinkt weiterhin, eklatanter ist jedoch der massive Rückgang an Interessenten für ein Masterstudium, das wegen der geringen Nachfrage nur noch an den großen Universitäten des Landes angeboten wird. Bezüglich des Lehramtsstudiums wird die Bologna-Reform zurückgenommen und in eine reformierte Fassung der Vor-Bologna-Zeit zurückgeführt.

Diese verfehlte Deutschlehrerausbildung im Bologna-Prozess versuchte man in Ungarn mit einer auf ministerialer Ebene gefällten Entscheidung eigentlich zu korrigieren und das war die sogenannte nichtmodulare Lehrerausbildung, die man in Ungarn eingeführt hatte für die Sekundarstufe 4 + 1 Jahre, ein Jahr, das erste Jahr, ist das Referendariat, und für das Gymnasium 5 Jahre Uni und ein Jahr Referendariat. Und das läuft jetzt. [Interview Knipf-Komlósi Juni 2018]

Das Studium bzw. die Curricula orientieren sich immer mehr an den pragmatischen Anforderungen des Arbeitsmarktes, das traditionell-philologische Germanistikstudium verliert zunehmend an Interesse.

Also, ich sehe immer mehr, dass ohne Literaturausbildung oder ohne literarische Kenntnisse… Eine Sprache kann man lernen, aber nicht die Mentalität, Kultur, Geschichte usw., also, mir tut es sehr leid, aber auf der anderen Seite sehe ich das ganz klar, dass wir da nicht jammern müssen, sondern einfach uns auf diese Sache einstellen müssen. Ein schwindend geringer Teil unserer Studierenden wird Philologie weitertreiben können, einfach vom Verlag her. Was heißt Verlag? Früher waren große Verlage, jetzt ist es alles privat und Bücher kommen raus ohne Kontrollredaktion usw. Ich könnte darüber Ihnen sehr viel erzählen, aber das ist jetzt nicht der … Das gehört nicht hierher. Also, ein geringer Teil unserer Absolventen werden in der Philologie oder im philologischen Bereich arbeiten, vielleicht auch arbeiten wollen, dafür aber immer mehr in dem Wirtschaftsleben […]. [Interview Masát Juni 2018]

Trotz der Entwicklungen der zweiten Dekade des neuen Jahrtausends herrscht doch Sicherheit darüber, dass die deutsche Sprache wieder an Bedeutung gewinnen würde, denn zum einen zeichnete sich ab, dass in Zukunft das Interesse – schon aufgrund der wirtschaftlichen Stärke Deutschlands im gegenwärtigen Europa, vor allem als Handelspartner Nr. 1 in Ungarn – wieder steigen würde. Dafür sprechen die zunehmende Ansiedlung internationaler und deutscher Unternehmen und deren Nachfrage nach Germanisten mit sehr guten Englisch- und Deutschkenntnissen. Zum anderen sprachen die Vergangenheit Ungarns, die historische Verbundenheit mit dem deutschen Sprachgebiet und die Traditionen der ungarndeutschen Minderheit für eine sichere Zukunft der deutschen Sprache und Kultur.

4.3.5. Rumänien

Im April 2011 trafen sich auf Einladung des Deutschen Akademischen Austauschdienstes (DAAD) Vertreterinnen und Vertreter germanistischer Institute Rumäniens, um über Probleme, Besonderheiten ihres Faches, Strategien zur Bestandssicherung und insbesondere über Zukunftsperspektiven zu sprechen und sich zu beraten.[88] Dieses Rundtischgespräch, an dem Germanistinnen und Germanisten aus Bukarest, Hermannstadt, Jassy, Klausenburg, Kronstadt, Suczawa und Temeswar teilnahmen, legte die zentralen Probleme und Herausforderungen offen: sinkende Immatrikulationszahlen, die Umsetzung des neuen Unterrichtsgesetzes, die Deutschlehrerausbildung, die weiterhin abfallenden Deutschkenntnisse von Studienbewerbern und die daraus resultierenden curricularen Einschränkungen und Änderungen, Maßnahmen zur Internationalisierung bzw. Kooperationen auf lokaler, nationaler und internationaler Ebene. Einschlägig beklagen alle germanistischen Institute den Rückgang an deutschen Sprachkenntnissen bei den Studienanfängern. Es sind nicht mehr größtenteils die Absolventinnen und Absolventen der Schulen, die überwiegend Unterricht in deutscher Sprache erhalten haben und somit mit hervorragenden Deutschkenntnissen an die Universitäten gehen. Gerade diese

---

88 Vgl. das Protokoll zum Rundtischgespräch *Perspektiven der Germanistik in Rumänien* am 8. April 2011 in Rosenau/Rumänien. U.M.

Zielgruppe entscheidet sich nach der Öffnung der Grenzen, zunehmender Internationalisierung und einem immer umfangreicher werdenden Angebot an deutschsprachigen Studiengängen innerhalb des Landes nicht mehr unbedingt für ein Studium der Germanistik. Die Bewerberinnen und Bewerber sind nun auch Absolventen rumänischer Schulen mit einem Deutsch-als-Fremdsprache-Abschluss, der zwischen den Levels A1 bis B1 variieren kann und sogar sogenannte Nullanfänger ohne jegliche Deutschkenntnisse streben ein Studium der Germanistik an.

Aufgrund des Rückgangs an Bewerbern und den Auflagen des Ministeriums (Mindestzahl an Studierenden/Pro-Kopf-Finanzierung) werden diese nicht abgelehnt. So entstehen sprachheterogene Lernergruppen, für die Vorlesungen und Seminare nun überwiegend in rumänischer Sprache abgehalten werden. Zum Teil werden zusätzliche Deutschkurse angeboten und/oder binnendifferenziert. Große Universitäten wie in Bukarest bieten Intensivkurse für Nullanfänger an. Die personelle Ausstattung an kleineren Lehrstühlen kann hingegen dieses Angebot nicht machen. Trotz der prekären Situation, so ein Ergebnis der Arbeitsgruppen im Rahmen des Treffens in Rosenau, sollen philologische Inhalte nicht reduziert werden. Eines der wesentlichsten Themen ist somit die Profilwahrung germanistischer Institute – *Neuprofilierung ohne Qualitätsverlust* ist das erklärte Ziel.

Bestandssicherung ist ein weiterer wichtiger Diskussionspunkt: Das rumänische Bildungsgesetz legt fest, wie der finanzielle Berechnungskoeffizient (Pro-Kopf-Finanzierung) für die Mindesteinschreibezahlen auszusehen hat. Studiengänge an germanistischen Instituten, die die Mindestzahl an Immatrikulationen nicht aufbringen können, werden abgewickelt. Mit einer Degradierung zu Germanistik als B-Fach/Nebenfach, im schlimmsten Fall mit Entlassungen oder sogar der Schließung germanistischer Institute muss gerechnet werden. So wird die Rekrutierung von Studierenden zu einem ernsten Anliegen. Werbe- und Informationsveranstaltungen an Schulen, professionelles Marketing, Informationsvermittlung in öffentlichen Medien sind zunehmend Maßnahmen zur Bestandssicherung. Letztlich steigt auch das Konkurrenzverhalten der germanistischen Lehrstühle untereinander im Lande. In Informationsveranstaltungen an den deutschsprachigen Lyzeen versucht man, zukünftige Studierende für die Studiengänge am eigenen Standort zu rekrutieren.

Das neue Bildungsgesetz legt auch fest, dass eigenständige Lehrstühle eine bestimmte Anzahl an angestellten Hochschullehrern (Anzahl in der Germanistik 25) benötigen, andernfalls werden mehrere Lehrstühle zu einem Departement zusammengelegt. Diese Entscheidung wird gerade von kleineren

Lehrstühlen abgelehnt. Sie führen vor allem, wie für die Germanistiken in Temeswar und Hermannstadt zu einen Prestige- und Profilverlust. Auch ist es ungleich schwieriger, die Interessen des eigenen Lehrstuhls durchzusetzen.

Aufgrund des neuen Unterrichtsgesetzes wurden die Lehrstühle auf Landesebene aufgelöst und es wurden größere Strukturen aufgebaut, die sogenannten Departements. Zurzeit gehören alle Fremdsprachen an der West-Universität Temeswar zu einem Mammut-Departement und dieses heißt „Das Departement für Fremdsprachen und Literatur" und wir gehören eigentlich dazu.

Ich glaube es wird keine direkten Konsequenzen auf die Ausbildung der Studentinnen und Studenten haben. Es hat aber Auswirkungen, meines Erachtens, für das Prestige des Lehrstuhls, denn als selbstständige Einheit zählen wir bedeutend mehr als ein kleines Mitglied eines Mammut-Departements mit 95 Mitgliedern. Ich glaube, wir hätten es verdient, als selbstständiger Lehrstuhl zu verbleiben, zumal wir uns durch zwei wesentliche Aspekte von den anderen ehemaligen Lehrstühlen bzw. Fremdsprachen unterscheiden. In erster Linie bilden wir auch Studentinnen und Studenten für Deutsch als Muttersprache aus. Das ist ein sehr wichtiger Aspekt in einer Region Rumäniens, in der noch 40 % der deutschsprachigen Bevölkerung lebt. Ein anderer wichtiger Grund für das Beibehalten des Lehrstuhls ist eigentlich die Tatsache, dass Herta Müller, unsere Absolventin, den Nobelpreis für Literatur 2009 erhalten hat und dadurch wurde die Universität sehr gut eingestuft. In einer Hierarchie der Universitäten auf Weltebene stehen wir eigentlich sehr gut da, dank dieser Tatsache. Leider wurden diese Aspekte nicht in Betracht gezogen, als es eigentlich um das Zusammenlegen der Lehrstühle ging. Vorrangig war der finanzielle Aspekt. [Stand und Perspektiven der Temeswarer Germanistik. Gespräch mit Prof. Dr. Roxana Nubert – Mammut-Departement ersetzt Lehrstühle; Banater Zeitung vom 29.08.2011]

Es ist ein Meilenstein und ein Meilenstein im negativen Sinne, würde ich sagen. Ich habe die Germanistik geleitet von 2004 bis 2011 als selbstständige Abteilung und kann sagen, die Germanistik hat als eine Einheit gewirkt. Wir haben zusammen Tagungen organisiert, alle Lehrstuhlmitglieder haben sich beteiligt mit Referaten, alle Kollegen haben ihre Dissertationen in dieser Zeitspanne geschrieben. Am Lehrstuhl sind zurzeit alle promoviert, so, im Fach Germanistik ob jetzt Literatur oder Sprache. Und dann, am 1. Januar 2011 ist das neue Bildungsgesetz in Kraft getreten, nach dem wir mit leichten Änderungen auch jetzt arbeiten, und da wurde festgehalten, dass man die Lehrstühle nicht mehr als selbstständige Lehrstühle bezeichnet, sondern als Departments. Es wurde keine Anzahl an Lehrkräften als Mindestanzahl angeführt, doch die Leitung der Universität hat gesagt, ein Department soll nicht weniger als 25 Mitglieder haben. Unter diesen Umständen gab es dann nur eine Variante, dass zwei Lehrstühle gekoppelt werden. Und wir wurden dann gekoppelt mit Anglistik, mit denen wir gar nichts gemeinsam haben und hatten. Ich wurde zwar damals gewählt als erste Direktorin dieses Departments, doch gab es dann Schwierigkeiten, was die Kohärenz dieses Departments betrifft. Ich kannte nicht einmal die Hälfte der Leute, der Kollegen, der Dozenten von der Anglistik. Aber: Warum habe ich gesagt, dass sich das negativ ausgewirkt hat auf die Germanistik? Seitdem ich nicht mehr Direktorin bin, habe ich nicht mehr die Entscheidungskraft und da, wenn ich jetzt nicht als Freiwillige hier arbeite, um etwas durchzusetzen bei der Germanistik, passiert nichts. Also, der Kollege, der uns jetzt leitet, von der Anglistik, hat nicht viel Interesse an der Germanistik, also in dieser Situation und deshalb kann ich hundertprozentig sagen, dass sich diese Departmentsbildung negativ ausgewirkt hat auf die Evolution der Germanistik. [Interview Sass Mai 2018]

In der zweiten Dekade des neuen Jahrtausends ist die Immatrikulationsquote in Studiengängen an germanistischen Instituten weiterhin rückläufig. Dabei muss berücksichtigt werden, dass die Geburtenrate seit 1989 kontinuierlich sinkt und spätestens 2010 auch den tertiären Bildungssektor erreicht hat. Andererseits steigt das Interesse am studienbegleitenden Deutschunterricht an Universitäten ab 2000 kontinuierlich. Es ist davon auszugehen, dass die Zahl der studienbegleitenden Deutschlerner mittlerweile höher als die der Studierenden in Studiengängen der Germanistik ist. Während die Zahl der Deutschlerner – nicht nur an Universitäten – steigt, nimmt das Interesse an einer philologischen Ausbildung ab. Immer weniger (ca. 50 %) Studierende belegen das sogenannte „Pädagogische Modul", was als Lehrbefähigung für den Deutschunterricht an Schulen absolviert werden muss. Teilweise haben Absolventinnen und Absolventen, die den Lehrerberuf anstreben, nur das Sprachniveau B1.[89]

4.3.6. Entwicklungen im Ländervergleich

Signifikante Merkmale der zweiten Dekade im neuen Jahrtausend sind rückläufige Studierendenzahlen, sinkende Deutschkenntnisse bei Studienanfängern und bildungspolitische Eingriffe, die das Primat des Englischen als Fremdsprache an Schulen beenden und Deutsch – sowie andere Fremdsprachen– als obligatorisches Wahlpflichtfach an Schulen fordern und durchsetzen. Bildungsreformen zwingen Universitäten sich auf veränderte Marktgegebenheiten einzustellen und anzupassen, was sich sowohl in Neustrukturierungen und Zusammenlegungen von Hochschulen äußert, wie auch in der Forderung

89 Vgl. Protokoll zum Rundtischgespräch *Perspektiven der Germanistik in Rumänien* am 8. April 2011 in Rosenau/Rumänien. U.M.

nach einer intensiveren Zusammenarbeit mit dem sozioökonomischen Marktumfeld, um Absolventinnen und Absolventen bessere Berufsmöglichkeiten zu gewährleisten. Bildungsreformen geben Universitäten mehr Entscheidungsfreiheit bei der Gestaltung der Studiengänge.

In **Ungarn** sinkt die Zahl der Immatrikulationen im Bachelorstudium weiterhin, eklatanter ist jedoch der massive Rückgang an Interessenten für ein Masterstudium, das wegen der geringen Nachfrage nur noch an den großen Universitäten des Landes angeboten wird. Bezüglich des Lehramtsstudiums wird die Bologna-Reform zurückgenommen und in eine reformierte Fassung der Vor-Bologna-Zeit zurückgeführt.

Das Germanistische Institut der ELTE in Budapest reagiert mit der Revision der Curricula 2017 auf den Rückgang an Studierendenzahlen im MA-Programm mit Spezialisierungen nach inhaltlichen Schwerpunkten – germanistische Philologie, Wirtschaftskommunikation Deutsch, (interkulturelle) Kulturvermittlung –, die den Anforderungen des Arbeitsmarktes in Ungarn Rechnung trugen.

In **Rumänien** sind es nicht mehr größtenteils die Absolventen der Schulen, die überwiegend Unterricht in deutscher Sprache erhalten haben, es sind zunehmend Absolventen rumänischer Schulen mit einem Deutsch-als-Fremdsprache-Abschluss oder Nullanfänger, die ein Studium der Germanistik anstreben. Die Pro-Kopf-Finanzierung und die Auflagen, eine Mindestzahl an Studierenden in den Studiengängen nachzuweisen, zwingt Universitäten, diese Bewerber nicht abzulehnen.

Das Bildungsgesetz von 2011 in Rumänien legt u.a. fest, dass eigenständige Lehrstühle eine bestimmte Anzahl an angestellten Hochschullehrern (Anzahl in der Germanistik 25) benötigen, andernfalls werden mehrere Lehrstühle zu einem Departement zusammengelegt. Diese Entscheidung wird gerade von kleineren Lehrstühlen abgelehnt. Sie führen vor allem zu einen Prestige- und Profilverlust.

Bildungspolitische Novellierungsansätze in **Polen** (2011) verfolgen im Wesentlichen eine Steigerung der Effizienz und Transparenz mit ihren Reformen: Finanzierung einer Hochschule nach einem zentralen Wettbewerbsmodell, ein Modernisierungsgesetz, das akademische Laufbahnen in Zukunft effizienter machen soll und neue Studienmodelle. Studienpläne und Studienprogramme werden in die Kompetenz der Hochschulen gestellt; eigenverantwortlich dürfen neue Studiengänge eingeführt werden. Das neue Hochschulgesetz in Polen fordert, mit dem wirtschaftlichen und sozialen Umfeld der Universität zusammenzuarbeiten.

2018 schafft das Ministerium in Polen die Pro-Kopf-Finanzierung ab und führt einen Quotienten (pro Dozent 14 Studierende) ein. Die Internationalisierung der Universitäten soll verbessert werden, zum einen durch mehr internationale Studierende an polnischen Universitäten, zum anderen durch mehr Studienaufenthalte polnischer Studierender im Ausland.

2016 trat in **Tschechien** eine Novellierung des Hochschulgesetzes in Kraft, das das seit 1998 bestehende Hochschulgesetz ersetzt. Wichtige Änderungen betreffen die Qualitätssicherung der Hochschulbildung und das Akkreditierungsverfahren. Genehmigungen werden jetzt für das gesamte Studienfach und nicht mehr für einzelne Studiengänge erteilt. Einzelne Studiengänge können dann von den Hochschulen selbstständig ausgeschrieben werden. Mit der neu gewonnenen Autonomie können auch fakultätsübergreifende Studienprogramme konzipiert werden.

Die Immatrikulationszahlen an Hochschulen und Universitäten gehen kontinuierlich zurück. Um den Bestand von Studiengängen an germanistischen Instituten halten zu können, wird eine Mindestzahl von Studierenden gefordert, die oft nur mit Werbe- und Informationsveranstaltungen an Schulen, professionellem Marketing und Informationsvermittlung in öffentlichen Medien gesichert werden können. Auch steigt unter diesen prekären Umständen das Konkurrenzverhalten der germanistischen Lehrstühle untereinander.

Die Schulpolitik forciert vor allem Englisch als Fremdsprache in den Grundschulen und weiterführenden Schulen; andere Fremdsprachen, allen voran Deutsch, werden vernachlässigt.

Erst auf Druck der germanistischen Landesverbände, der Schulen selbst, der deutschen Botschaften und der Industrie- und Handelskammern in **Tschechien** und der **Slowakei** gelingt es, Deutsch wieder zu einer stabilen Position als zweite Fremdsprache in den Schulen zu verhelfen.

2015 wurde in der **Slowakei** per Schulgesetz Englisch zur einzigen Pflichtfremdsprache erklärt; das Erlernen einer zweiten Fremdsprache ist lediglich fakultativ, d.h. sie lag im Ermessen von Schulleitern, Eltern und Lernern. Diese diskriminierenden Rahmenbedingungen des Fremdsprachenunterrichts in der Slowakei hatten zur Folge, dass die deutsche Sprache immer mehr an Bedeutung verlor, obwohl sie in deutschsprachigen Unternehmen nach Englisch die zumeist geforderte und gebrauchte Fremdsprache war. Erst 2018 wird die Fremdsprachenwahl in der Slowakei liberalisiert, was die Möglichkeit eröffnet, auch Deutsch als erste Fremdsprache an den Schulen zu erlernen.

Auch in **Tschechien** ist eine bedeutende Anzahl deutscher und österreichischer Firmen, Banken und Investoren ansässig, in denen neben Englisch Deutsch eine der wichtigsten Unternehmenssprachen darstellt. Auch hier gelingt es mit Projekten und Kampagnen („Šprechtíme") den Stellenwert des Deutschen als Fremdsprache aufzuwerten. Mit dem Schulgesetz aus dem Jahr 2013 wird in Tschechien die zweite Fremdsprache im Grundschulbereich wieder eingeführt. Mit der Verpflichtung, eine zweite Fremdsprache anzubieten, kann sich Deutsch als Fremdsprache einen festen zweiten Platz in der Sprachenfolge sichern.

In allen Referenzländern wächst die Vielfalt an Studienangeboten; mit einer Erweiterung und Modifizierung von Spezialisierungen im Rahmen von Germanistikstudiengängen findet die Berücksichtigung arbeitsmarktorientierter Anforderungen ihren Niederschlag, sowohl hinsichtlich des lokalen als auch globalen Marktes. Mit dem EU-Beitritt stehen den Lehrkräften und Studierenden seit 2004 bzw. 2007 erweiterte Forschungs- und Studienstipendien zur Verfügung.

Die Ansiedlung internationaler Unternehmen in dieser Region nimmt kontinuierlich zu; damit wächst der Arbeitskräftebedarf nach Fachkräften mit ausgewiesen guten Deutsch- und Fachkenntnissen. Es existiert ein erheblicher Bedarf an Wirtschaftsdeutsch in allen fünf Referenzländern, in denen zudem Deutschland der wichtigste Handelspartner ist.

5. Transformationsprozesse – Meilensteine der Entwicklung in den Referenzländern

Transformationsprozesse kennzeichnen die Germanistik in den Referenzländern Mittelosteuropas der letzten siebzig Jahre. Eine Verlagerung von einer Inlands- zur Auslandsgermanistik, von einer traditionell philologisch orientierten Germanistik zu einer „erweiterten Germanistik", die sich am regionalen und globalen Arbeitsmarkt orientiert, ist dabei offensichtlich.

Als Meilensteine der Zeitperiode von 1945 bis 1989 sind zu bezeichnen:

- das Ende des Zweiten Weltkrieges
- die Vertreibung und Flucht bzw. Massenausweisungen der deutschen Minderheiten legitimiert durch das Potsdamer Abkommen im August 1945,
- Stalins Tod und Volksaufstände (Tauwetter) sowie
- DDR-Kooperationen und bedingt auch Westkontakte

Nach dem Zweiten Weltkrieg war das Ansehen der deutschen Sprache und Kultur auf einem Tiefpunkt angelangt, aus dem öffentlichen Leben wurde die deutsche Sprache verbannt und eine Wiederbelebung der Germanistik war zunächst nicht vorstellbar. Der Deutschunterricht wurde aus den Lehrplänen der Schulen gestrichen und Russisch als verbindliche Fremdsprache an Schulen und Universitäten eingeführt. **Rumänien** war das einzige Land in Mittel- und Osteuropa, das der deutschen Minderheit weiterhin den Gebrauch der deutschen Sprache in der Öffentlichkeit erlaubte, Schulen mit deutschsprachigem Unterricht durften weiterhin bestehen.

Vertreibung, Flucht und Massenausweisungen verminderten den Anteil der deutschstämmigen Minderheit erheblich. So verschwand innerhalb weniger Monaten eine wichtige Zielgruppe potenzieller Studierender der Germanistik; vor allem auch angesehene Professoren der Germanistik, die für den Wiederaufbau universitärer Strukturen des Faches von immenser Bedeutung gewesen wären, verließen das Land.

Mit dem Tod von Stalin im Jahre 1953 kam in den Folgejahren mit dem so genannten „Tauwetter" spürbare Erleichterung und erreichte auch die Universitäten.

In den osteuropäischen Ländern – mit Ausnahme **Rumäniens** – entspannte sich die politische Situation nach 1953 zunehmend. Der Volksaufstand 1956 in **Ungarn** und **Polen** brachte trotz Niederschlagung eine Liberalisierung in Politik, Wirtschaft und Kultur. Gefordert wurde u.a. auch die Abschaffung von

Russisch als Pflichtfach bzw. einzig zugelassener Fremdsprache an Schulen und Universitäten mit Erfolg, sodass 1957 das Erlernen einer zweiten Fremdsprache (Deutsch oder Englisch) an höheren Schulen in **Ungarn** gestattet wurde. Mitte der 1950er-Jahre führte man den Deutschunterricht in der **Tschechoslowakei** wieder ein und bildete an den germanistischen Instituten Deutschlehrer aus. Die Tätigkeit an den Universitäten in der **Tschechoslowakei** beschränkte sich auf diese Ausbildung von Lehrkräften für den Deutschunterricht. 1966 wurde die Germanistik als selbstständiger Lehrstuhl in Bratislava erneut eingerichtet.

Nach 1956 wurde Deutsch in **Polen** wieder zu einem gefragten Unterrichtsfach. Die Germanistik in Warschau nahm 1960 ihren Arbeitsbetrieb wieder auf, in den Nachfolgejahren auch die Germanistiken in Krakau, Toruń und Łódź. Die Studienprogramme der Germanistik wurden sukzessive reformiert und den Bedürfnissen einer modernen Deutschlehrerausbildung angepasst.

Auch in **Rumänien**, Temeswar, gab es im Oktober 1956 eine Protestbewegung, die niedergeschlagen wurde, das „Tauwetter" hatte in **Rumänien** nur schwache Auswirkungen. Anstelle einer Entstalinisierung kam die neue Herrschaftsideologie des absoluten Kommunismus unter Ceaușescu auf. Dennoch führte man 1956 in **Rumänien** die westlichen Sprachen an Universitäten wieder ein und allmählich wurden auch die Germanistiklehrstühle an den großen Universitäten in Klausenburg, Jassy und Temeswar erneut aktiviert.

In alle Referenzländer wurden Lektoren aus der DDR vermittelt, die Wege aus der wissenschaftlichen Isolation ebneten. Auch Forschungsaufenthalte und das Studium an DDR-Hochschulen waren möglich und bereicherten die wissenschaftliche Entwicklung. Ab Mitte der 1960er-Jahre waren bescheidene Kontakte und Austauschprogramme zu westlichen Universitäten möglich.

Anders verlief die Entwicklung in **Rumänien**: Die Kulturpolitik der kommunistischen Diktatur und die Isolation Rumäniens verstärkte sich Mitte der 1970er-Jahre und erreichte in den späteren 1980er-Jahren ihren Höhepunkt. Der Mangel an Fachliteratur und an Kontakten zur Forschungslandschaft in den deutschsprachigen Ländern führte zur Profillosigkeit der rumänischen Germanistik, deren Abteilungen in den größeren Universitätszentren zu Nebenfachabteilungen degradiert wurden. Die Germanisten **Rumäniens** besannen sich auf die kulturellen Traditionen und die Literatur der deutschen Minderheit, ihre Vermittlung und Pflege, was zu einer spezifischen Schwerpunktsetzung der Forschungstätigkeit führte und ein eigenes Verständnis von der Inlandsgermanistik aufkommen ließ. Wie in **Rumänien** auch, gehörte die Erforschung der deutschen Sprache und Kultur, d.h. der Sprachinselmundarten und der mittelalterlichen Kanzleisprache in der Tschechoslowakei zu den traditionellen Forschungsschwerpunkten.

Die Wendejahre sind durch die folgenden Meilensteine gekennzeichnet:

- den politischen Umbruch und den Wandel in der Bildungspolitik
- Neugründungen von Universitäten und Hochschulen sowie Privatuniversitäten
- Zunehmende Internationalisierung der Hochschulen und die Öffnung des Marktes/Ansiedlung internationaler Unternehmen

Die Wende 1989/1990 brachte Jahre des Aufbaus und des Aufschwungs der Germanistik in diesen Ländern Mittelosteuropas. Der politische Umbruch markierte, wie in allen ehemaligen kommunistischen Staaten, auch einen Wandel in der Bildungspolitik. Dies äußerte sich zunächst in einer fortschreitenden Dezentralisierung und zunehmenden Autonomie der Universitäten. Zudem wurde die Gründung privater Hochschulen ermöglicht.

War die Hochschulbildung bis zur Wende in diesen Ländern den Eliten vorbehalten, wuchsen nach 1990 die Immatrikulationszahlen – nicht nur – im Fachgebiet der Germanistik gewaltig. Die zurückerlangte Selbstverwaltung ermöglichte Universitäten, ihre Lehrpläne und Prüfungsthemen selbst zu bestimmen und über den Auf- und Ausbau ihrer Philologien zu entscheiden. Infolge dieser neu gewonnenen Freiheit wurden länderübergreifend die Germanistiken an den ehemaligen Standorten in ihrer vorherigen etablierten Struktur wieder legitimiert und neue Hochschulen und Universitäten gegründet. Es kam zu einer regelrechten Gründungswelle von Berufshochschulen und nichtstaatlichen Hochschulen. 1989 wird die Germanistik in Oppeln/Schlesien gegründet, dem größten Siedlungsgebiet der deutschen Minderheit innerhalb **Polens**. Sie wird Anfang der 1990er-Jahre auf- und ausgebaut und widmet sich in Forschung und Lehre insbesondere dieser regionalen Spezifik. In **Rumänien** kommen zu den fünf bestehenden großen Lehrstühlen Neugründungen von Fakultäten mit germanistischer Haupt- oder Nebenfachausbildung z.B. in Kronstadt/Braşov, Craiova, Konstanza/Constanţa und Suceava hinzu, auch Privatuniversitäten z.B. in Neumarkt/Târgu Mureş (Sapientia-Universität) oder in Großwardein/Oradea (Christliche Universität Partium) wurden gegründet. In der **Slowakei** entstehen den 1990er-Jahren mehrere neue Universitäten, die das Studienangebot der bereits existierenden Universitäten in Pressburg und Preschau ergänzten: Neutra/Nitra, Tyrnau/Trnava und Neusohl/Banská Bystrica. Nach der „samtenen Revolution“ erlebte auch die Germanistik in **Tschechien** einen großen Aufschwung. Innerhalb von wenigen Jahren wurden neue Universitäten und neue germanistische Lehrstühle gegründet, sodass ihre Anzahl von vier vor 1989 existierenden Lehrstühlen auf 17 stieg.

In allen Referenzländern gab es massive Schwierigkeiten mit der personellen Deckung des Unterrichts. Für die Akkreditierung neuer Studiengänge war der Nachweis wissenschaftlicher Qualifizierung notwendig. Es herrschte ein eklatanter Mangel an qualifizierten Wissenschaftlern. Die mangelhafte Versorgung mit Fachliteratur und -personal erschwerte den Wiederaufbau. Die Zahl der Studienbewerber war wesentlich höher, als die Lehrstühle aufnehmen konnten.

Nach der Wende wurde das Fremdsprachenangebot auf allen Bildungsebenen in diesen Ländern erweitert und Russisch als obligatorische Fremdsprache abgeschafft, was einen nie da gewesenen Aufschwung der westlichen Fremdsprachenphilologien auslöste.

Mit der freien Sprachenwahl an Schulen sank das Interesse an Russisch als Fremdsprache und andere Fremdsprachen; vornehmlich Deutsch und Englisch wurden nachgefragt.

Bis heute behauptet sich Deutsch als zweite Fremdsprache in allen Referenzländern.

Jedoch herrschte ein gravierender Mangel an Fremdsprachenlehrkräften, dem man in **Ungarn** und **Polen** mit der Einführung eines intensiven dreijährigen Lehramtsstudiums sowie mit der Umschulung von Russischlehrern zu Deutsch-, Englisch-, oder Französischlehrern entgegenwirken wollte.

Nach dem Zusammenbruch des Kommunismus 1989 und der Öffnung der Grenzen kam es zu einem Massenexodus der deutschen Bevölkerung aus **Rumänien** in die Bundesrepublik Deutschland. Die traditionsreichen ehemaligen „deutschen Schulen" wurden nun mehrheitlich von rumänischen Schülern besucht.

Vor der Wende bestand die Zielgruppe an germanistischen Instituten fast ausschließlich aus Angehörigen der deutschen Minderheit mit muttersprachlichen Sprachkompetenzen, nun mussten sich germanistische Institute zunehmend auf Studierende mit Fremdsprachenkompetenz Deutsch einstellen und die vormals an der Inlandsgermanistik ausgerichteten Lehrinhalte revidieren. Diese Realität zwang die Institute curriculare Änderungen aus eigener Initiative umzusetzen, um die sprachlichen Kompetenzen zukünftiger Germanistikabsolventen zu verbessern.

Die Curricula an den germanistischen Instituten in **Ungarn, Rumänien** und der **Slowakei** orientierten sich in den ersten Jahren nach der Wende weitgehend an der Inlandsgermanistik, sie waren traditionell philologisch geprägt, wobei das zentrale Ausbildungsziel das Lehramt für Deutsch als Fremd- und Muttersprache war. In den anderen Ländern war das Curriculum – wie bereits vor der Wende – der traditionellen Germanistik verpflichtet und damit der Sprach- und Literaturwissenschaft.

Auch sollten nach den Jahren der Isolation eine Annäherung an das deutschsprachige Ausland und Kontakte zur Binnengermanistik wiederhergestellt und damit ein entscheidender Schritt zur Internationalisierung germanistischer Institute gemacht werden. So wurden Landesverbände der Germanistik gegründet, kontinuierlich Kontakte und Angebote für Institutspartnerschaften, Stipendien- und Dokumentationsaufenthalte erneuert oder überhaupt erstmals wahrgenommen.

Hauptziel des Germanistikstudiums blieb die Ausbildung von Deutschlehrern, aber neben dem Berufsfeld „Schule" gewinnt nun mit der Öffnung der Grenzen der Beruf des Übersetzers und Dolmetschers an Bedeutung und findet ebenfalls Eingang in die Curricula der Germanistik.

Durch die zunehmende Ansiedlung internationaler Unternehmen werden Fachkräfte mit sehr guten Sprachkenntnissen (Englisch und Deutsch) gebraucht. Schon in den 1990er-Jahren ist es keine Seltenheit, dass Absolventen der Germanistik nicht im Lehramt tätig sind, sondern in die Wirtschaft gehen, die wesentlich bessere Gehälter zahlt.

Meilensteine der Jahrtausendwende und der ersten Dekade sind:

- der demografische Wandel,
- die Bologna-Reform,
- der EU-Beitritt und
- bildungspolitische Eingriffe.

In den Jahren nach der Jahrtausendwende sind vor allem der demografische Wandel, der Bologna-Prozess und bildungspolitische Eingriffe für die Entwicklung der Germanistik entscheidend. Zudem eröffnen sich neue Perspektiven durch den EU-Beitritt, die Globalisierung und Arbeitnehmerfreizügigkeit.

Der demografische Wandel führt zu einem eklatanten Rückgang der Studierendenzahlen – nicht nur in der Germanistik. In allen Referenzländern geht die Zahl der Immatrikulationen zurück, teils werden die Aufnahmeprüfungen abgeschafft, teils durch Aufnahmegespräche ersetzt. Häufig kann somit kein ausreichend hoher homogener Sprachstand als Eingangsvoraussetzung für ein Germanistikstudium mehr garantiert werden. Die Pro-Kopf-Finanzierung macht allerdings die Abweisung von Bewerbern (fast) unmöglich.

Der Bologna-Prozess verändert die Studienlandschaft in der ersten Dekade des neuen Jahrtausends in den Referenzländern entscheidend.

Die **Slowakei** legt mit dem Hochschulgesetz von April 2002 die Einführung von Bachelor- und Masterabschlüssen fest, **Ungarn, Polen** und **Rumänien** folgen im Zeitrahmen von 2004 bis 2006, in **Tschechien** beginnt der neue Bachelor an der Prager Germanistik 2008.

Ausnahmslos wird die Umsetzung des neuen Konzepts ohne Begeisterung in die Praxis umgesetzt. Bestenfalls wird es als willkommene Gelegenheit zum Überdenken der Fachinhalte und Fachkonzepte der Germanistik begrüßt, als Chance, Mindeststandards und ortsspezifische Profilierung durch Analysen von Schwerpunkten, Stärken und Schwächen zu überdenken.

Die Schaffung neuer Curricula für das dreijährige Bachelorstudium entstand fast ausnahmslos durch Kürzung der bestehenden Curricula und warf damit die Frage auf, welche Inhalte, Vorlesungen und Seminare in den neuen Lehrplan aufgenommen werden sollten bzw. wie bewährte philologische Inhalte erhalten bleiben könnten. Die Auseinandersetzung mit den Ansprüchen eines traditionell philologischen Selbstverständnisses in der Ausbildung von Germanisten wird auch in den kommenden Jahren ein zentrales Diskussionsthema bleiben.

Schon bald zeigt sich, dass das Bachelorstudium von Studierenden gut angenommen, aber in den seltensten Fällen das Masterstudium im Fachgebiet Germanistik absolviert wird. Ein Großteil der Studierenden strebt nach dem dreijährigen Studium eine Berufstätigkeit an, ein Teil der Absolventen geht ins Ausland, um dort weiter zu studieren oder eine Arbeit aufzunehmen, ein weiterer Teil wählt einen Master in einem anderen Fachgebiet. Die Germanistiken geraten in die Krise, fast ausschließlich in den Hauptstadtgermanistiken können sich Masterprogramme in der Germanistik halten, in der Peripherie fehlt es oft an einer hinreichenden Zahl an Bewerbern.

Die schwierige Lage der Germanistik in den Referenzländern ist auch das Ergebnis bildungspolitischer Entscheidungen, die nicht ohne Einfluss auf den Bedarf an Fremdsprachenlehrkräften für Deutsch in dieser Region blieben. Das Interesse an Deutsch war, wie in vielen anderen Ländern auch, nach der Jahrtausendwende zurückgegangen und die Nachfrage nach Englisch als erster Fremdsprache deutlich gestiegen. Nach Englisch konnte sich Deutsch allerdings einen sicheren zweiten Platz bei der Sprachenwahl in der schulischen Ausbildung sichern.

In **Tschechien** setzt der Aktionsplan für den Fremdsprachenunterricht 2005–2008 fest, dass eine Fremdsprache als Pflichtfach unterrichtet werden muss, die zweite Fremdsprache im Zuge eines Wahlpflichtfaches angeboten werden kann. In der Regel ist Englisch die erste Fremdsprache und die Zahlen der Deutschlerner nehmen rapide ab (English-only-Politik). In der **Slowakei** wird Englisch als erste Fremdsprache im Schulunterricht verankert, eine zweite Fremdsprache ist erst in den weiterführenden Schulstufen verbindlich. Damit sinkt auch in der **Slowakei** die Zahl der Deutschlerner; diejenigen, die sich nach dem Abitur für ein Germanistikstudium entscheiden, haben bei Weitem nicht mehr den Sprachstand, der für das Studium in deutscher Sprache nötig wäre.

In dessen Konsequenz erforderte die Umstellung auf Sprachanfänger erhebliche didaktische und studienrelevante Konsequenzen für die Curricula, die sich von den einst traditionellen Vorstellungen eines Germanistikstudiums entfernten.

Gleichzeitig waren auch Studienschwerpunkte und Berufsziele wie -möglichkeiten im Wandel begriffen. Der Lehrerberuf war zwar immer noch gefragt, jedoch versprachen neue Berufsperspektiven auf dem lokalen und globalen Arbeitsmarkt als Dolmetscher, Übersetzer und Mitarbeiter in internationalen Unternehmen auch im Ausland lukrative Alternativen für Absolventen germanistischer Institute.

Die zunehmende Internationalisierung (internationale Universitätsvereinbarungen und Institutspartnerschaften, Studienaufenthalte im deutschsprachigen Ausland, die Mitgliedschaft in der Europäischen Union) öffnet den Absolventen auch den Zugang zum globalen Arbeitsmarkt. Parallel dazu steigt der Anteil der Abiturienten, die ein Vollstudium im Ausland anstreben.

Der EU-Beitritt der Länder Mittelosteuropas und die damit gebotene Freizügigkeit lösten eine Abwanderungswelle von Absolventen mit guten Deutschkenntnissen aus.

Mit der Einführung der uneingeschränkten Arbeitnehmerfreizügigkeit ist Arbeitnehmern erlaubt, sich innerhalb der EU ohne Arbeitserlaubnis einen Arbeitsplatz zu suchen. Dieser Umstand könnte der Fremdsprache Deutsch erneut einen neuen Aufschwung geben. Andererseits eröffnet es Abiturienten und Studierenden die Möglichkeit, ihr Studium nun problemlos ins Ausland zu verlegen.

Die Germanistikabteilungen an den Universitäten in den fünf Referenzländern haben nach 1990 auf die Einführung der Marktwirtschaft und später auf die Bologna-Reform mit einem erweiterten und vielfältigeren Angebot an Lehrinhalten reagiert, die den Absolventen größere Berufschancen eröffnen sollten. So entstanden Überlegungen zur Entwicklung von berufsorientierten Studiengängen und interdisziplinären Masterstudiengänge, die der regionale und globale Arbeitsmarkt zunehmend nachfragte. Die demografische Entwicklung und bildungspolitische Entscheidungen haben nicht nur zu einem Rückgang der Immatrikulationen geführt, sondern auch zu vermehrter Konkurrenz bestehender germanistischer Lehrstühle innerhalb des Landes und oftmals zu einem Profilwandel der Germanistik, der sich von den Spezifika traditioneller Philologie entfernte.

In den großen Universitätszentren in dieser Region, wo der Unterricht in deutscher Sprache erfolgte, war man nur zögerlich gewillt, die Ausarbeitung neuer Lehrpläne anzugehen, obwohl landesweit niedrige Immatrikulationszahlen bei den Philologien die Existenz germanistischer Lehrstühle gefährdeten.

Meilensteine der zweiten Dekade sind:

- rückläufige Studierendenzahlen,
- Bildungsreformen/Novellierung der Hochschulgesetze,
- neue Curricula (Marktanpassung)

Die zweite Dekade der Germanistik im neuen Jahrtausend ist gekennzeichnet durch rückläufige Studierendenzahlen, sinkende Deutschkenntnisse bei Studienanfängern, bildungspolitische Eingriffe, die das Primat des Englischen als Fremdsprache an Schulen beenden und Deutsch – sowie andere Fremdsprachen – als wahlobligatorisches Unterrichtsfach an Schulen fordern und durchsetzen. Hochschulreformen zwingen Universitäten sich auf veränderte Marktgegebenheiten einzustellen und anzupassen, was sich sowohl in Neustrukturierungen und Zusammenlegungen von Hochschulen manifestiert als auch in der Forderung nach einer intensiveren Zusammenarbeit mit dem Marktumfeld und curricularen Neuorientierungen, die Absolventinnen und Absolventen bessere Berufsmöglichkeiten gewährleisten. Hochschulreformen gewähren Universitäten mehr Entscheidungsfreiheit und Autonomie bei der Gestaltung der Studiengänge.

In **Ungarn** sinkt die Zahl der Immatrikulationen im Bachelorstudium weiterhin, eklatanter ist jedoch der massive Rückgang an Interessenten für ein Masterstudium, das wegen der geringen Nachfrage nur noch an den großen Universitäten des Landes angeboten wird. Bezüglich des Lehramtsstudiums wird die Bologna-Reform zurückgenommen und in eine reformierte Fassung der Vor-Bologna-Zeit zurückgeführt.

Das Germanistische Institut der ELTE in Budapest reagiert mit der Revision der Curricula 2017 auf den Rückgang an Studierenden im M.A.-Programm mit Spezialisierungen nach inhaltlichen Schwerpunkten – germanistische Philologie, Wirtschaftskommunikation Deutsch, (interkulturelle) Kulturvermittlung –, die dem Arbeitsmarkt in **Ungarn** Rechnung trugen.

Bildungspolitische Novellierungsansätze in **Polen** (2011) verfolgen im Wesentlichen eine Steigerung der Effizienz und Transparenz mit ihren Reformen: Finanzierung einer Hochschule nach einem zentralen Wettbewerbsmodell, ein Modernisierungsgesetz, das akademische Laufbahnen in Zukunft effizienter machen soll und die Entwicklung neuer Studienmodelle. Studienpläne und Studienprogramme werden in die Kompetenz der Hochschulen gestellt; eigenverantwortlich dürfen neue Studiengänge eingeführt werden. Das neue Hochschulgesetz in **Polen** fordert, mit dem wirtschaftlichen und sozialen Umfeld der Universität zusammenzuarbeiten.

2018 schafft das Ministerium in **Polen** die Pro-Kopf-Finanzierung ab und führt einen Quotienten (pro Dozent 14 Studierende) ein. Die Internationalisierung der Universitäten soll verbessert werden, zum einen durch mehr internationale Studierende an polnischen Universitäten, zum anderen durch mehr Studienaufenthalte im Ausland polnischer Studierender.

2016 trat in **Tschechien** eine Novellierung des Hochschulgesetzes in Kraft, das das seit 1998 bestehende Hochschulgesetz ersetzt. Wichtige Änderungen betreffen die Qualitätssicherung der Hochschulbildung und das Akkreditierungsverfahren. Genehmigungen werden jetzt für das gesamte Studienfach und nicht mehr für einzelne Studiengänge erteilt. Einzelne Studiengänge können so von den Hochschulen selbstständig ausgeschrieben werden. Mit der neu gewonnenen Autonomie können jetzt auch fakultätsübergreifende Studienprogramme konzipiert werden.

Der Rückgang der Immatrikulationszahlen versetzt die Hochschulen und Universitäten in eine prekäre Lange. Studiengänge an germanistischen Instituten, die die Mindestzahl an Immatrikulationen nicht aufbringen können, werden abgewickelt. Mit einer Degradierung zu Germanistik als B-Fach/Nebenfach, im schlimmsten Fall mit Entlassungen oder sogar der Schließung germanistischer Institute muss gerechnet werden. Die Rekrutierung von Studierenden wird zu einem ernsten Anliegen. Werbe- und Informationsveranstaltungen an Schulen, professionelles Marketing, Informationsvermittlung in öffentlichen Medien werden zunehmend Maßnahmen zur Bestandssicherung. Letztlich steigt auch das Konkurrenzverhalten der germanistischen Lehrstühle untereinander.

Erst auf Druck der Germanistischen Landesverbände, der Schulen selbst, der deutschen Botschaften und der Industrie- und Handelskammern in **Tschechien** und der **Slowakei** gelingt es, Deutsch wieder zu einer stabilen Position als zweite Fremdsprache in den Schulen zu verhelfen.

2015 wurde in der **Slowakei** per Schulgesetz Englisch zur einzigen Pflichtfremdsprache erklärt, das Erlernen einer zweiten Fremdsprache lediglich als fakultativ zur Wahl gestellt, d.h. sie lag im Ermessen von Schulleitern, Eltern und Lernern. Diese diskriminierenden Rahmenbedingungen des Fremdsprachenunterrichts in der **Slowakei** hatten zur Folge, dass die deutsche Sprache immer mehr an Bedeutung verlor, obwohl sie in deutschsprachigen Unternehmen nach Englisch die zumeist geforderte und gebrauchte Fremdsprache war. Erst 2018 wird die Fremdsprachenwahl in der **Slowakei** liberalisiert, was die Möglichkeit eröffnet, auch Deutsch als erste Fremdsprache an den Schulen zu erlernen.

Auch in der **Tschechischen Republik** ist eine bedeutende Anzahl deutscher und österreichischer Firmen, Banken und Investoren ansässig, in denen neben Englisch Deutsch eine der wichtigsten Unternehmenssprachen darstellt. Auch hier gelingt es mit Projekten und Kampagnen (Šprechtíme) den Stellenwert des Deutschen als Fremdsprache aufzuwerten. Mit dem Schulgesetz aus dem Jahr 2013 wird in **Tschechien** die zweite Fremdsprache im Grundschulbereich wieder eingeführt. Mit dieser Verpflichtung kann sich Deutsch als Fremdsprache einen festen Platz in der Sprachenfolge sichern.

Die Studienangebote sind in allen Referenzländern vielfältiger geworden; alle Universitäten, die ein Germanistikstudium anbieten, haben sich inhaltlich auf die arbeitsmarktorientierte Nachfrage der Studierenden eingestellt, sowohl hinsichtlich des lokalen als auch globalen Marktes. Mit dem EU-Beitritt stehen den Lehrkräften und Studierenden seit 2004 bzw. 2007 Forschungs- und Studienstipendien zur Verfügung.

Die Ansiedlung internationaler Unternehmen in dieser Region nimmt kontinuierlich zu; damit wächst der Arbeitskräftebedarf nach Fachkräften mit ausgewiesen guten Deutsch- und Fachkenntnissen (vgl. Abb. 4). Es existiert ein erheblicher Bedarf an Wirtschaftsdeutsch in allen fünf Referenzländern, in denen zudem Deutschland der wichtigste Handelspartner ist.

Abb. 4: Meilensteine, Transformationsprozesse, Auswirkungen auf die curricularen Entwicklungen und Anforderungen des Arbeitsmarktes

6. Status quo, Tendenzen und Visionen zur Zukunft der Germanistik im Ländervergleich

6.1. Polen

Fast alle der 19 staatlichen Universitäten in Polen bieten ein differenziertes Studienangebot im Bereich der Germanistik an. Die Berufsfelder, für die ein Studium an einem germanistischen Institut vorbereitet, sind breit gefächert; sie bewegen sich im Qualifikationsbereich der Lehrerausbildung, der Ausbildung für Dolmetscher und Übersetzer, der Kulturmittlung, diverser Fachsprachen bis in Randbereiche der Wirtschaft.

Von den AbsolventInnen der Germanistik wird erwartet, dass sie in Berufsfeldern wie z.B. Erziehung und Bildung, Geschichte und Literatur, Kulturmittlung, Medien und Kommunikation, Wirtschaft und Tourismus angemessen mit der deutschen Sprache umgehen können. Da Deutsch als Unterrichtsfach an den Schulen zurückgeht, werden weniger Lehrkräfte gebraucht. Studierende werden auf andere Berufe vorbereitet; so werden an den Universitäten in Poznań, Łódź oder Wrocław Seminare für Business Deutsch angeboten, in denen nicht Deutsch als Kultursprache, als Sprache der Dichter und Philosophen vermittelt wird, sondern Deutsch als Wirtschaftssprache. „[…] Die Studierenden wollen nicht ihr theoretisches Wissen über die deutsche Sprache, Literatur und Kultur vertiefen, sondern sind an der Entwicklung von konkreten, in der Praxis umsetzbaren Fertigkeiten interessiert." (Żebrowska 2017: 104)

Die Notwendigkeit, sich eher pragmatischen Ausbildungszielen statt der traditionellen Germanistik zuzuwenden, wird nicht allseits mit Begeisterung getragen. Man ist sich dessen bewusst, dass diese Notwendigkeit auch für die Universitäten eine „Quelle der Arbeit" ist.

Heute praktisch ist es so, dass wir uns immer mehr, leider oder zum Glück, an dem Wirtschaftsmarkt orientieren, denn das ist praktisch die Quelle der Arbeit, nicht. Wir können diesen Markt nicht unberücksichtigt lassen. Manchmal sehnen wir uns auch nach den Veranstaltungen mit der klassischen Literatur, also die haben wir immer noch, aber eher am Rande, aber es ist nicht die wichtigste Linie der Ausbildung. So ist das. [Interview Lasatowicz Mai 2018]

Nachdrücklicher liest sich die Kritik an dieser Entwicklung bei Żebrowska, die in dieser Entwicklung eine Bedrohung des traditionell hohen Niveaus des philologisch anspruchsvollen Germanistikstudiums sieht:

> Eine Fremdsprache im Studium zu erlernen, bedeutet nicht nur, in dieser Sprache kommunizieren zu können, sondern in ihr auch komplizierte (literarische, wissenschaftliche usw.) Texte lesen, aber auch verfassen zu können, sich einwandfrei zu jedem Thema äußern zu können, sich für die Kultur zu interessieren, kurz: in dieser Sprache denken zu können. Denn jede (natürliche) Sprache übernimmt nicht nur eine kommunikative, sondern auch eine kognitive Funktion. Ex definitionem sollte die Philologie beides vereinen. Żebrowska (2017: 104)

Ebenso sind gegenteilige Positionen bei führenden Vertretern der polnischen Germanistik zu finden. Eine traditionell philologische Ausrichtung des Germanistikstudiums wird keinesfalls infrage gestellt, die Prioritäten einer Auslandsgermanistik jedoch generell pragmatischer gefasst. Diese Überzeugung folgt dem Anspruch wachsender praktischer Verwertbarkeit von Fremdsprachen auf dem Arbeitsmarkt.

Der Philologe ist ein Liebhaber. Was ist das denn für ein Fach, Liebhaber zu sein? Ich meine, das ist doch eben kein Beruf, von dem man sagt, er ist von Beruf ein Gernhaber der deutschen Sprache oder der deutschen Literatur. Damit kann man kein Geld machen. Der erste Beruf, das ist Unterricht, es ist das Lehramt, der zweite ist Dolmetscher, Übersetzer. Es gibt dann auch andere Möglichkeiten, etwa Verlage oder Kulturmittler. Auch Politik, ich habe in den letzten Jahren eben den Begriff von weitgefasster Germanistik geprägt. Das sind nicht nur Leute, die sich mit Sprache und Literatur beschäftigen und Kultur eventuell, sondern auch Leute, die sich mit Politik beschäftigen, mit Geschichte beschäftigen. Wenn man das so macht, dann eröffnen sich da auch Perspektiven, Berufsperspektiven, die es früher nicht gab für den Philologen. [Interview Grucza Mai 2018]

Die Mehrheit der polnischen Germanistik-Lehrstühle pflegt einen pragmatischen Umgang mit den an sie gestellten Anforderungen des Arbeitsmarktes. Letztlich gilt es der Employabilität der Absolventen auf dem regionalen und internationalen Markt gerecht zu werden und unter den Bedingungen rückläufiger Immatrikulationszahlen generell und hinsichtlich der Germanistik konkurrenzfähig im eigenen Land zu bleiben. Die Konkurrenz zwischen den staatlichen Universitäten, insbesondere auch zwischen den Germanistikinstituten, wird mit dem im Herbst 2018 angekündigten Bildungsgesetz erheblich verschärft und wird sich vor allem auf die staatliche Finanzierung der Universitäten auswirken.

Die Ausbildung von Deutschlehrern ist nach wie vor eine zentrale Aufgabe germanistischer Institute. Da aber die Zahl der Deutschlerner an den Schulen zurückgeht, gehen auch der Ausbildungsbedarf und das Interesse an diesem Ausbildungszweig zurück.

Im Bachelor-Studiengang Germanistik an der Universität Łódź wurde aus Mangel an Interesse die Spezialisierung Fremdsprachendidaktik aus dem Studienangebot im Bachelorstudium entfernt und in das Masterstudium integriert:

Das wurde meines Wissens fakultätsweit gemacht, weil eigentlich dieses Studium dann so ein bisschen zersplittert war, es waren eigentlich zu wenige Studierende, die das [Spezialisierung Fremdsprachendidaktik/A.d.V.] machen wollten und dann hat man beschlossen, das eigentlich nur im Masterstudiengang anzubieten. [Interview Makowski Juli 2018]

Germanistische Institute in Polen arbeiten zunehmend mit Wirtschaftspartnern zusammen, die bereits integraler Bestandteil der Ausbildung an den Universitäten sind. Beispielhaft sei hier die Germanistik in Opole/Oppeln genannt; das Institut für Germanistik verfügt über ein Netzwerk von Wirtschaftspartnern, die in unterschiedlichen Bereichen und Branchen der Wirtschaft tätig sind.

> Die Beschäftigung unserer Absolventinnen und Absolventen, aber auch bereits unserer Studierenden, in dieser Branche steigt rapide und man kann sagen, dass etwa 70 bis 90 % der Absolventen von Outsourcing-Firmen gleich nach dem Studienabschluss übernommen werden. Die enge Zusammenarbeit mit diesen Unternehmen nimmt unterschiedliche Formen an: Beteiligung der Dozenten des Institutes an Schulungen und Informationstreffen im Sitz der Firmen; Informationstreffen für Studentinnen und Studenten im Sitz der Firmen und im Institut; Veranstaltung von Schulungen, die bei den Studierenden praxis- und firmenorientierte Kompetenzen fördern. (Lasatowicz 2018: 34)

Der überwiegende Teil der Absolventen germanistischer Studiengänge findet in der Wirtschaft einen Arbeitsplatz; oft arbeiten die Studierenden schon während des Studiums in Teilzeit in den Unternehmen oder/und sie absolvieren dort Praktika und verbleiben in dem Unternehmen. Der Arbeitskräftebedarf ist hoch, insbesondere im sprachintensiven Dienstleitungssektor der Outsourcing-Branche. Sehr gute Englisch- und Deutschkenntnisse sind vollkommen ausreichend für den Einstieg ins Berufsleben. Alle weiteren notwendigen Fertigkeiten und Kenntnisse werden im Verfahren „Training on the Job“ vermittelt.

Deutsch plus Englisch, diese Sprachenkombination. Das ist wirklich der Hit. Es geht soweit, dass man in der Outsource-Branche eigentlich keinen Studienabschluss braucht, man wird mit diesen beiden Sprachen eigentlich sicherlich eine Arbeit finden. [Interview Makowski Juli 2018]

Germanistische Institute arbeiten bereits intensiv mit ortsansässigen Unternehmen zusammen und bieten Spezialisierungen für den Tätigkeitsbereich in der Wirtschaft an.

Wir haben auch zwei berufliche Spezialisierungen im Masterstudiengang, das eine ist wirtschaftsdeutschorientierte „Linguistik für Unternehmen" und das andere ist Dolmetschen. Ein ganz praktisches Studienfach, das eigentlich separat von der Germanistik liegt, ist eben dieses „Linguistik für Business", Linguistik für Unternehmen, und da ist es auch so, dass wir z.B. eben drei Monate lang Studentenpraktika anbieten, da kooperieren auch die Unternehmen mit uns, und wenn etwas veranstaltet wird, so wie Messen oder Tagungen, dann nehmen auch die Germanisten gerne teil. Ich verfolge das auch ganz stark, denn ich beschäftige mich auch wissenschaftlich damit, Deutsch ist die Topqualifikation, die Topanforderung auf dem Arbeitsmarkt in Polen. [Interview Makowski Juli 2018]

Diverse Erfahrungen aus der Praxis zeugen davon, dass sich die Zusammenarbeit mit in der Regel ortsansässigen internationalen Unternehmen sich gewinnbringend für Studierende, Absolventen und Lehrstühle gestaltet. Um ein Beispiel zu nennen, sei auf das Institut für Germanistik in Oppeln verwiesen. Es verfügt über ein weitreichendes Netzwerk von Partnern, die in unterschiedlichen Bereichen und Branchen der Wirtschaft tätig sind; vor allem im Bereich der Outsourcing-Branche, in der die Mehrheit der Absolventen gleich nach dem Studienabschluss einen Arbeitsplatz finden:

> Die Beschäftigung unserer Absolventinnen und Absolventen, aber auch bereits unserer Studierenden, in dieser Branche steigt rapide und man kann sagen, dass etwa 70 bis 90 % der Absolventen von Outsourcing-Firmen gleich nach dem Studienabschluss übernommen werden. Die enge Zusammenarbeit mit diesen Unternehmen nimmt unterschiedliche Formen an: Beteiligung der Dozenten des Institutes an Schulungen und Informationstreffen im Sitz der Firmen; Informationstreffen für Studentinnen und Studenten im Sitz der Firmen und im Institut; Veranstaltung von Schulungen, die bei den Studierenden praxis- und firmenorientierte Kompetenzen fördern. (Lasatowicz 2018: 34)

Das Germanistische Institut bietet sowohl eine Ausbildung mit Profilierung in der Sprach-, Literatur- und Kulturwissenschaft, z.B. im deutsch-polnischen Kulturtransfer oder im schulischen Bereich als auch in den Bedarfsfeldern der Wirtschaft, in den Bereichen Recht und Übersetzungswissenschaft. Im Fachgebiet *Deutsch in Recht und Wirtschaft* werden u.a. Grundlagen der Mikro- und Makroökonomie, ausgewählte Aspekte der Landeskunde des deutschsprachigen Kulturraumes, deutschsprachige Handelskorrespondenz und eine Einführung in das Handelsrecht vermittelt. Sitek (2018) berichtet über die erfolgreichen Kooperationen zwischen lokalen Wirtschaftsunternehmen und dem Germanistischen Institut der Universität Oppeln. Die Verbindung von Studium und Ausbildung schildert Sitek vor dem Hintergrund der Bedingungen des gegenwärtigen, heterogenen Arbeitsmarktes als besonders vorteilhaft.

Die Zahl der Absolventinnen und Absolventen, die nicht im Bildungsbereich, sondern in der lokalen und internationalen Wirtschaft tätig ist, ist in den letzten Jahrzehnten erheblich gestiegen. Von Wirtschaftsunternehmen werden neben den fremdsprachlichen Fähigkeiten vor allem Soft Skills wie Proaktivität, Flexibilität, schnelle Anpassungsfähigkeit an die Dynamik des Businessmilieuwandels und ein gutes Gefühl für die Bedürfnisse der Kunden geschätzt.

Die Einschätzungen zum Fortbestand der Germanistik sind eher verhalten bis skeptisch, zum Stand der Erhebungen in der Zeitphase Mai bis Juli 2018 verunsichert die zum Oktober 2018 erwartete neue Reform. Grundsätzlich negativ bewertet wird der allgemeine Rückgang der Deutschkenntnisse von Studienanfängern. Da Deutsch nach Englisch zweite, zuweilen auch dritte Fremdsprache an den Schulen ist, liegt das Eingangsniveau bei Studienbeginn im besten Fall bei B1. Es ist an den germanistischen Instituten, diesen Mangel auszugleichen bzw. mehr oder minder intensive sprachpraktische Übungen anzubieten, was bei einer Studienzeit von drei Jahren bis zum ersten Abschluss (Bachelor) nach Meinung vieler Germanisten auf Kosten der fachlichen Ausbildung geht. Es sind dann vor allem die philologischen Fachanteile, die in den Curricula reduziert werden.

Wenn ich jetzt die Trends beobachte, dann vermute ich, ahne ich, was ja für mich auch schwer ist, dass wir in Richtung German Studies gehen, also dass wir nicht unbedingt Philologie studieren oder die Studenten nicht unbedingt Philologie studieren werden, nicht so kanonisch und klassisch, sondern eher German Studies, so wie es die Spanier oder Italiener machen, weil die Sprachkenntnisse immer mehr sinken. Ich habe mir die Reform des Bildungswesens angeschaut, also das, was man alles an den Grundschulen mit der zweiten Fremdsprache gemacht hat, also nur 120 Stunden für Deutsch an den Grundschulen und 120 Stunden an den Oberschulen, das sind 240 Stunden, also ein schwaches A2 Niveau, also solche Studenten werden wir in 3 Jahren, 4 Jahren bekommen, und wir haben keine Chance mehr, dies auszugleichen, das sind erwachsene Menschen, die anders lernen, sie haben auch andere Interessen, also das Interesse an der klassischen Philologie sinkt. [Interview Szczęk Juli 2018]

Die ausschließlich traditionelle Philologie als Inbegriff Humboldt'scher Bildung verliert innerhalb des Germanistikstudiums immer mehr an Bedeutung. Sie ist zweifellos ein wichtiger Bestandteil des Germanistikstudiums geblieben, wird jedoch mit wachsenden Anteilen sprachpraktischer, berufs- und fachsprachlicher Studieninhalte immer mehr verdrängt. Diese Entwicklung wird teils pragmatisch aufgenommen, teils entschieden abgelehnt.

Neben der mehrheitlich pragmatisch vertretenen Positionierung existieren auch Bewegungen, die eine Re-Philologisierung der Germanistik bzw.

des Studienprogramms favorisieren. Obwohl die Befürwortung oder Ablehnung neuer bildungspolitischer Entwicklungen nicht per se an das Lebensalter gebunden sind, kommen „die alten renommierten Ordinarien" hier zu Wort:

> Wohl selten klafften Erfahrungs- und Arbeitswelten der letzten renommierten Ordinarien alter Schule und des nach grundlegend anderen Mustern angetretenen Nachwuchses derart auseinander wie im heutigen Hochschulsystem. Die berufsspezifischen Erfahrungswelten jüngerer und älterer Germanisten sind durch die vielen Reformen von einer Unterschiedlichkeit, dass zwischen ihnen oft kaum eine Vermittlung möglich ist. (Joachimsthaler/Mikołajczyk 2012: 24)

Grucza hingegen sieht schon 2010 die wichtigste interne Bedrohung für die Germanistik in einer Re-Philologisierung und Rückwandlung des Faches in eine Art Binnengermanistik, „sollten sie die Oberhand gewinnen, dann wird das Fach wieder Philologen oder bestenfalls Lehrer für den Unterricht des Deutschen als Muttersprache ausbilden, für die es in Polen aus selbstverständlichen Gründen kaum Arbeitsstellen gibt." (Grucza 2010: 1765)

Der Germanist von gestern, das war derjenige, der sich mit alten Papieren beschäftigt hat. Den soll es auch geben. Ich lasse ihn in Ruhe. Aber das ist nicht der Vordermann. Der Vordermann ist derjenige, der ein Interesse an den Deutschen hat, allen Menschen und die studiert, deren Sprachen. [Interview Grucza Mai 2018]

Der Rückgang der Studierendenzahlen und die Konkurrenz innerhalb des Landes zwingen die Lehrstühle und Institute nicht nur zu einer offensiven Werbung um potenzielle Studierende, sondern auch zu attraktiven Studienangeboten, die die Bedarfe des Arbeitsmarktes und die Interessen ihrer Studierenden berücksichtigen. Nicht selten sind Studierende wie Lehrende mit der bestehenden Situation gleichermaßen unzufrieden und ernüchtert.

Wenn sich jemand entscheidet oder den Mut hat, bei uns oder an den anderen Instituten, weil es in Polen genauso aussieht wie an den anderen Instituten, etwas Moderneres zu machen, dann wäre es gut, dann wären wir ein Magnet für die Studenten, könnten wir die Studenten anziehen. Immer weniger Studenten interessieren sich, weil sie eben diesen Sinn nicht verstehen, den Kern des philologischen Studiums nicht wollen, sie wollen einfach so mit Deutschkenntnissen gut ausgestattet sein. Deutsch ist für sie zu einem Werkzeug oder zu einem Instrument geworden und sie brauchen das andere eigentlich nicht. Also, es ist schwer zu finden oder festzustellen, zu diagnostizieren was die Studenten wirklich interessiert. Und es gab schon Vorwürfe der Art, dass wir etwas nicht gemacht haben, dass wir dran schuld sind, dass sie etwas nicht geschafft haben und… aber sie machen nicht mit. Früher haben die Studenten gelernt, fleißig gelernt. Also, sie geben auf, also keine Lust, kein Interesse, nur Handy, nur Facebook, ich kann alles im Handy finden, ich kann alles herausgoogeln, also schwer zu sagen. Ich würde mir wünschen, dass wir Bedingungen haben uns zu entwickeln. Mein Eindruck ist, dass wir so nur ganz langsam und mühselig voranschreiten oder uns den Bedingungen anpassen, aber für keine Änderungen bereit sind, und, dass was irgendwie, irgendwo blockiert wird, also die Menschen sehen zwar ein, dass diese klassische, kanonische Philologie nicht viel bringt, weil es überhaupt keinen Spaß macht, zu unterrichten. Bei uns ist alles Pflicht und wenn sie müssen und wir müssen, dann macht das überhaupt keinen Spaß mehr und wenn man in der Gruppe eine Person oder zwei Personen hat, die sich interessieren, die vielleicht Fragen stellen, da freut man sich. Aber das ist immer seltener der Fall, also am Anfang als ich unterrichtet habe, konnte man mit den Studenten diskutieren, heute ganz selten. Ich stelle auch in der Vorlesung Fragen und dann bleiben sie stumm, sie haben keine Ahnung, sie haben kein Wissen, sie wollen nicht. Also das, was ich mir wünschen würde: motivierte Studenten. Aber die Ausländer, die zu uns kommen, die sind anders motiviert, die wollen vielleicht etwas. Sie können auch frei wählen, welche Fächer sie machen und wenn es Spaß macht, dann zeigen sie es einfach, also im Gegensatz zu unseren Studenten. Nicht alle sind so schlimm, ich meine, wenn wir dann 200 aufnehmen, dann könnte man vielleicht 20–30 Menschen finden, die wirklich an dem Studium interessiert sind, aber das ist zu wenig für unsere Bedürfnisse und das ist sehr anstrengend, das ist für uns auch sehr anstrengend. Also früher war es ein bisschen anders, ich meine, der Student hat sich auch geändert. Meiner Meinung nach sollte man doch die Studenten danach fragen, was sie im Studium machen wollen und sich mehr an ihre Interessen anpassen, nicht so ganz, weil die Studenten auch verrückte Ideen haben, aber mehr in die Richtung gehen. Denn die Studenten stellen die Frage: Was werde ich davon haben? Was kann ich mit diesem Diplom machen? Welche Kenntnisse, Fähigkeiten habe ich dann im Laufe des Studiums erworben, die mir dann ermöglichen, eine gute Arbeit zu finden? Und wir sollten uns auch die Frage stellen, wen wollen wir da nach dem Studium produzieren, also nach diesen 5 Jahren, wen wollen wir haben? Wir haben auch diese Beschreibungen, welche Eigenschaften, Fähigkeiten der typische Absolvent des Germanistenstudiums haben sollte, aber ja, das ist auf dem Papier und in der Wirklichkeit ist es nicht so, also ich habe den Eindruck, dass viele Studenten doch ein bisschen enttäuscht sind. Und wenn dazu noch Schwierigkeiten auf dem Arbeitsmarkt kommen, dann wollen sie sich nach dem Bachelorstudium lieber so umspezialisieren, sie gehen dann irgendwo hin, um was anderes zu studieren, nicht um ihr Wissen zu erweitern, sondern ja, Erfahrungen zu sammeln, so sieht es aus. [Interview Szczęk Juli 2018]

Den Protagonisten und Verantwortlichen germanistischer Ausbildungsstätten ist dabei durchaus bewusst, dass der Arbeitsmarkt interdisziplinäre Kompetenzen verlangt und eine ausschließlich germanistische Qualifikation in der beruflichen Praxis selten so spezifisch nachgefragt ist. Ein positiver Ansatz wird daher in der Erweiterung interdisziplinärer Ansätze, z.B. mit anderen Fachkomponenten bzw. Fremdsprachen, gesehen.

Also ich sehe das für die Zukunft interdisziplinär, ich würde es mir so vorstellen, dass die Germanisten auch mit der Fremdsprache Englisch ihre praktische Ausbildung an der Universität ergänzen könnten, denn beide Sprachen werden hier in der Region auch in dieser Zusammenstellung erwartet. Das ist auch unser Ziel. Und außerdem möchte man auch diese schlesische Landschaft auf die europäische Landschaft übertragen, man möchte auch diese Anknüpfung über Regionen, also praktisch Schlesien und Europa, Schlesien in Europa, nicht, und das ist meine Vorstellung, dass unsere Absolventen offene Menschen sind, die tolerant und dann wirklich mit großen Verständnis der Welt entgegentreten. Das ist so mein Traum, nicht. [Interview Lasatowicz Mai 2018]

Aus heutiger Perspektive (Stand August 2018) ist noch nicht abzuschätzen, was die Hochschulreform im Oktober an Veränderungen mit sich bringt. Daher herrscht Unsicherheit.

Also ich denke, es ist ganz, ganz schwierig abzuschätzen, wie die Hochschullandschaft in Polen nach dieser Reform ausschaut. Also, ich wünsche mir für die Wissenschaft, dass es sich ein bisschen stabilisiert, dass wir nicht unbedingt jetzt immer wieder neue Änderungen, neue Regelungen einführen müssen, sondern, dass wir vielleicht weniger dieses „Publish-or-perish"-System weiter haben, dass sich die Situation stabilisiert. Aber es ist schwer zu sagen, dass das so sein wird, weil diese Reform jetzt wirklich vieles auf den Kopf stellen kann. Ich freue mich auf jeden Fall, dass das vielleicht in Richtung Qualität geht, wenn es die Lehre anbetrifft, dass wir diese Pro-Kopf-Finanzierung jetzt nicht mehr haben, denn wir können uns jetzt auf eine kleinere Gruppe von Studierenden konzentrieren, die vielleicht mehr Lust hat zu lernen und nicht einer großen, großen Gruppe von Menschen, die eigentlich nicht so viel Lust haben. Ich hoffe, es geht in Richtung Qualität. [Interview Makowski Juli 2018]

6.2. Tschechische Republik

An insgesamt elf Standorten innerhalb des Landes existieren germanistische Institute, wobei zwischen philosophischen und pädagogischen Fakultäten unterschieden wird: Pädagogische und Philosophische Fakultäten sind in Brünn, České Budějovice, Olomouc, Prag und Plzeň angesiedelt, ausschließlich

Pädagogische Fakultäten existieren in Hradec Králové, Liberec (Pädagogische Fakultät der Technischen Universität Liberec) und Opava (Philosophisch-Naturwissenschaftliche Fakultät der Schlesischen Universität in Opava – Institut für Fremdsprachen, Germanistische Abteilung), ausschließlich Philosophische Fakultäten sind in Ostrava, Pardubice und Ústí nad Labem zu finden.

Die Universitäten genießen prinzipiell Autonomie, Studiengänge werden staatlich akkreditiert. Hierfür wurde im Zuge der Novelle des Hochschulgesetzes von 2016 eine eigene Akkreditierungsbehörde geschaffen, die den bisherigen Prozess in Akkreditierungskommissionen auf verschiedenen Ebenen erleichtern soll. Die Novelle bietet den Universitäten mehr Spielraum zur Entwicklung eigener regionalspezifischer Studiengänge, mit denen sie hoffen, den Bedarfen des Arbeitsmarktes gezielter entgegenkommen zu können.

> Während die BewerberInnen für das Studium vor 20 Jahren nur zwischen dem Lehramtsstudium (Deutsche Sprache und Literatur) und einem rein philologisch orientierten Studium der Germanistik wählen konnten, steht ihnen heute eine ganze Palette von Studiengängen zur Verfügung. Denn einige Institute haben bereits auf die Situation reagiert und eher direkt an der Praxis orientierte Studienprogramme wie Wirtschaftsdeutsch (Olomouc und Pardubice), Deutsch für die unternehmerische Praxis (Ostrava), Deutsch für Manager (Zlín) oder Deutsch in Kombination mit einer anderen Fremdsprache für den Fremdenverkehr (Hradec Králové) akkreditiert. (Vaňková 2017: 97)

Praxisorientierte Studiengänge erfreuen sich zunehmender Beliebtheit, verdrängen jedoch die traditionelle Germanistik in eine Randposition.

Insbesondere vonseiten der Wirtschaft wird eine stärker an praktischen Anforderungen der Unternehmen orientierte Ausbildung gefordert. Der Hochschulentwicklungsplan des tschechischen Schulministeriums strebt eine stärkere Trennung zwischen praxisorientierter und theorieorientierter Ausbildung an. Auch über die Einführung einer am deutschen System orientierten dualen Ausbildung wird in erster Linie im nichtuniversitären berufsqualifizierenden Bereich nachgedacht, Ansätze für die Entwicklung eines dualen Studiums sind dagegen nicht zu erkennen.

Vonseiten der Wirtschaft wird seit Längerem eine stärker an den praktischen Anforderungen der Unternehmen orientierte Ausbildung gefordert. Im Hochschulentwicklungsplan des tschechischen Schulministeriums wird daher eine stärkere Trennung zwischen praxisorientierter und theorieorientierter, auf eine wissenschaftliche Laufbahn abzielender universitärer Ausbildung angestrebt. Dies soll v.a. durch eine gezieltere Förderung von Spitzenforschung erreicht werden. Über die Einführung einer am deutschen System orientierten dualen Ausbildung wird in erster Linie im nichtuniversitären berufsqualifizierenden Bereich nachgedacht, Ansätze für die Entwicklung eines dualen Studiums sind dagegen nicht zu erkennen. Zum Anteil an Sponsoring, Auftragsforschung und gezielter Absolventenrekrutierung durch Unternehmen sind keine detaillierten Angaben verfügbar. Im Bereich der Hochschulen ist jedoch der Trend erkennbar, dass große Unternehmen, etwa die Škoda-Werke gezielt Nachwuchs an eigenen Privathochschulen ausbilden. (DAAD Bildungssystemanalyse Tschechische Republik 2017: 11)

Der Rückzug der deutschen Geisteswissenschaften wiegt schwer. Deutsche Denker und Philosophen können in den Lehrveranstaltungen nicht behandelt werden, wenn Studierende deren Werke kaum in der Originalsprache Deutsch lesen können. Die Position des Deutschen als Kultursprache und als Sprache der Geisteswissenschaften in Tschechien schätzt Fiala-Fürst (2014: 204) als „eminent gefährdet" ein.

[…] seitdem gibt es aber nicht nur in der Germanistik und nicht nur in Olmütż, eigentlich tschechienweit, fast in allen Fächern, den Wahn, man muss alles dafür tun, dass wir Studenten kriegen und man macht jede blöde Mode mit. Die eine Mode, die hieß am Anfang des Jahrtausends vielleicht „Die Sprache in Dienste der Wirtschaft", also jedes philologische Fach hat ein Nebenfach eingerichtet, Italienisch, Russisch, Polnisch für wirtschaftliche Zwecke. Ich hab mich damals gewehrt, hab gesagt, ist eine anständige Philologie, das mache ich nicht mit und wir haben als einzige Philologie dieses Fach nicht eingeführt, dafür hab ich dieses Fach eingeführt „Deutsch als Sprache der Geisteswissenschaften". Es hat auch Anlauf gehabt, es kamen viele Studenten, aber der allgemeine Rückgang ist dadurch nicht gestoppt worden, also kam der nächste Wahn, dass jede Philologie Dolmetscher und Übersetzer ausbilden muss, weil das die jungen Leute angeblich interessiert. Ja, kein Wunder, die junge Leute können sich überhaupt nicht vorstellen, so lange sie noch nicht angefangen haben, Philologie zu studieren, können sich nichts anderes vorstellen, was sie mit der Sprache, mit einer fremden Sprache tun könnten, als dolmetschen oder übersetzen. Na gut, also hat man das Dolmetschen und Übersetzen akkreditiert, trotzdem wir darauf nicht vorbereitet waren, keine Lehrkräfte hatten, keine Tradition, niemand wusste, wie das zu tun ist, aber dieses Fach wird jetzt protegiert, es melden sich auch mehr Leute als für Philologie und sowieso mehr als für dieses Fach der Geisteswissenschaften […]. [Interview Fiala-Fürst Juni 2018]

Nicht zu vernachlässigen ist die Zahl der Deutschlerner anderer Fakultäten an den Universitäten. Deutsch ist in Kombination mit Studiengängen u.a. der Wirtschaftswissenschaften und Ingenieurwissenschaften eine wichtige

Komponente für die berufliche Karriere. „An den Hochschulen der Tschechischen Republik wird Deutsch in Form des studienbegleitenden Unterrichts gelehrt, da die Kenntnis zweier Fremdsprachen eine zentrale Komponente in den akademischen Qualifikationsprofilen darstellt." (Bergerová 2010: 1810 f.)

Oft reichen in deutschsprachigen Unternehmen gute Englisch- und Deutschkenntnisse für gut bezahlte Jobs auch ohne Studium völlig aus. Auch im schulischen Bereich wird in grenznahen Regionen intensiv zusammengearbeitet; die Fremdsprache als auch Unterrichtssprache Deutsch wird häufiger gewählt. Ebenso gibt es im universitären Bereich umfangreichere Kooperationen als im Inland – so können z.B. teils Module des Studiums an deutschen Universitäten ergänzend absolviert werden.

Also in ganz Tschechien würde ich sagen, finden […] ganz viele Absolventen Anstellung bei Firmen, ja, Firmen… . Also entweder deutschen Firmen, internationalen Firmen, tschechischen Firmen, aber die Firmen suchen jetzt nach Absolventen mit guten Sprachkompetenzen, ja. Sie kommen zu uns an die Fakultät, ja, und machen Werbung… Dann kann man sagen, sind es Deutschlehrer. Interessant ist, dass immer weniger Studierende Lehrer, Deutschlehrer, werden wollen. Wir haben ganz wenige Lehramtsstudierende bei uns. Und dieselbe Situation hat man auch an anderen Instituten, ja, also der Lehrerberuf interessiert jetzt die Studierenden nicht mehr. Ja. Die Mehrheit geht jetzt in die Wirtschaft. So. Ja. Einige arbeiten vielleicht, ja, in Redaktionen, ja, das kann auch sein. Ja. Oder bei den Massenmedien, ja, das kann auch sein. Wir haben auch solche, die im Rundfunk arbeiten, ja, oder im Fernsehen arbeiten. Das sind aber… ja Einzelfälle. Ja. Die Mehrheit geht, ja, wirklich in die Wirtschaft. [Interview Vaňková Februar 2019]

Universitäten stellen sich mit ihren Curricula teils auf diese Herausforderung ein, denn zumindest außerhalb der großen regionalen Zentren ist nicht selten die Existenz germanistischer Institute gefährdet:

[…] die müssen dann wirklich auch alternative Wege suchen. Einer der Wege ist mehr berufsorientiert, vor allem jetzt die Bachelor-Studiengänge zu gestalten und das, denke ich, hat sich sehr gut bewährt, also als gutes Beispiel vielleicht könnte man Pardubice nennen, die haben ja dort ebenso für berufsorientierte mehr Praxis oder Fremdenverkehr ausgerichtet und diese Studierenden… Also da gibt es auch großes Interesse in den Firmen, also die haben dort ziemlich guten Zulauf und haben auch sehr gute Arbeitsmöglichkeiten anschließend, das funktioniert sehr gut. [Interview Cornejo September 2018]

Die Zukunftsvisionen des Faches werden unterschiedlich gut eingeschätzt. Die fortschreitende Entfernung von den Qualitätsmaßstäben einer traditionellen Germanistik wird von Fiala-Fürst eher negativ eingeschätzt;

einen Grund für diese Entwicklung sieht sie allerdings auch in der mangelnden Unterstützung durch deutschsprachige Länder.

Damit haben Sie mich leider in einer schlechten Situation erwischt. Also, ich sehe schwarz, muss ich sagen, für die Germanistik. Ich fürchte, dass Mitteleuropa die gleiche Entwicklung nehmen wird wie sie in Bezug auf das Deutsche, auf die Germanistik, auf die deutsche Philologie, Amerika, Australien und Westeuropa genommen hat, also es wird das Fach so langsam vor sich hinsterben. In Westeuropa ist es ja fast so, also gut, an großen französischen Universitäten gibt es noch große Germanistiken, aber immer weniger. In Australien habe ich gehört, wir hatten einen Kollegen da, gibt es gar keine Germanistik mehr, in Amerika auch immer weniger. Es ist schade. Ich kann mich erinnern, ich hab bei irgendeinem Kongress in Deutschland vor aber 10 Jahren mindestens, gesagt, unterstützt auch bitte Mitteleuropa, dieses letzte Gebiet des Deutschen. Das ist es nicht mehr. Das ist vorbei. Das ist jetzt vorbei. Und die Deutschen haben leider ihr Interesse auch nach Afrika gewendet und nach Asien. Also Mitteleuropa spielt keine große Rolle mehr. Irgendwie ist es ihnen nicht zu verdenken, wenn man sich die politische Situation so anschaut, ich würde auch kein Geld nach Europa zahlen im Moment, aber fürs Deutsche ist es schade in diesen Gebieten. [Interview Fiala-Fürst Juni 2018]

Das Konzept, wie es in der Vergangenheit für die Germanistik charakteristisch war, wird als überholt und nicht überlebensfähig eingeschätzt; nicht jedoch der Bestand der Germanistik selbst.

Also ich denke, dass das Fach immer noch lebendig ist in 20 Jahren, ja. Ich denke jedoch, dass das alte Konzept der Germanistik, ja, ein bisschen getrennt von der Entwicklung der Gesellschaft, ja, das Konzept nicht mehr überleben kann, ja… Dass sich auch die Germanistik an diese gesellschaftliche Entwicklung anpassen muss. Ich plädiere immer dafür, dass der philologische Kern der Ausbildung, ja, erhalten bleiben muss, ja. Das sollte erhalten bleiben. Daneben jedoch muss oder sollte sich die Germanistik wirklich spezialisieren. Ich hoffe, dass diese Divergenz der Studienprogramme dann ermöglicht, dass die Absolventen der Germanistik auch im Leben erfolgreich sein können. (Interview Vaňková Februar 2019)

Als Hauptstadtgermanistik, an der Karls-Universität zu Prag, ist man überzeugt, die Tradition der Germanistik auch in Zukunft weiterführen zu können, auch wenn die Bewerberzahlen zurückgegangen sind und Deutschunterricht inzwischen obligatorischer Bestandteil geworden ist:

Ja… Wir hoffen, ja, dass wir unsere Tradition fortsetzen können als Standort, ja, und als Hauptstadt: Germanistik an der Karls-Universität […]. Übrigens die Zeiten mit mehr als 500 Bewerbern pro Jahr sind natürlich vorbei, ja, aber das ist auch demografisch bedingt. Aber so um die 100 Bewerber konnten wir, hoffe ich, ja, jedes Jahr haben und dadurch konnte eben auch die Fortsetzung dieses Faches an der Karls-Universität dann gewährleistet werden und ... Ja, wir können ... Also was die Forschung angeht, da haben wir die deutsche und die jüdische Kultur in der Stadt, wir haben auch die Sprachgeschichte, die Kanzleisprache, die Kanzleisprachenforschung und wir haben auch die Soziolinguistik, ja, in den heutigen Konzepten, d.h., ja, es gibt Themen und Themenbereiche, die auf jeden Fall relevant bleiben und, ja, da sehe ich auch das Potenzial bzw. den Stoff für die Zukunft. [Interview Dovalil März 2019]

6.3. Slowakei

Die Slowakei hat drei staatliche Universitäten, 20 öffentliche und circa zehn private Hochschulen. Diese umfassen Volluniversitäten, technische Universitäten und drei Hochschulen für Kunst und Musik. Hinzu kommt eine Wirtschaftshochschule, eine landwirtschaftliche und eine veterinärwissenschaftliche Universität.

In der Slowakei kann man Germanistik an den folgenden philosophischen, geisteswissenschaftlichen oder pädagogischen Fakultäten studieren:

- Pädagogische Fakultät der Comenius-Universität in Bratislava
- Philosophische Fakultät der Comenius-Universität in Bratislava
- Pädagogische Fakultät der Universität von Trnava
- Philosophische Fakultät der Universität der Hl. Cyrill und Methodius in Trnava
- Philosophische Fakultät der Konstantin-Universität in Nitra
- Philosophische Fakultät der Matej-Bel-Universität in Banská Bystrica
- Philosophische Fakultät der Katholischen Universität in Ružomberok
- Philosophische Fakultät der Prešover Universität in Prešov
- Philosophische Fakultät der Pavol-Jozef-Šafárik-Universität in Košice
- Pädagogische Fakultät der János-Selye-Universität in Komárno.

Die Comenius-Universität in Bratislava bietet seit 2012 die Möglichkeit, ein Medizinstudium auf Deutsch zu absolvieren. Dieses Angebot ist vor allem für Bewerber aus Deutschland interessant, die ohne die Einschränkung durch einen Numerus Clausus ein Studium der Allgemein- oder Zahnmedizin aufnehmen wollen, auch wenn dies mit hohen Studiengebühren verbunden ist. Für slowakische Universitäten hingegen ist es eine lukrative Einnahmequelle.

Nichtphilologische Studiengänge an Universitäten und Hochschulen in einer anderen als der slowakischen Sprache sind jedoch selten. Die bislang einzige Universität in der Slowakei, die das gesamte Studium in einer Fremdsprache (Englisch) mit gleichzeitigem Erwerb eines amerikanischen Diploms ermöglicht, ist die Hochschule für Management in Trenčín. Bestimmte Fakultäten oder Lehrstühle größerer Universitäten bieten ausgewählte Fächer auf Englisch an (z.B. Fakultäten für internationale Beziehungen, juristische Fakultäten an der Comenius-Universität in Bratislava oder an der Matej-Bel-Universität in Banská Bystrica). Die einzige Hochschule, die das Studium in Deutsch (und zusätzlich noch in Englisch und Slowakisch) anbietet, ist die im Jahre 2012 gegründete private Hochschule Goethe-Universität Bratislava mit drei Fakultäten (Fakultät für internationale Unternehmensführung, Fakultät für Medien- und Kulturwissenschaften, Fakultät für Tourismus), an der aber im akademischen Jahr 2015/2016 keine Studienprogramme angeboten werden, da 2015 Probleme mit der staatlichen Akkreditierung aufgetreten sind (vgl. Juhásová 2015: 16).

Betrachtet man die aktuellen Entwicklungstendenzen im Bildungswesen – von der Grundschule bis zur Hochschule – und die sprachenpolitischen Trends im schulischen, universitären und außerschulischen Bereich, muss für die künftige Ausrichtung der Germanistik in der Slowakei auf das Potenzial der Erwachsenenbildung wie auch das des Deutschen für nichtphilologische Studiengänge hingewiesen werden.

Dem Attraktivitätsverlust des Germanistikstudiums und der DaF-Lehrerausbildung könnte man durch Offenheit und Flexibilität entgegenwirken, wobei das Bewusstsein, dass Deutschkenntnisse als Berufschance wahrgenommen werden müssen, stärker in der Öffentlichkeit verankert werden muss. Dies erfordert, dass der Unterricht stärker berufsbezogen ausgerichtet sein sollte. Germanistische Studiengänge mit wirtschaftlich-kultureller Profilierung vermögen trotz ungünstiger Rahmenbedingungen die Aufrechterhaltung der Sprachenvielfalt in der Slowakei zu sichern. (Juhásová 2015: 23 f.)

In der Erwachsenenbildung liegt die Vermutung nahe, dass der Anstieg der Deutschlernerzahlen im Zusammenhang mit beruflichen Perspektiven zu sehen ist. Zudem existieren an den meisten technischen wie wirtschaftswissenschaftlichen Universitäten Sprachenzentren, an denen der Fremdsprachenunterricht (oft Englisch und Deutsch) den Erwerb von internationalen Sprachzertifikaten ermöglicht (vgl. Juhásová 2015: 16).

Die Präsenz zahlreicher deutscher Unternehmen in der Slowakei fördert den fachsprachlichen Deutschunterricht an Sprachenzentren (z.B. Training mündlicher Präsentationen, Handelskorrespondenz) diverser Universitäten und Hochschulen.

Es ist nicht zu übersehen, dass der Anteil der Absolventen, die als Lehrkräfte in die Schulen gehen, immer geringer wird. Laut einer Umfrage an zwei westslowakischen Universitäten (Bratislava und Nitra) wollen 60 % der Studierenden nach dem Abschluss eine andere Laufbahn einschlagen. Vor allem im westlichen Teil des Landes wollen weniger als 20 % aller Absolventen den Lehrerberuf ausüben. Das mangelnde Prestige des Lehrerberufes und die Entlohnung machen den Lehrerberuf für viele Studierende unattraktiv.

Besonders begehrt sind Tätigkeiten im Berufsfeld Dolmetschen und Übersetzen, Journalismus ebenso im Berufsfeld der Kulturvermittlung.

Da die Zahl der Deutschlerner rückläufig ist, nimmt dementsprechend die Zahl der Arbeitsplätze an Schulen ab. In den Arbeitsbereichen Kultur und Politik, Dolmetschen und Übersetzen existiert ein Stellenangebot; die lukrativsten Angebote macht jedoch die Wirtschaftsbranche.

Ja. Ich glaube, wir vernachlässigen das ein bisschen, dass wir, ja, diesen Kontakt mit den Absolventinnen … Aber unsere Fakultät gehört zu den wirklich immer sehr erfolgreichen, was Arbeitsmarkttauglichkeit der Absolventinnen angeht. Dolmetscher und Übersetzer sind eben oft auch unter ihren Berufen, das stimmt, obwohl der Markt auch schon gesättigt ist, zum großen Teil. Es sind sehr oft Kulturmanagerinnen, Bibliothekarinnen sogar, Journalistinnen unter ihnen. Einige, Gott sei Dank, gehen auch noch an die Schulen. Einige sind sogar in der Werbung. Wir haben ja auch Kombinationen, also im Lehramt studieren sie sowieso zwei Fächer, beim Dolmetschen haben sie auch zwei Sprachen, meistens. Wir haben zwar auch ein Studienprogramm nur mit Deutsch, aber die meisten studieren in Kombinationen, mit Geschichte oder mit Philosophie und das sind eben dann Absolventen, die, ja, die eben durch ihr analytisches Denken und durch eine Übersicht eben im kulturwissenschaftlichen Bereich wirklich eine große Anwendung finden. Ich glaube schon, dass sie Erfolg haben. Aber was … was das Traurige ist, und ich glaube die Slowakei ist dort wirklich ein Extrafall – wir verlieren ungeheuer viele Leute, die ins Ausland gehen, ja. Also, Zehntausende studieren schon im Ausland. Und jetzt auch die Absolventen, ja, die sind weg … Die sind weg. Ja, sind in Deutschland, in Österreich, in Tschechien auch, also, das ist … Also, dieser Talentschwund ist ein Riesenproblem der Slowakei. [Interview Zemaníková Juli 2018]

Nach Kováčová/Jurková (2019) ging die Anzahl der Studierenden im Lehramtsstudium 2016 im Vergleich zu 2011 um die Hälfte (2011 – 887 Studierende, 2016 – 467 Studierende) zurück. Translatologische Studiengänge verzeichnen nicht so massive Verluste. Ferner registriert man nach Kováčová/Jurková (2019: 222) bei den Studierenden „eine gewisse Abneigung gegen die Theorie und eine ausgeprägte pragmatische, nutzenorientierte Einstellung" wie auch eine willkommene „erhöhte mediale Kompetenz und internationale Mobilität, die den Studierenden Tür und Tor für den Spracherwerb im außeruniversitären Umfeld eröffnen."

Die Bedeutung der deutschen Sprache für die berufliche Laufbahn verdeutlicht die starke Nachfrage bei Sprachschulen und -instituten in den letzten Jahren. Für die hohe Nachfrage an Deutschkursen ist nach Kováčová/Jurková (2019) das praxisbezogene Angebot der Sprachschulen (u.a. Wirtschaftsdeutsch oder Deutsch für das Gesundheitswesen und Krankenpflege) verantwortlich. Entgegen der großen Nachfrage nach Deutsch wollen nur wenige Absolventen Deutschlehrer werden, was einen Mangel an deutschsprachigen Fachlehrern als Folge hat.

Auf der Grundlage einer 2017 erfolgten Umfrage unter DaF-Absolventen germanistischer Studiengänge haben Kováčová/Jurková (2019) die Rolle von Deutsch im Beruf und den Praxisbezug slowakischer Germanistik-Studiengänge (am Beispiel des Lehramtsstudiums) herausgestellt. Die Datenerhebung fand im November 2017 statt. Insgesamt wurden 150 Absolventinnen und Absolventen angesprochen, die Rücklaufquote lag bei 30 %. Die Stichprobe bildeten 47 Absolventen der Germanistik aus unterschiedlichen Regionen der Slowakei. Die Umfrageergebnisse liefern nach Kováčová/Jurková (2019) Indizien für bestimmte Tendenzen und dürfen in ihrer Gültigkeit nicht überschätzt werden. Die Ergebnisse informieren folglich hauptsächlich über Berufswege von Absolventen des Lehramtsstudiums. Die Umfrage war auf folgende Themen ausgerichtet: (1) Wirkungsbereich (Branche, Position, Dauer der aktuellen Berufsausübung); (2) Rolle des Deutschen im Berufsalltag (Wichtigkeit des Deutschen in dem jeweiligen Arbeitskontext, Arbeitsaufgaben, bei deren Bewältigung Deutschkenntnisse erforderlich sind, verwendete ggf. produzierte Textsorten schriftlich/mündlich); (3) Rückmeldungen zum Studium (Kenntnistransfer einzelner Module des Studiums, Nützlichkeit der erworbenen Kompetenzen, Fertigkeiten und Erfahrungen) sowie (4) Empfehlungen für eine Neugestaltung des Germanistik-Studiums (offene Frage). Der Umfrage zufolge sind im Bildungssektor fast 60 % der Befragten tätig (48,9 % im Schulwesen, 10,6 % Mitarbeiter von Sprachschulen oder anderen Bildungsträgern). 36 % der Befragten gab als Wirkungsbereich die freie Wirtschaft an. Der Rest entfällt auf Medien (2,1 %) und auf das Studium anderer Fachrichtungen in Deutschland (2,1 %). Im Wirtschaftsbereich arbeiten nach Kováčová/Jurková (2019) die Befragten häufig in der Kundenberatung, im Verkauf oder in der Logistik, nur selten wurden die Bereiche Finanzen und Produktionsplanung genannt.

Die Abwanderung ausgebildeter Deutschlehrer in die Wirtschaft nahm nach Kováčová/Jurková (2019) in den letzten Jahren leicht zu, wofür vorwiegend die chronische Unterfinanzierung im Schulwesen verantwortlich sei. Nach Angaben der Befragten ist das Einstiegsgehalt bei einem deutschen IT-Unternehmen fast doppelt so hoch wie im Schulwesen:

> Neben den ökonomischen Gründen spielt auch die Tatsache eine Rolle, dass mit dem schrumpfenden Deutschunterricht im Schulwesen auch die Berufsmöglichkeiten für Germanisten schwinden. So entsteht eine höchst ungünstige Situation: Ambitionierte, eher materiell orientierte Absolventinnen und Absolventen mit guten Deutschkenntnissen suchen deutsche Unternehmen in größeren Städten auf, die aktuell einen hohen Bedarf an deutschsprachigen Mitarbeitern haben. (Kováčová/Jurková 2019: 224)

Im Schulwesen verbleiben nach Kováčová/Jurková Absolventen, die nicht sehr mobil sind, oder solche, „die sich u.a. wegen schwächeren Deutschkenntnissen in der Wirtschaft nicht durchsetzen können. Es darf jedoch nicht verschwiegen werden, dass viele den Lehrerberuf als Berufung sehen und ihn entgegen finanzieller Hürden ausüben." (ebenda)

Auf die Frage, welche Visionen die Zukunft der Germanistik in der Slowakei zulässt, sind die Einschätzungen eher ernüchternd. So wird die Schere zwischen den Qualitätsansprüchen von Forschung und Ausbildung spürbar, der Verlust traditioneller Fachinhalte aber eben auch die Konsequenzen sprachenpolitischer Entscheidungen. Seit 2011 war Englisch als Pflichtfremdsprache landesweit für den Bildungssektor festgelegt; für den Primar- und Sekundarbereich galt die zweite Fremdsprache lediglich als fakultative Option. Nicht nur der Bedarf an Lehrkräften für DaF ging zurück, auch das Interesse an einem Studium der Germanistik.

Es ist sehr, sehr fraglich, ob es noch eine Germanistik in der Slowakei gibt. Ich glaube, die Literaturwissenschaft existiert als Wissenschaft und führt ein doppeltes Leben. Es wird auf einem sehr hohen Niveau geforscht, was man über die Seminare nicht sagen kann, teilweise sind sie auch sprachpraktische Übungen. Was die Sprachwissenschaft betrifft: Da ist es wenig und was man da beobachten kann, es ist eine stärkere pragmatische Orientierung in Richtung Fachsprachen. Vor allen Fachsprachen in der Wirtschaft und Sprache des Rechts. Dann haben wir eben aber auch nichtgermanistische Institute an technischen Universitäten oder an Wirtschaftsuniversitäten und die machen dann auch sehr stark Fachsprache. Aber z.B. Mediävistik. Mediävistik wird … oder Seminare dazu werden, wenn ich mich nicht irre, nur an zwei Instituten angeboten. Also, historische

Grammatik und die Forschung auf dem Gebiet der Entwicklung der deutschen Sprache in der Region – das stirbt aus. Leider.

Also, meine realistische Germanistikvision ist: Es wird enden, wie vielleicht die Romanistik in der Slowakei. D.h. viel weniger Institute, weniger Studierendenzahlen und dann werden wir vielleicht mit A2 oder A1 anfangen. Und wie weit die es dann bringen, weiß ich nicht. Ich fürchte das endet, indem die Lehrer dann auf dem B1-Niveau sind und die Germanistik betreibt man dann nur noch auf der Ebene der Sprache. Das ist dann die Folge … Denn auch Wissenschaftler haben dann weniger Deutsch gelernt und können sich dann präziser in der Muttersprache ausdrücken oder Englisch wird Wissenschaftssprache. Sehr schlimm. [Interview Kováčová Juli 2018]

Ebenso kritisch sieht es die Präsidentin des Germanistenverbandes der Slowakei, die zum einen darauf verweist, dass die Zahl der germanistischen Institute reduziert und zum anderen die Zusammenarbeit der Institute untereinander verstärkt werden sollte.

Also, ich glaube, die pessimistische, aber realistische Vision ist, dass die Zahl der Institute reduziert werden muss. Ja. Der Rückgang der Bewerberinnen und -bewerber ist so stark, dass es, glaube ich, nicht zu halten ist, ja. Wir haben an sieben Universitäten praktisch wirklich Institute für Germanistik, daneben noch zwei Lehrstühle für deutsche Sprache und Literatur, daneben noch in kleinen Philologien an zwei Universitäten weitere kleine Abteilungen und noch die Fakultät der Angewandten Sprachen der Wirtschaftsuniversität in Bratislava mit eigentlich sehr vielen Germanistinnen. Das ist für ein Land mit fünf Millionen Einwohnern einfach zu viel, ja. Also, ich denke, da muss irgendwas konzentriert werden, wir werden lernen müssen, besser zu kooperieren. Ich hoffe sehr, dass es gelingt. Mir lag in der Leitung des Verbands vor allem sehr viel daran, dass wir, ja, dass wir irgendwie für dieses Gemeinsame auch etwas tun. Natürlich sind wir Konkurrenten, das kann man nicht bestreiten, aber wenn man mindestens in bestimmten Regionen keine Konkurrenz-Studienprogramme konzipiert, wäre das, glaube ich, für die Germanistik in der Slowakei gut. Ich kann das nicht so richtig einschätzen, wie sich das mit dem Charakter der Programme entwickeln wird, das sage ich jetzt auch ganz ehrlich, ja. Wenn wir uns jetzt weiter der sinkenden Qualität der Bewerber anpassen werden, würde ich das als eine nicht gute Entwicklung sehen. Jetzt sieht es leider so aus, weil alle sich halten wollen. Ich bin jetzt zu ehrlich, vielleicht, aber alle wollen natürlich jetzt keine Kündigungen, ja, den Verlust der Arbeitsstelle. Das sind ganz ernsthafte Fragen, natürlich. Wenn schon etwas gegründet ist, dann ist es immer schwierig, ja, dass das dann auch abgeschafft wird, aber ich denke wirklich, dass es nur möglich sein wird, dass man auf Qualität dann doch beharrt und dass wir kooperieren.

Vielleicht in kleineren Arbeitsstätten und, ja, vom Inhalt her hoffe ich sehr, dass sich noch, ja, dass jetzt eben vielleicht nicht alles sich an der Wirtschaft orientieren wird, sondern dass etwas von ... von dem, ja, von der Berufung, sag ich jetzt, der Universität auch bleibt, auch in den germanistischen und überhaupt philologischen Fächern, weil ... Also, ich kenne auch die Situation der Romanistik, die ist noch schlimmer. Wenn die Sprachenpolitik in einem Land sich entscheidet, eben eine Sprache zu unterstützen als die wichtigste usw., bedeutet das dann natürlich auch, dass für die Forschung das Geld konzentrierter an die Sprache geht, also, auch die Forschung in der Germanistik oder in der Romanistik leidet natürlich dann ... im Rahmen so einer Sprachpolitik. Also, ich hoffe sehr, dass sich da was ändert überhaupt in der Sprachenpolitik und dass wir das als Zukunftsvision ... dann doch genießen können – eine gewisse Wende. [Interview Zemaníková Juli 2018]

6.4. Ungarn

36 deutschsprachige Studiengänge werden an den großen Studienstandorten in Ungarn angeboten: Budapest, Sopron, Veszprém, Pécs, Debrecen, Szeged und auch Miskolc. Von diesen sind neun im Bereich der Germanistik angesiedelt, acht im Bereich der Medizin/Zahnmedizin verortet, acht im Bereich der Wirtschaft, vier im Bereich „Internationales Recht“ sowie weitere im Bereich Tourismus und Geschichte. Die meisten deutschsprachigen Studiengänge finden sich an der deutschsprachigen privaten Andrássy-Universität und weiteren Universitäten in Budapest. Zielgruppe, insbesondere für Studiengänge der Medizin, sind vor allem zahlungskräftige Ausländer, die die hohen Studiengebühren bezahlen können. Diese stellen eine willkommene zusätzliche Einnahmequelle für die besagten Fakultäten und Universitäten dar. Beispielhaft seien hier einige der deutschsprachigen Studiengänge genannt:

- Andrássy-Universität Budapest: Internationale Beziehungen, Mitteleuropäische Studien, Vergleichende Staats- und Rechtswissenschaften
- Corvinus-Universität Budapest: Betriebswirtschaftslehre
- Technische Universität Budapest: Ausbildung für Ingenieure
- Eötvös-Loránd-Universität Budapest: „Deutsche Rechtsschule“
- Semmelweis-Universität Budapest: Human- und Zahnmedizin
- Universität Szeged: Humanmedizin, Deutsches und Europäisches Wirtschaftsrecht
- Universität Pécs: Human- und Zahnmedizin, Rechtswissenschaften

- Westungarische Universität Sopron: BA-Betriebswirtschaftslehre und Management, MA-Internationale Wirtschaftslehre
- Wirtschaftshochschule Budapest: Handel und Marketing, Tourismus

Die Zahl der immatrikulierten Studierenden geht weiter zurück. Insgesamt sind 287.000 Studierende an ungarischen Hochschulen immatrikuliert. Diese Zahl ist nicht nur auf die bisherige demografische Entwicklung, sondern vor allem auf bildungspolitische Eingriffe zurückzuführen.

Sie bildet gewissermaßen den Abschluss einer ganzen Reihe von Maßnahmen der aktuellen Regierung, die die Politik der sozialdemokratischen Vorgängerregierung (2002–2010) reformiert. Diese hatte durch Ausweitung von Fortbildungsmaßnahmen auf weitere Bevölkerungskreise erreicht, dass die Quote der Sekundärabschlüsse im Jahr 2004 sprunghaft von 96.300 auf 116.300 anstieg. Dieser Trend erreichte seinen Höhepunkt 2011 mit 142.600 Abiturienten und lag im Jahr 2017 wieder bei 108.500. Daneben wurden als überzählig geltende Institute an Hochschulen geschlossen und Studienplätze abgebaut (DAAD Bildungsanalyse 2017).

Der Rückgang der Immatrikulationen ist auch in der Germanistik spürbar. Einzig die Zahl der BA-Studierenden ist relativ groß. Das ist vermutlich darin begründet, dass in Budapest Wahlmodule angeboten werden; im BA-Studium z.B. Translatologie, „Deutsch im beruflichen Leben“ (in Zusammenarbeit mit dem Audi-Hungaria-Konzern und mit Praktikumsmöglichkeiten) und „Sprache – Mensch – Technik“ bzw. die „Projektreferent-Ausbildung“ (Miskolc). Es geht hier eindeutig um einen erhöhten Bedarf an Wirtschaftsdeutsch, an technischem Deutsch (vgl. dazu Masát/Lökös 2017: 58 f.).

Wie wichtig eine fachsprachliche Ausbildung während des Studiums – auch für Studierende der Germanistik – ist, stellt Gyáfrás bereits 2004 (255 ff.) deutlich heraus. Es existiert ein erheblicher Bedarf an Wirtschaftsdeutsch in Ungarn. Auch wenn Englisch die interne Unternehmenssprache in deutschen Unternehmen ist, so ist es doch in erster Linie die externe Kommunikation mit den deutschen Handelspartnern, die deutsche (Fach-) Sprachkenntnisse erforderlich macht.

Zwei umfassendere empirische Studien zum Stellenwert für den Bedarf an Wirtschaftsdeutsch sind seit der politischen Wende in Ungarn verfasst worden. Komáromy (2010) verweist auf die zunehmende Bedeutung von Wirtschaftsdeutsch, zum einen für den heimischen Arbeitsmarkt hinsichtlich ungarisch-deutscher Handelsbeziehungen innerhalb Ungarns und zum anderen im Hinblick auf die uneingeschränkte Arbeitnehmerfreizügigkeit – seit dem 1. Mai 2011 – auf dem europäischen Arbeitsmarkt, was in Anbetracht einer

Arbeitslosenquote von über 10 % (2010) in Ungarn eine reelle Alternative für viele Arbeitssuchende darstellt (Komáromy 2010: 180).

Die empirische Studie zum Stellenwert der deutschen Sprache wurde anhand von Fragebögen durchgeführt, die an 119 ausgewählten Unternehmen versendet wurden. Der Rücklauf von 35 Unternehmen mit einer Mitarbeiterzahl von mindestens 17.500 Personen kommt zu folgenden Ergebnissen:

> […] 83 % unserer antwortgebenden Firmen [haben] eine deutsche Mutterfirma, bei 20 % ist auch das Management deutsch, 60% der Unternehmen haben deutsche Kunden und bei 40 % der Gesellschaften arbeiten auch deutsche Mitarbeiter. (Komáromy 2010: 180)

Bei fast der Hälfte aller Unternehmen ist Deutsch die wichtigste Fremdsprache. Von besonderem Interesse – für die Wirtschaftsdeutsch-Curricula – sind die von den Unternehmen genannten Situationen, in denen die Verwendung der deutschen Sprache von Belang ist: Kundenkontakt, Kontakt zur Mutterfirma, Meetings, Besprechungen und Sitzungen, Ergebnisberichte für das Management, Weiterbildungen, Trainings, Workshops, Einweisung, Verhandlung, Dokumentation, Kollegengespräche und weitere. Bei der Auswahl und Einstellung der Mitarbeiter ist Wirtschaftsdeutsch ein entscheidender Faktor, eine Voraussetzung, um bestimmte Positionen besetzen zu können. Erstaunlich ist, so die Ergebnisse der Studie, dass sich die Unternehmen in der Regel nicht auf vorgelegte Sprachdiplome oder Zertifikate verlassen, sondern eigene Sprachtests durchführen. In einem der Rückläufe heißt es:

> Die meisten Bewerber verfügen über ein Sprachdiplom (das wird auch in den Vorstellungsgesprächen immer wieder hervorgehoben), aber in der Praxis sind sie nicht einmal in der Lage, über sich selbst 10 sinnvolle und korrekte Sätze zu äußern, geschweige denn Telefonate mit den Kunden zu führen und mit ihnen zu verhandeln. (Komáromy 2010: 188)

Es fehlt an einer fundierten Bedarfsanalyse, bei der sowohl die Unternehmen selbst als auch Curricula-Planer an Universitäten und Hochschulen gefragt sind. Angesichts der Tatsache, dass bis zu 80 % der Absolventen – so vorläufige Schätzungen – in der Wirtschaft einen Arbeitsplatz anstreben, sollte Wirtschaftsdeutsch einen festen Platz in den BA-Studiengängen an germanistischen Lehrstühlen innehaben.

Gut ausgebildete Germanistinnen und Germanisten haben in der Wirtschaft ausgezeichnete Perspektiven dank ihrer Sprachkenntnisse und zusätzlicher Fertigkeiten, die sie im Studium erworben haben.

Besonders in den technischen Fächern aber auch bei den Wirtschaftswissenschaften und teilweise in den Geisteswissenschaften bestehen

Kooperationen mit der Wirtschaft und Industrie. In diesem Rahmen unterhalten Firmen Forschungszentren an Universitäten, finanzieren Lehrstühle (z.B. im Bereich Maschinenbau) oder bieten Praktika für Studierende und künftige Trainees an.

Außerdem wurde das duale Studium nach deutschem Vorbild eingeführt. Dieses Modell soll künftig weiter ausgebaut werden.

Wenn auch die Zahl der BA-Studienbewerber befriedigend ist, erscheint die Lage der MA-Studierenden und derjenigen, die nach einem MA-Abschluss für vier Jahre als Promotionsstudierende ein relativ kompaktes Prüfungssystem bestehen müssen, problematisch.

Immer größer wird die Kluft zwischen den praxisorientierten BA-Möglichkeiten und den „klassischen" Angeboten der Philologie in der MA-Ausbildung und der Promotion. Masát/Lökös (2017: 49) verweisen darauf, dass in der BA-Ausbildung „eine klare Reaktion auf den Bedarf des Arbeitsmarktes" auszumachen sei, während die schwindende Zahl der MA- (und z.T. der Promotions-) Studierenden „auf den mangelnden Bedarf an der klassischen philologischen Ausbildung hin[weise]".

Der Verbleib der Absolventen an germanistischen Instituten ist zwar statistisch nicht belegt, jedoch weisen Einschätzungen aus der Praxis darauf hin, dass das Lehramt für Deutsch an staatlichen und privaten Schulen eine favorisierte Berufsperspektive trotz schlechter Bezahlung zu sein scheint. Auch die Emigration in deutschsprachige Länder zum Zwecke der Arbeitsaufnahme ist seit der Freizügigkeit problemlos, eine Tätigkeit im Kultursektor ist beliebt, aber relativ selten aufgrund des begrenzten Stellenrepertoires, ebenso wie eine wissenschaftliche Karriere an der Hochschule. Ein erheblicher Teil der Absolventinnen und Absolventen arbeitet nach Abschluss des Germanistikstudiums in der Wirtschaft.

Die durch die Bildungsreform geforderte Orientierung am Arbeitsmarkt schlägt sich in der Germanistik durch diverse sogenannte Spezialisierungen nieder:

Und wir haben Translatologie gemacht, kontrastive Linguistik gemacht, und jetzt haben wir 2012–2013 dann „Deutsch im Beruf", die Spezialisation eingeführt. Jetzt haben wir schon drei Spezialisationen und jetzt gleich am besten und am meisten diese letzte Spezialisation „Deutsch im Beruf" und die Translatologie ist zurückgegangen. Der Markt ist auch gesättigt, der Arbeitsmarkt, muss man auch sagen, also man braucht nicht mehr so viele Dolmetscher/Übersetzer […]. [Interview Knipf-Komlósi Juni 2018]

Schon während des Studiums verdienen Studierende im Dienstleistungsgewerbe ausländischer Unternehmen mehr als ein Taschengeld; oft übersteigt das Salär in diesen Nebenjobs das der unterrichtenden Dozenten an den Lehrstühlen.

Also, ein geringer Teil unserer Absolventen werden in der Philologie oder im philologischen Bereich arbeiten, vielleicht auch arbeiten wollen, dafür aber immer mehr in dem Wirtschaftsleben, sie wollen, es ist keine Schande, Geld verdienen, sie wollen sich zurechtfinden im Leben usw., und da musste man diese ganze ehemalige sogenannte philosophische, philologische Ausbildung dieser jungen Faculty, das müssen wir ein bisschen doch umkrempeln. Ein Teil wird nur für das, sagen wir mal, für das Wirtschaftsdeutsch usw. oder wirtschaftsskandinavische Sprachen könnte man auch sagen, verwendet und ein geringer Teil wird wahrscheinlich eher in der Magisterausbildung, also in der zweiten Phase der Ausbildung mehr für Literatur, Sprachwissenschaft, Sprachgeschichte usw. sein. Also, das ist im Grunde genommen, das wird die Entwicklung, die ich sehe und immer mehr, dass meine Kolleginnen, meine Generation, enttäuscht von der Entwicklung ist, das muss man auch sagen, weil man sieht, dass die Studenten oder die Studierenden nicht mehr dieses Interesse haben, was wir vorher erlebt haben. Das ist eine traurige Entwicklung. [Interview Masát Juni 2018]

Die Ausführungen machen deutlich, wie sehr sich die Ausbildungskonzepte in den letzten 28 Jahren verändert haben. Es stellt sich die Frage, welche Zukunft die Germanistik erwartet, welche Visionen in die Zukunft weisen. Germanistik ist nicht mehr als reine Philologie denkbar; nicht mehr ausreichend für eine Berufsperspektive. Interdisziplinarität ist auch für die ungarische Germanistik eine Perspektive für die Zukunft.

Ich denke die Germanistik wird sich auch in der Auslandsgermanistik, wenn ich das jetzt so nennen darf, ich mag den Begriff nicht so sehr, aber, wenn ich jetzt darüber spreche, dass wir nicht im deutschsprachigen Land leben, dann kann ich das gebrauchen, ich denke, dass wir uns in Richtung interdisziplinärer Bereich öffnen müssen. Ansonsten verlieren wir unsere Studierenden. Eine Sprache zu erlernen, bedeutet heutzutage etwas völlig anderes, als es in den 1970er- oder 1980er-Jahren bedeutet hat. Damals war es eine Existenz oder konnte es eine Existenzfrage sein, heutzutage ist das nicht mehr im Spiel, es geht nicht mehr um eine Existenz. Dazu muss man schon viel mehr wissen und auch viel mehr Kompetenzen haben und auch in anderen Bereichen zu Hause sein, mit Hilfe der deutschen Sprache, mit Hilfe der deutschen Philosophie, der deutschen Kultur usw. Kompetenzen sind notwendig, aber das bedeutet nicht, dass wir nur diese schmale Spur der reinen Philologie betreiben sollen, sondern dass wir uns öffnen, in Richtung Interdisziplinarität. Das wäre meine Vision.

Zum Beispiel in Bereiche der Wirtschaft, in Bereiche der Kommunikation, PR usw., wo man sich schon hier in der Germanistik ziemlich viele Kompetenzen aneignen kann, und dann kann man die anderen Kompetenzen, die man doch noch notwendig hat, kann man die noch sehr gut ergänzen. Es gibt schon einige Bereiche, denke ich, die man nachholen kann.

Germanistik sollte man nicht aufgeben, sondern man sollte es unbedingt noch weiter machen. Und wir müssen uns sehr viele Gedanken machen, wie wir die Germanistik noch interessanter, noch erfolgreicher in nichtdeutschsprachigen Ländern machen können. [Interview Knipf-Komlósi Juni 2018]

Vor allem die Vorrangstellung des Englischen wird problematisch für die Stellung der Germanistik eingeschätzt, aber das kulturelle Erbe der deutschen Geschichte in der Region Mittelosteuropas als Hoffnung für die Wahrung der deutschen Sprache und Kultur gesehen.

Visionen, das ist eine sehr schwere Frage, ja, zumal man auch wahrscheinlich davon ausgehen soll, wie die Möglichkeiten heute in Ungarn bestehen, ja. […] Welche Visionen, ja, ja. Ich sehe, ich weiß es nicht, ja, ich würde es besser sehen, also das ist keine Vision. Mein Wunsch wäre, dass die Fremdsprachen eigentlich Philologien, ihre eigenen Bereiche erhalten und dass nicht ein Wettkampf zwischen Englisch und den anderen Sprachen eintritt. Englisch hat einen zu großen Vorsprung als primäre Fremdsprache. Ich plädiere sehr häufig dafür, dass häufiger eine morphologisch schwierigere Sprache als Erstsprache gewählt wird und dann als Zweitsprache, also als zweite Fremdsprache Englisch gelernt wird. Alle müssen Englisch können, ja, aber ich glaube, wenn alle mit Englisch als erste Fremdsprache beginnen, dann bleiben die meisten dort stecken, weil sie meinen, sie können schon alles in der Welt erreichen. Meine Vision wäre, dass und darüber habe ich auch geschrieben, dass in Europa, … also Englisch ist eine Weltsprache, Deutsch, Französisch und noch andere Sprachen sind europäische Sprachen, d.h. sie können in einem gewissen europäischen Bereich als Zweitmittel außerhalb der Muttersprache verwendet werden, also meine Vision wäre, dass wir erreichen, dass die meisten mit einer anderen als Englisch als Erstsprache beginnen.

An der Universität meine ich, also das ist schwer zu sagen, die Vision wäre, dass Germanistik wieder eine stärkere Position bekommt, denn in diesem Bereich ist eigentlich die Ausstrahlung von Deutsch, von deutscher Kultur in unseren Ländern Tschechien, Polen, auch im Baltikum, in Ungarn jedenfalls, ja, Kroatien, ja, ich weiß nicht, Serbien vielleicht, ja, noch, dass da eigentlich die deutsche Einwirkung sehr stark war in den letzten Jahrhunderten in der Sprache und der deutschen Kultur. [Interview Bassola Mai 2018]

Zukunft, also, ich kann mir das nicht … Also, für mich ist immer schwach, dass ich weiß, dass das hier der Tisch auf Deutsch, asztalo auf Ungarisch und bord auf Norwegisch heißt, das ist nicht das, sondern die Verhaltensformen, die

Mentalität, die ganze Kultur, Traditionen liegen in der Sprache, in der Formulierung, in der Reaktion usw. Wenn man das nicht versteht, dann ist es hoffnungslos, weil man vielleicht zwar Wirtschaftssprache sprechen wird, aber ohne gewisse Kenntnisse, also ich sehe es so, um es mal auf den Punkt zu bringen, dass weniger Philologie und mehr Wirtschaftsdeutsch, Wirtschaftsnorwegisch, -schwedisch usw. …, das ist leider die Zukunft und diese philologischen Stellen oder Workshops, oder was auch immer, werden immer weniger sein und wir werden an gesellschaftlicher Bedeutung, zumindest in den Augen der Öffentlichkeit, viel verlieren. Das ist meine Meinung. [Interview Masát Juni 2018]

6.5. Rumänien

Die Gesamtzahl der Studierenden in Rumänien ist demografisch bedingt weiterhin rückläufig. Die rumänische Bevölkerung verzeichnet ein negatives Wachstum von 0,4 %. Seit 1990 ist die Bevölkerung von damals 23,5 Millionen auf derzeit 19,37 Millionen geschrumpft. Bevölkerungsprognosen sagen eine Fortsetzung dieser Entwicklung voraus. Noch gravierender ist diese Entwicklung bei den 15–24-Jährigen: Diese Bevölkerungsgruppe hat sich seit 1990 fast halbiert: von 3,9 Millionen 1990 auf 2 Millionen 2016. Allein in den letzten zehn Jahren ist ein Rückgang in dieser Bevölkerungsgruppe um eine Million Personen zu verzeichnen, was sich auch auf die Zahl der Studierenden auswirkt. Aufbauend auf die sehr niedrigen Studierendenzahlen unter Ceauşescu – mit unter 200.000 Studenten – setzte zwar nach der politischen Wende zunächst – konträr zur Bevölkerungsentwicklung – ein rasanter Anstieg der Immatrikulationen in Rumänien ein und erreichte 2009 mit fast 1,1 Millionen Studierende seinen bisherigen Höhepunkt, seitdem ist jedoch ein ebenso drastischer Rückgang der Studierendenzahlen zu verzeichnen. Seit 2009 – und somit in weniger als zehn Jahren – hat sich die Zahl der Studenten halbiert und liegt derzeit bei 540.000 (Stand 2015).

Die Germanistik als Studienfach wird an insgesamt elf Universitäten in Rumänien angeboten. Diese Universitätszentren sind: „Norduniversität" Baia Mare, „Transsylvanien" Kronstadt/Braşov, Universität Bukarest/Bucureşti, „Babeş-Bolyai" Klausenburg/Cluj, Universität „Ovidius" Konstanza/Constanţa, Universität Craiova, Universität „Alexandru Ioan Cuza" Jassy/Iaşi, Universität Großwardein/Oradea, Universität „Lucian Blaga" Hermannstadt/Sibiu, Universität „Ştefan cel Mare" Suczawa/Suceava, „Westuniversität" Temeswar/Timişoara. An germanistischen Instituten wird längst nicht nur die Philologie Germanistik als Studienfach angeboten. Die weitaus größere Zahl der Studiengänge mit höheren Studierendenzahlen ist im Bereich der berufsorientierten

Studiengänge angesiedelt, die sich an den Bedarfen des Arbeitsmarktes und den Bedürfnissen der Studierenden orientieren.

Darüber hinaus existieren weitere deutschsprachige Studiengänge in Rumänien. In einer Abfrage des DAAD-Informationszentrums in Bukarest, an der alle Universitäten des Landes teilnahmen, gab es im Erhebungszeitraum 2014/ 2015 insgesamt 82 deutschsprachige Studiengänge in Rumänien. Davon lagen 50 Studiengänge im Bachelorbereich, 26 sind den Masterprogrammen zuzurechnen, von denen einer ein MBA-Studiengang ist sowie sechs deutschsprachige Promotionsstudiengänge.

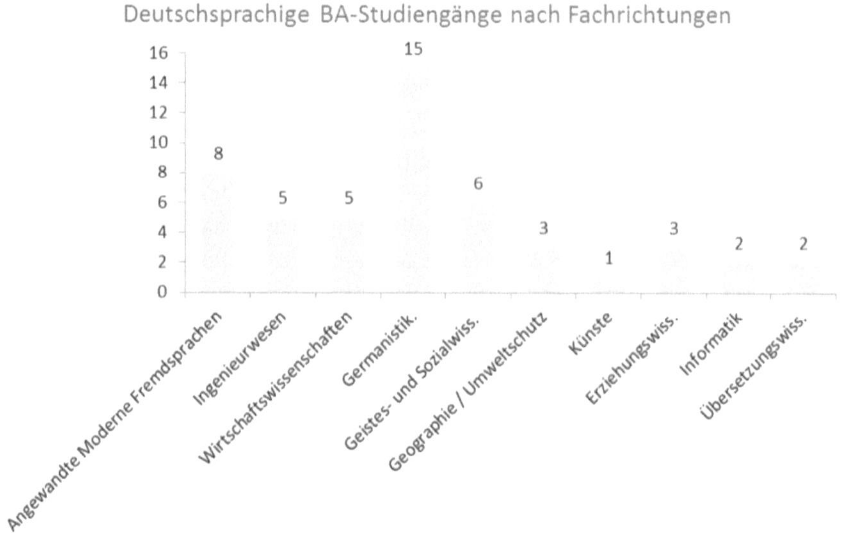

Abb. 5: Deutschsprachige B.A. Studiengänge nach Fachrichtungen in Rumänien

Das Fächerspektrum reicht von Studiengängen der *Angewandten Modernen Fremdsprachen*, *Ingenieurwesen* und *Wirtschaftswissenschaften* bis zu *Erziehungswissenschaften* und *Informatik* (vgl. Abb. 5) Der höchste Anteil an deutschsprachigen Bachelorstudiengängen liegt allerdings im Bereich der *Germanistik*, der *Angewandten Modernen Fremdsprachen* und *Geistes- und Sozialwissenschaften* und somit im Fachgebiet der deutschen Sprache, Literatur und Kulturwissenschaft. Die einzelnen Studiengänge arbeiten oft in enger Kooperation mit Universitäten und Studiengängen in Deutschland, an den größeren Universitäten in Bukarest und Klausenburg werden u.a. auch Doppeldiplome angeboten.

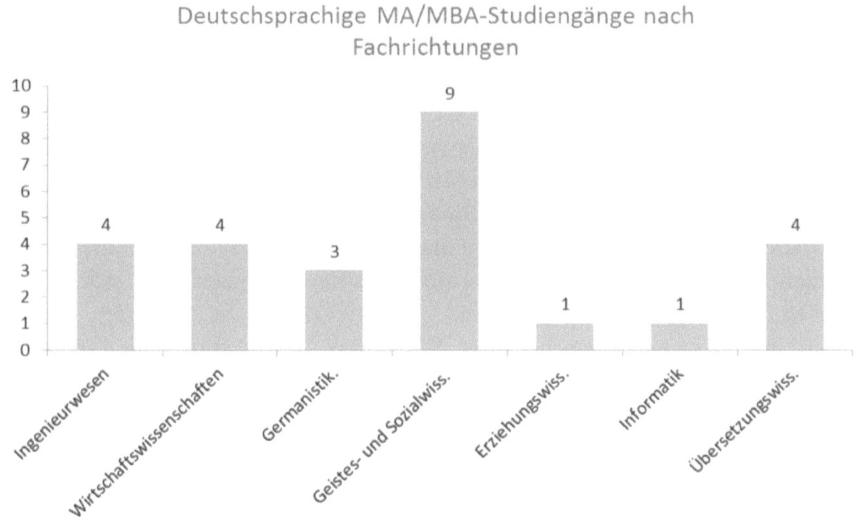

Abb. 6: Deutschsprachige M.A.-/M.B.A.-Studiengänge nach Fachrichtungen in Rumänien

Insgesamt ist die größte Gruppe der Studiengänge im Bereich Germanistik/DaF (15 BA- und 3 MA-Studiengänge) angesiedelt (vgl. Abb. 6). Ebenfalls zu den traditionellen deutschsprachigen Studiengängen können die Übersetzungswissenschaften und die Modernen Angewandten Fremdsprachen gezählt werden (insgesamt 15 Studiengänge). 50 % der deutschsprachigen Studiengänge sind nicht der Germanistik zuzurechnen. Die restlichen Studiengänge bilden aber immerhin noch 50 % des Gesamtangebots im Bachelorbereich (25 von 50) und sogar 73 % der deutschsprachigen Master-Studiengänge (19 von 26). Die weiteren auf Deutsch angebotenen Fachrichtungen reichen von Informatik, über Ingenieurwissenschaften, Betriebswirtschaftslehre, Rechnungswesen, Europastudien bis zu Interkultureller Kommunikation, Journalismus und Schauspiel.

Wirft man einen Blick auf den Verbleib der Absolventinnen und Absolventen germanistischer Studiengänge in Rumänien, so eröffnen sich in der Regel folgende Möglichkeiten: Das Lehramt an öffentlichen (und privaten) Schulen für den Deutschunterricht war einstmals die bevorzugte Berufsperspektive für die Mehrheit der Absolventen. Heute ist die Tätigkeit im Schuldienst so schlecht bezahlt, dass sich kaum noch Absolventen für diese Alternative entscheiden. So besteht seit einigen Jahren ein eklatanter Deutschlehrermangel an

Schulen mit deutschsprachigen Klassen- oder Fachzweigen, denn die deutsche Sprache ist in Rumänien vor allem als Bildungssprache begehrt.

Eine Bildungsbiografie vom deutschsprachigen Kindergarten über die deutschsprachige Grundschule, das Gymnasium, das Lyzeum bis zur Matura mit einem DSD-II-Abschluss gilt als vorbildlich und Erfolg versprechend für den beruflichen Werdegang. Das ehemals deutschsprachige Bildungssystem der deutschen Minderheit ist lebendiger denn je, obwohl nach dem letzten großen Exodus Anfang der 1990er-Jahre maximal 10 % aller Schüler in „deutschen Schulen" Angehörige der Minderheit sind. Mittlerweile bietet die Bundesregierung in Deutschland eine finanzielle Unterstützung für alle Lehrkräfte an, die ihren Unterricht entsprechend ihrer Norm bzw. ihres Lehrdeputats in deutscher Sprache abhalten.

Die erste Fremdsprache an den Schulen in Rumänien ist zwar Englisch, aber Deutsch hat einen stabilen zweiten Platz im Schulsystem inne. Problematisch ist allerdings, dass selbst die ausgebildeten Deutschlehrerinnen und -lehrer von deutschsprachigen Unternehmen in der Region abgeworben werden. Sie bieten den Absolventinnen und Absolventen nicht nur interessante Arbeitsplätze, sondern auch bessere Gehälter.

Als erste Fremdsprache war Deutsch zurückgegangen in den letzten Jahren, aber sie ist als zweite Fremdsprache sehr attraktiv geworden und die Schülerzahlen nehmen zu. Deutschlehrer sind gefragt, wenn man jetzt auf den Seiten des Schulinspektorats nachsieht, also der Schulbehörde, dann kann eigentlich jemand, der als Lehrer ausgebildet ist, für Deutsch sofort eine Stelle bekommen. Es gibt immer freie Stellen für Deutsch und es gibt eine große Nachfrage nach Deutsch sprechenden Mitarbeitern auch in anderen Bereichen, also der Arbeitsmarkt für Leute, die Deutsch sprechen, ist gesättigt, d.h. die Firmen suchen ständig Menschen, die Deutsch sprechen, und ziehen diese aus dem Lehramt (mündliche Mitteilung von Iunesch Mai 2018).

Eine Tätigkeit in deutschsprachigen Kulturinstitutionen wie z.B. in Kulturzentren, Theaterabteilungen, Museen, im Bereich der Medien usw. ist nach wie vor eine favorisierte, jedoch von der Anzahl der zur Verfügung stehenden Stellen begrenzte Möglichkeit für Absolventen. Gleiches gilt auch für eine wissenschaftliche Laufbahn an einer Universität. Die Zahl der Stellen ist äußerst begrenzt und die Bezahlung, wie bei allen Stellen im öffentlichen Dienst, sehr schlecht. Eine zunehmende Zahl an Absolventen entscheidet sich für die Emigration in ein deutschsprachiges Land – Deutschland und Österreich stehen an erster Stelle. Die Mehrheit der Absolventen versucht jedoch, eine Anstellung bei einem deutschsprachigen Unternehmen in Rumänien zu bekommen (vgl. Tichy 2018: 34).

[…] *und so hat sich der Schwerpunkt verlagert, hat sich der Schwerpunkt verlagert von der Ausbildung, von der Lehrerausbildung zu Ausbildungen in berufsorientierte Fachbereiche, ja, berufsorientierte Studiengänge, ja, auf dem Felde der Angewandten Linguistik zum Beispiel und den übersetzungswissenschaftlichen Studiengänge einerseits und andererseits zum Beispiel haben wir uns damals konzentriert auf einen einjährigen, ja, Aufbaustudiengang im Bereich Dolmetschen und Übersetzungswissenschaften als Auslagerungen aus den traditionellen germanistischen Fächern. Wir haben also immer mehr versucht, Studiengänge einzurichten, die im Grunde genommen Auslagerungen aus den traditionellen germanistischen Fächern dargestellt haben, weil sich das Berufsfeld der Absolventen der germanistischen Abteilungen immer mehr gewandelt hat. Und so kommt es, dass zum Beispiel an der Universität Hermannstadt, wir haben die Bereiche Angewandte Fremdsprachen, Limba Moderne Aplicate, ja, mehr geschätzt werden als die germanistische Ausbildung. Der Zustrom der Studenten, wenn man noch von einem Zustrom sprechen kann, ist so, dass es sich eher ausrichtet auf diese Auslagerungen aus den traditionellen germanistischen Fächern und weniger auf die Lehrerausbildung, besser auf seine ganz praktischen und leider zu verdammenden Bedingungen, Voraussetzungen: Als Lehrer verdient man ja so wenig, dass es für den Lebensunterhalt kaum reicht, während die Existenzmöglichkeiten in anderen Bereichen als die erwähnte Arbeit als Lehrer, ja.* [Interview Konnerth April 2018]

Mit dem Schritt von der Inlands- zur Auslandsgermanistik, bedingt durch die Emigration der rumäniendeutschen Minderheit, den politischen Wandel, die Öffnung der Grenzen, die wachsende Mobilität und durch die Globalisierung, hat sich das Selbstverständnis der Germanistik verändert.

Die Zukunftsvisionen verweisen auf den Verlust der ehemals vorherrschenden Ausbildung von Lehrkräften des Deutschen als Muttersprache wie auch den Verlust einer traditionellen Ausrichtung der Germanistik aber auch auf die erforderliche Anpassung an die neuen gesellschaftlichen Verhältnisse.

Also meine Zukunftsvision ist eine sicherlich der düstersten und ich weiß nicht, ich müsse sie gar nicht formulieren, aber wenn ich ein Entscheidungsträger wäre in diesem Bereich, ja, im Bereich der Bildungspolitik und der Ausbildungspolitik, würde ich alle germanistischen Lehrstühle in Rumänien zu einem einzigen zusammenschließen, ja, die kompetentesten Kollegen, ja, die erfolgreichsten Kollegen, ja, an diesen Lehrstuhl berufen und für ganz Rumänien einen einzigen Lehrstuhl für Germanistik einrichten. Dann hätte man vielleicht Studiengänge, wo die Zusammensetzung so ist, dass es nur deutschstämmige Studenten gibt, deutschstämmige Studenten und nicht nur oder unbedingt rumänischstämmige. Dann hätte man wirklich, ja, einen von der Qualität her hervorragenden Unterricht und auch eine Forschung […].

Also, wir wissen ja, dass die Auslandsgermanistik in Rumänien ihre Schwerpunkte neu definiert, ja, das macht sie schon seit Jahren, und dass sie die strenge Spezialisierung immer mehr zurücksetzt, ja, zugunsten einer umfassenden Allgemeinbildung und diese umfassende Allgemeinbildung erfasst Berufsaufgaben und Berufsfelder, die es früher nicht gegeben hat, und die heute an die wirtschaftliche Entwicklung, an die neue politische Situation und an unsere Zugehörigkeit zur Europäischen Union angepasst werden müssen. Und unsere Aufgabe für die Zukunft der Auszubildenden liegt dann wahrscheinlich nicht so sehr im eigenen Land, sondern in den Möglichkeiten, die die Zugehörigkeit zur europäischen Gemeinschaft sichert. So haben wir also als Aufgabe die Studenten so auszubilden, dass sie an der europäischen Kommunikations- und Erfahrungsgemeinschaft teilnehmen können. Das ist ein schönes Ziel, ja, und dazu muss man kein Muttersprachler sein, sondern kann ein sehr kompetenter Fremdsprachler sein. Was ich als größten Verlust empfinde ist, dass wir von der Muttersprachenlehrerausbildung, ja, hinabgeglitten sind zur Ausbildung von Deutschlehrern für den Fremdsprachenunterricht. [Interview Konnerth April 2018]

Die Vielfalt der Forschungsorientierungen der aktuellen Germanistik wird auch positiv eingeschätzt; der Verlust traditioneller Forschungsschwerpunkte, wie der Sprachinselforschung oder die der regionalen Literatur mit anderen Vorzeichen auch in der Zukunft gesehen.

Sie werden lachen. Ich schau mir die jungen Doktoranden an, da geht von Gender Studies bis Kontrastive Linguistik im soziolinguistischen Bereich alles. Ich bin der Meinung, dass die traditionelle Schiene der Sprachinselforschung und der regionalen Literatur sich irgendwann in Wohlgefallen umwandeln, nicht auflösen, umwandeln wird, wenn neue Methoden aus anderen Fächern importiert werden. Und da bin ich optimistisch, dass sich die nicht nur rumänische Germanistik, sondern auch die ungarische Germanistik, auch die tschechische Germanistik über unser Wirken, über die Angewandte Germanistik, über Methoden, die wir entwickeln, um das andere zu thematisieren, um dieses Gefälle zwischen Normativität des Muttersprachlichen versus dem Fremdsprachlichen auszuhebeln, dass sich über diese Methoden, die sich in den nächsten zehn bis fünfzehn Jahren in Rumänien massiv ändern werden, dass sich dann einiges tun wird. So wie sie [die Germanistik/Anm. d. Verf.] *heut steht, weiß ich nicht, aber wir haben garantiert ein Germanistikstudium. Welche Inhalte dieses haben wird, das steht in den Sternen geschrieben.* [Interview Gadeanu Mai 2018]

Es wird durchaus wahrgenommen, dass sich die deutsche Sprache großer Beliebtheit erfreut, jedoch mit Bedauern zur Kenntnis genommen, dass eben nicht die traditionelle Germanistik von Interesse ist. Insbesondere die Vorgaben des Bildungsministeriums und der Entscheidungsgremien der Universität selbst werden kritisiert, die mit ihren Vorgaben der Pro-Kopf-Finanzierung und Mindestzahlen in den Studiengängen ein Überleben der Germanistik erschweren.

Ich weiß nicht. Ich möchte optimistisch denken, aber wir werden sehr wenig unterstützt von allen Seiten, wenig unterstützt von Deutschland, vielleicht durch Förderungen für Tagungen oder sowas, aber für die Studiengänge ganz und gar nicht. Und vom rumänischen Staat werden wir auch nur begrenzt unterstützt, obwohl wir finanziert werden, aber weil es eine Pro-Kopf-Finanzierung ist, müssen wir eine hohe Anzahl von Studenten pro Gruppe erzielen, also d.h. mindestens 25 in einer Gruppe von Studenten und beim Masterat mindestens 20, sonst bekommen wir die Gruppe nicht. Deshalb sag ich, ich kann nicht optimistisch sein. Optimistisch kann ich auch nicht sein aus dem einzigen Grund, weil die deutsche Sprache eigentlich gemocht wird, Schüler wollen Deutsch lernen. Es gibt einen Bedarf, es gibt eine Nachfrage nach Deutsch, aber nicht eine Nachfrage nach einem Germanistikstudium. Also, man will Deutsch lernen, das können auch beliebige Kurse sein, z.B. vom Goethe-Institut organisiert oder Kulturzentrum in Hermannstadt, wo sie ein Attestat ihrer Kenntnisse bekommen, um im Ausland arbeiten zu können, aber nicht, um ein Studium zu vollenden.

Ich hoffe aber, weil ich ja in einem der stärksten Orte in Rumänien bin, was Deutsch betrifft. Hermannstadt war ja schon immer sehr stark als kulturelles Zentrum für Deutsch und es gibt, wie Sie wissen deutsches Theater, eine Theaterabteilung, es gibt die Philharmonie, es gibt also deutsche Institutionen. Ich hoffe trotzdem, dass die Germanistik am Leben bleibt in Hermannstadt. [Interview Sass Mai 2018]

Als Provokation der Gegenwart wird die Entwicklung der Nachwendezeit für die Germanistik von Corbea-Hoişie gesehen, mit der man sich zwangsweise auseinandersetzen muss, auch wenn sie nicht die glücklichsten Perspektiven eröffnet:

Ich habe meinen Kolleginnen und Kollegen schon nach 2000 gesagt, also nach der Jahrtausendwende gesagt, dass die philologische Germanistik in der Defensive ist und sein wird. Und dass im Vergleich mit den neu eingeführten Disziplinen der sogenannten „Angewandten Fremdsprachen", ja, wir haben in Iaşi eine solche Sektion mit einer gewissen Verspätung im Vergleich mit anderen Universitäten in Siebenbürgen und diese Sektion hat ein Programm „soft", ja, im Vergleich zu dem Programm der philologischen Germanistik. Wir haben zum Beispiel keine Stunde Kultur- und Literaturgeschichte. Und wenn jemand dann, wenn ein Absolvent dieser Abteilung dann eine Dissertation bei mir anfangen will, der hat große Schwierigkeiten, ja. Und ich wurde nicht gefragt, als dieses Programm gemacht wurde. Die Entwicklung geht in diese Richtung und sehr,

sehr viele junge Leute wollen ein Diplom in Deutsch haben, aber ein Diplom, das ihnen vielmehr Kompetenzen in der Anwendung der Sprache als eher in dem großen Komplex der Kultur, die diese Sprache produziert hat, ja. So.

Das ist das Problem und ich habe meine Kollegen damals gewarnt, ich habe denen gesagt, also, wir müssen für diese Wende vorbereitet sein und wenn wir diese Provokationen unserer Gegenwart annehmen, dann müssen wir auch eine angemessene Reaktion auf diese Provokation bereit haben. Ja, meine Vision: Die Angewandten Fremdsprachen werden vielmehr Platz im Programm haben und die Germanistik als Philologie wird sich allmählich auf sehr, sehr kleine Gruppen von Interessenten beschränken müssen. Es ist für jemanden wie mich nicht die glücklichste Antwort, aber es ist die nüchternste. [Interview Corbea-Hoişie Juli 2018]

7. Germanistik in Mittelosteuropa: Bildung und Ausbildung für einen polyvalenten Arbeitsmarkt?

7.1. Von Humboldt zur Dritten Mission – Neupositionierungen in der Germanistik

Historisch gesehen geht der moderne Bildungsbegriff[90] auf die Reform des preußischen Unterrichtswesens durch Wilhelm von Humboldt (1767–1835) zurück. Das Humboldtsche humanistische Bildungsideal stellt den Menschen als Individuum in den Vordergrund und die Förderung seiner Fähigkeiten (Kräfte, Verstand und Vernunft, moralisches Handeln, Emotionen, künstlerische Gestaltungen und Phantasie), sodass kein Vermögen ein anderes behindert oder gar unterdrückt.[91] Wilhelm von Humboldt hat als Leiter der Kultus- und Unterrichtsverwaltung im Preußischen Innenministerium an der Wende zum 19. Jahrhundert eine umfassende Reform des Bildungswesens (1809–1810) eingeleitet. Bildung wird als aktive reflexive Auseinandersetzung des Individuums mit sich selbst definiert:

> Der Mensch *wird* eben nicht gebildet, sondern er bildet *sich*, und zwar ausschließlich in der reflexiven Auseinandersetzung mit sich, der Welt und in der Diskussion mit anderen Menschen und Kulturen. So verbinden wir mit Bildung die Möglichkeit, uns in unserem Menschsein zu verbessern, die in uns ruhenden Möglichkeiten zu verwirklichen, eine bestimmte Haltung zur Welt einzunehmen, die Welt mit anderen Augen zu sehen, kluge, begründete Entscheidungen fällen zu können und in der Lage zu sein, unser Leben nach vernünftigen Gesichtspunkten führen zu können.[92]

Das ganzheitliche Bildungsideal Humboldts stellte die Selbstverwirklichung in das Zentrum des Daseins und wurzelte im Menschenbild der griechischen Antike. Wilhelm von Humboldt sah in der Bildung das höchste Ziel des Lebens: *„Der wahre Zweck des Menschen […] ist die höchste und*

---

90 Das moderne Bildungsverständnis geht auf die Ideen der Aufklärung (Vernunft und Machbarkeit anstelle göttlicher Ordnung) Ende des 18. Jahrhunderts zurück, als der mündige, selbstständig denkende Mensch gefordert wurde. Die Voraussetzung für die Mündigkeit des Einzelnen war (und ist) dabei die Bildung.

91 Dörpinghaus (2009: 138).

92 Dörpinghaus (2009: 138). Hervorh. im Original.

proportionirlichste Bildung seiner Kräfte zu einem Ganzen."[93] Zudem würde Bildung „das Menschenkind zum Menschen" machen und dürfte an keinem utilitaristischen Nutzen gebunden sein.[94]

Sein humanistisches Ideal grenzt Humboldt von Bedingungen an Nützlichkeit, Stand und Beruf ab, „der gemeinste Tagelöhner und der am Feinsten Ausgebildete muss in seinem Gemüthe gleichgestimmt werden [...]. Auch Griechisch gelernt zu haben könnte auf diese Weise dem Tischler ebenso wenig unnütz sein, als Tische zu machen dem Gelehrten."[95] Aus diesem Grund wendet sich Humboldt entschieden gegen ein ständisch gegliedertes Schulsystem aus Bauern-, Bürger- und Gelehrtenschulen und entwirft in seinem „Litauischen Schulplan" (1809) ein System von aufeinander folgenden „Stufen des Unterrichts"– Elementarunterricht, Schulunterricht und Universitätsunterricht –, in denen sich der Bildungsgang der Individuen nach ihren Möglichkeiten und Zielen vollzieht.[96] Humboldt war von dem Grundgedanken überzeugt, dass in jedem Menschen eine bestimmte Kraft und eine Neugier auf Bildung stecken.

1809 wird die Berliner Universität gegründet. Die Frage nach dem „Status des spezifisch universitären Wissens" (Tenorth 2010: 122) wird in der Debatte über die Notwendigkeit einer Universitätsreform ab dem 18. Jahrhundert aufgegriffen, wobei „nicht die berufsbezogene Ausbildung der Studierenden, sondern die Funktion der Wissenschaften und der akademischen Berufe sowie der Forschung überhaupt und damit die spezifische Rolle der Universitäten innerhalb von Wissenschaft und Staat" (ebenda, S. 124) ausgetragen wurde. Die

---

93 Orzessek, Arno: Wilhelm von Humboldts Bildungsideal: Vom Menschenkind zum Menschen [Beitrag vom 21.06.2017]; https://www.deutschlandfunkkultur.de/wilhelm-von-humboldts-bildungsideal-vom-menschenkind-zum.976.de.html?dram:article_id=389243 [Stand: 12.07.2019].

94 Die Bildung hat den in der Aufklärung und im Neuhumanismus entstandenen Doppelcharakter behalten: Zum einen wird der Begriff als Oberbegriff für alle Lehr-Lern-Aktivitäten benutzt (Anpassungs- oder auch Qualifikationsfunktion), zum anderen steht der Begriff für den intellektuell-kreativen Widerstand gegen „die [...] Verzweckung der Person im Arbeitsalltag, gegen die Beschränkung auf funktionale Lern- und Arbeitsleistungen (Bildung ist eben mehr als Qualifikation)." Gruber, Elke: Kurze Geschichte des Bildungsbegriffs; https://files.adulteducation.at/wba/1-Gruber_Elke_Bildung.pdf [Stand: 14.07.2019].

95 Tenorth, Heinz-Elmar: Bildung – zwischen Ideal und Wirklichkeit. Ein Essay [Beitrag vom 09.09.2013]; https://www.bpb.de/gesellschaft/bildung/zukunft-bildung/146201/bildungsideale [Stand: 14.07.2019].

96 Ebenda.

antiken Sprachen Altgriechisch und Latein werden als Grundlage zur Schulung von Geist und Logik Bestandteil des Curriculums; sie sind bis heute Bestandteil humanistischer Bildung in altsprachlichen Gymnasien und zumindest Latein Bedingung verschiedener Studiengänge an deutschen Universitäten.

Humboldt forderte eine strikte Trennung von allgemeiner Menschenbildung und fachlicher Berufsbildung: Erst wenn der Mensch Persönlichkeitsbildung erfahren hat, wird er für einen Beruf oder eine gesellschaftliche Funktion ausgebildet. Bis heute gilt Humboldts Vorstellung von Bildung an humanistischen Gymnasien und Universitäten, wenn auch der angeblich fehlende Praxisbezug kritisiert und eine breitere Orientierung der akademischen Ausbildung an den Anforderungen des Arbeitsmarktes gefordert wurde. Den politischen oder wirtschaftlichen Einfluss auf wissenschaftliche Inhalte wollte Humboldt verhindern.

Humboldts Konzeption von der modernen Universität plädiert für die Einheit und Freiheit von Lehre und Forschung, folglich keine Einmischungen des Staates und der Wirtschaft:

> Nicht am unmittelbaren Nutzen für den Staat, die Wirtschaft oder das praktische Leben allgemein sollten die Bildungs- und Forschungsbemühungen orientiert sein. Vielmehr sollte das Ziel, weit reichende, interdisziplinäre, wissenschaftliche Erkenntnisse zu gewinnen, die dann direkt oder indirekt zukünftig der ganzen Gesellschaft dienlich sein können, im Zentrum stehen. Doch für die Ausbildung dieses oben idealtypisch formulierten Bildungsbegriffs braucht man neben guten Lehrern, die auf der einen Seite Fakten vermitteln, auf der anderen Seite aber auch zum eigenständigen, kritischen Denken auffordern und anregen, und einer diesem Prozess zuträglichen Atmosphäre auch einfach Zeit und die Möglichkeit zur Reflexion; Zeit zum Nachsinnen und Lesen, zum Entwerfen, Durchdenken und auch Verwerfen von Ideen; Zeit, um über den Tellerrand des eigenen Fachs zu schauen und andere Eindrücke und Erkenntnisse aufzunehmen.[97]

Das Humboldt'sche Bildungsideal hat Universitäten nicht nur im deutschsprachigen Raum entscheidend geprägt. Humboldts bildungstheoretische und bildungspolitische Schriften gelten im Prinzip als klassisch und zeitlos, auch an Universitäten im mittelosteuropäischen Raum.

Heute jedoch erscheint eben dieses Bildungsideal als überholt und realitätsfremd. Welche Relevanz haben die Ideale Humboldts und sein Weltbild

97 Laude, Robert: Ausbildung statt Bildung – Zur Zerstörung des humanistischen Bildungsideals [Beitrag vom 15.06.2006]; https://iley.de/?article=DEBATTE-ausbildung_statt_bildung_-_zur_zerstrung_des_humanistischen_bildungsideals [Stand: 13.07.2019].

im 21. Jahrhundert im gemeinsamen europäischen Hochschulraum, auch im Hinblick auf die Bewertung der Bologna-Reform zwei Jahrzehnte nach ihrer Einführung?

Wir leben heute in einer globalisierten Wissensgesellschaft, in der Wissen zum wichtigsten Produktionsfaktor geworden ist. Der Anteil der Erwerbstätigen in den klassischen Beschäftigungssektoren hat sich in den letzten 150 Jahren entscheidend geändert. Landwirtschaft und Produktion waren um 1880 die wichtigsten Beschäftigungssektoren, heute sind es Dienstleistungen und im Besonderen mit steigender Tendenz Informationsdienstleistungen. Informations- und Kommunikationstechnologien werden für die wirtschaftliche und gesellschaftliche Entwicklung der entscheidende Faktor für Wettbewerbsfähigkeit und Erfolg. Wissen wird damit die wichtigste „Ware" in der postindustriellen Gesellschaft.

> Es erscheint daher folgerichtig, dass in der Wissensgesellschaft Bildung immer wichtiger wird. Die höheren Anforderungen der Arbeitswelt an soziale und personale Kompetenzen erfordern offenbar besser (aus-)gebildete Arbeitskräfte. Dabei geht es einerseits um höhere Qualifikationen, damit Arbeitskräfte mit den immer anspruchsvolleren technologischen Entwicklungen Schritt halten können. Der Autoschlosser muss sich zum Mechatroniker weiterentwickeln. Andererseits geht es um die genannten sozialen und personalen Fähigkeiten: Kommunikationsfähigkeit, Kooperationsfähigkeit, die Fähigkeit längerfristige Prozesse zu überblicken und auch bei Rückschlägen durchzustehen. Solche Fähigkeiten sind vielfältig wirtschaftlich einsetzbar. Bildung gilt im Konzept der Wissensgesellschaft daher als eine entscheidende Voraussetzung modernen Wirtschaftens.[98]

Auch der Europäische Rat setzt sich in der sogenannten Lissabon Strategie (23./24. März 2000) „das Ziel, die Union zum wettbewerbsfähigsten und dynamischsten wissensbasierten Wirtschaftsraum in der Welt zu machen."[99] Bildung wird der wichtigste Faktor für den Übergang zu einer erfolgreichen wissensbasierten Wirtschaft und Gesellschaft. „Lebenslanges Lernen" für Zielgruppen unterschiedlichen Alters avanciert zur neuen Maxime für die kommenden Jahrzehnte. An erster Stelle steht die Vermittlung von IT-Fertigkeiten, Fremdsprachen, Unternehmergeist und soziale Fähigkeiten.

---

98 Poltermann, Andreas (2013): Wissensgesellschaft–eine Idee im Realitätsscheck; https://www.bpb.de/gesellschaft/bildung/zukunft-bildung/146199/wissensgesellschaft?p=all [Stand: 15.08.2019].

99 Europäischer Rat. 23. und 24. März 2000. Lissabon. Schlussfolgerungen des Vorsitzes; http://www.europarl.europa.eu/summits/lis1_de.htm#III [Stand 15.08.2019].

Von Humankapital ist jetzt die Rede und der Forderung, die Humankapitalinvestitionen pro Kopf von Jahr zu Jahr zu steigern.[100] Eines der weiteren Ziele ist die Verbesserung der Beschäftigungsfähigkeit und Reduzierung der Qualifikationsdefizite, die von nun an den Bildungsmarkt dominieren. Bildung wird immer mehr als eine Ware gesehen, die von der Arbeitsmarktlage und den Erwartungen der Unternehmen abhängig ist.

Fast zeitgleich erobert die Bologna-Reform den europäischen Bildungsmarkt. Der Grundstein wird mit der Bologna-Erklärung vom 19. Juni 1999 gelegt.[101] Zu den wichtigsten Zielen gehören die Vergleichbarkeit von Studienstrukturen, die mit der Stufung zu Bachelor- und Masterstudiengängen in die Praxis umgesetzt wird (später auch PHD), die Modularisierung von Studieninhalten, die Schaffung von mehr Transparenz u.a. durch die Einführung des European Credit Transfer System (ECTS), die Verbesserung der Mobilität von Studierenden und Hochschulangehörigen, die Förderung des Lebenslangen Lernens und eine verbesserte Beschäftigungsbefähigung („Employability") von Absolventen.

Die Globalisierungsprozesse des 20. Jahrhunderts verändern die Arbeitswelt – nicht nur durch die fortschreitende Digitalisierung der Gesellschaft, verkürzen Ausbildungszeiten im Schul- und Hochschulbereich durch flexiblere und modularisierte Kurzstudiengänge.[102] Bildungspolitik, Bildung und Ausbildung sind zunehmend durch die Belange von Wirtschaftsfaktoren definiert. Ganzheitliche Bildungsideale werden von Pragmatismus, Nützlichkeitsdenken und ökonomischer Verwertung verdrängt. Das „Nützlichkeitsdenken" erreicht auch die Universität als Institution per se: Die Ökonomisierung deutscher Hochschulen leitet „eine Abkehr von der jahrhundertealten Tradition der Universität als Bildungseinrichtung"[103] ein. Der Druck auf Universitäten wächst, „Verschlankung", höhere Eigeninitiative, Selbstfinanzierung und Wettbewerb

100 Ebenda.

101 Vgl. Bologna Declaration: Der Europäische Hochschulraum. Gemeinsame Erklärung der Europäischen Bildungsminister 19. Juni 1999, Bologna; http://www.ehea.info/media.ehea.info/file/Ministerial_conferences/04/1/1999_Bologna_Declaration_German_553041.pdf [Stand: 14.08.2019].

102 Gleichzeitig verändert sich die erwartete durchschnittliche Lebenszeit auf nahezu 100 Jahre.

103 Laude, Robert: Ausbildung statt Bildung – Zur Zerstörung des humanistischen Bildungsideals [Beitrag vom 15.06.2006]; https://iley.de/?article=DEBATTE-ausbildung_statt_bildung_-_zur_zerstrung_des_humanistischen_bildungsideals [Stand: 13.07.2019].

avancieren zu neuen Maximen; die Verschulung des Studiums durch Bachelor- und Master-Studiengänge führt zu schnelleren Abschlüssen, wobei Studieninhalte den Erfordernissen des Arbeitsmarktes angepasst werden.

Universitäten als Bildungsstätten werden „zu reinen Ausbildungsstätten" degradiert: Eine Ausbildung bereitet punktuell auf einen bestimmten Aufgabenbereich vor, während Bildung die Vermittlung umfassenden Wissens anstrebt, darunter auch „das Vermögen, mit dem gewonnenen Wissen auf eine bestimmt Weise umzugehen; Wissen nicht nur anzuhäufen, sondern sich durch das Wissen bilden zu lassen, sich immer wieder zu verändern. Eine Ausbildung hat einen Nutzen, Bildung ist ein Wert an sich. Damit ist Bildung „ein Wert an sich, der weit über das Ziel, vorwiegend an der praktischen Nützlichkeit orientiertes Wissen zu vermitteln, hinaus reicht und vielmehr an der Herausbildung der eigenen Identität und der Ermöglichung von Selbstverwirklichung orientiert ist."[104]

Die Referenzländer Polen, Tschechische Republik, Slowakei, Ungarn und Rumänien schließen sich dem Bologna-Prozess an und setzen die Vorgaben der Bologna-Erklärung in den Folgejahren in die Praxis um.

Einerseits wird das Streben nach mehr Transparenz, die Vergleichbarkeit von Studienstrukturen und damit auch die Anrechenbarkeit bzw. Akzeptanz von im Ausland erworbenen Studienabschlüssen, die Förderung der Mobilität und eine intensivere Vernetzung insbesondere auf der Ebene des wissenschaftlichen Austausches außerordentlich begrüßt, auch weil durch diesen Prozess Fachinhalte und Konzepte der Germanistik neu überdacht werden, in Curricula regionalspezifische Profilierungen neu gesetzt werden können. Diese Vorteile können jedoch andererseits nicht darüber hinwegtäuschen mit welchen Schwierigkeiten die Umsetzung der neuen Studienstrukturen bzw. Curricula verbunden waren und teils immer noch sind. Fast einheitlich berichten Protagonisten der genannten Referenzländer über die mangelnde inhaltliche Vorbereitung, die dem außerordentlichen Zeitdruck geschuldet war. Die Curricula von Diplom – und Lizenzstudiengänge mit i.d.R. einer durchschnittlichen Dauer von vier teils auch fünf Jahren sollten in neue Studienstrukturen überführt werden. Die Vorgaben von Praxis- und Arbeitsmarktorientierung einerseits und der Wunsch traditionelle Kerndisziplinen der Germanistik nicht aufgeben zu wollen, führten fast immer in eine Überfrachtung von Curricula, die genau das Gegenteil dessen bewirkten, was mit der Bologna-Erklärung gefordert wurde – eine Verschulung des Studiums. Auch wenn in den Referenzländern nicht dezidiert von einer Bildungspolitik Humboldt'scher Prägung berichtet wurde, so verweisen die Curricula aus der Zeit vor der Bologna-Reform

104 Ebenda.

doch auf die klassischen Teildisziplinen der Germanistik: Literaturwissenschaft, Sprachwissenschaft, Mediävistik und orientierten sich häufig eng an den Curricula bundesdeutscher Universitäten. Universitäten waren zugleich Bildungs- und Ausbildungsstätten. In Rumänien, dem Land mit der größten räumlichen Entfernung zu Deutschland waren die Curricula dezidiert an den bundesdeutschen Lehrplänen ausgerichtet: Die Zielgruppe der Studierenden in der Germanistik waren in der Regel Angehörige der deutschen Minderheit mit muttersprachlichen Deutschkenntnissen, die für den Deutschunterricht an deutschsprachigen Schulen in Rumänien ausgebildet wurden. In allen genannten Referenzländern existieren traditionsreiche deutsche Minderheitenkulturen, die die Profile germanistischer Studiengänge prägten.

Welche Entwicklungen und Tendenzen lassen sich im Bildungssektor aus der Perspektive Humboldt'schen Denkens ausmachen? Kann von einer Verabschiedung vom Bildungsideal Humboldts bei zunehmender Ökonomisierung des Wissens und Bildungswesens gesprochen werden?

In den Positionen der Protagonisten der genannten Referenzländer wird deutlich, dass Studienangebote für erforderlich gehalten werden, die auf eine sich wandelnde Arbeitswelt vorbereitet. Praxisorientierung und die Vermittlung von Schlüsselqualifikationen wie z.B. Kommunikations- und Teamfähigkeit, Einsatzbereitschaft (Proaktivität), Flexibilität und Mobilität werden zu entscheidenden Kompetenzen, die die Employabilität der Absolventen steigern sollen. In germanistischen Curricula offenbart sich geradezu in scheinbar „zweckfreien" Teildisziplinen der traditionellen Germanistik die Vermittlung und Aneignung von Kompetenzen, wie Fach-, Methoden-, Sozial- und Selbstkompetenz, die für einen polyvalenten Arbeitsmarkt bedeutsam sind.

Von besonderer wirtschaftlicher und gesellschaftlicher Relevanz sind erklärtermaßen digitale Kompetenzen, die zum Einsatz kommen sollten, „um konkreten Bildungsanforderungen" gerecht zu werden, da die Digitalisierung als technischer und gesellschaftlicher Prozess zu werten ist, „der starre Strukturen in den Hochschulen transformieren kann und das traditionelle Bildungsverständnis infrage stellt."[105]

Die Zusammenarbeit zwischen germanistischen Instituten und Unternehmen der Region ist in allen fünf Referenzländern üblich, jedoch in unterschiedlicher Intensität. In einigen Ländern gibt es lediglich die Empfehlung, mit den lokalen

105 Bils, Annabell/Brand, Heike/Pellert, Ada: Hochschule(n) im digitalen Wandel. Bedarfe und Strategien [Beitrag vom 28.06.2019]; http://www.bpb.de/apuz/293132/hochschulen-im-digitalen-wandel [Stand: 14.07.2019].

Unternehmen und Institutionen zusammenzuarbeiten, in anderen Ländern ist sie obligatorisch durch Bildungsreformen festgeschrieben.

Es gab, besonders nach dieser 2011-Reform, eben den Druck, dass Universitäten jetzt ganz stark mit dem wirtschaftlichen Umfeld zusammenarbeiten sollen. Das war von den Universitäten gefordert und wurde auch von einem Prüfungsausschuss bewertet; es gab einen Extraexperten nur für die Kooperation mit dem sozialen und wirtschaftlichen Umfeld. Ich würde sagen, nach dieser riesigen Faszination, eben dieser Möglichkeit, die sich da bietet, mit den Unternehmen zu kooperieren, würde ich jetzt auch sagen, dass man sich jetzt auch Gedanken machen muss über die Rolle, die die Universität in dieser Kooperation spielen sollte, weil eben der Arbeitsmarkt sehr dynamisch ist, er fluktuiert sehr stark […]. [Interview Makowski Juli 2018]

Die Kooperation zwischen Universität und dem wirtschaftlichen Umfeld fällt in den Wirkungsbereich der sogenannten Third Mission/Dritten Mission, die neben den Kernmissionen Forschung und Lehre einen immer wichtigeren Stellenwert einnimmt. „Als Third Mission werden Aufgaben der Hochschulen erfasst, die sowohl an Lehre und Forschung gekoppelt sind als auch externe Akteure einbinden und einen Beitrag zur gesellschaftlichen Entwicklung leisten." (Henke u.a. 2017: 66)

Innerhalb der Third Mission werden drei Kernbereiche mit unterschiedlichen Handlungsfeldern angesetzt (vgl. Henke 2017: 250 f.): die Weiterbildung mit den Handlungsfeldern berufsbezogene und akademische Weiterbildung sowie der Kernbereich Forschungs- und Wissenstransfer mit den Handlungsfeldern Wissensentwicklung, Wissensvermarktung, Wissensvermittlung und der Kernbereich Gesellschaftliches Engagement mit den Handlungsfeldern Bürgerschaftliches Engagement, Community Service und Widening Participation. Als Beispiele für das Handlungsfeld der Weiterbildung wären Weiterbildungen für Unternehmen oder Online-Fernstudiengänge zu nennen, für den Forschungs- und Wissenstransfer Gründungsförderung, FuE-Kooperationen[106], das duale Studium, die Beratung von gesellschaftlichen Akteuren und die „Lange Nacht der Wissenschaften", für den Bereich Gesellschaftliches Engagement soziale/kulturelle Aktivitäten und Angebote für Nicht-Studierende. „Hochschulen sind heute keine Elfenbeintürme mehr, die entkoppelt von der Gesellschaft allein eigene Zwecke verfolgen. Der gegenseitige Austausch ist vielmehr allgegenwärtig, auch bei den Spitzenuniversitäten internationalen Ranges." (Henke u.a. 2017: 261)

106 F+E = Forschung und Entwicklung

Alle Aktivitäten der Third Mission dienen in zweierlei Hinsicht berechtigten gesellschaftlichen Erwartungen: zum einen einer aktiven Kommunikation mit der Zivilgesellschaft (public understanding of science), zum anderen einem stärkeren regionalen Wirksamwerden.

Die Dritte Mission erfasst neben Forschung und Lehre die gesellschaftliche Verantwortung, den Beitrag zur gesellschaftlichen Entwicklung, den Universitäten an ihrem regionalen Standort und darüber hinaus wahrnehmen können und sollten.

So gehört nicht nur das Erkennen regionaler Bedarfe, sondern auch die Kooperation im Sinne eines regionalen Wirksamwerdens zu den Aufgaben von Hochschulen in unserer Zeit. Das ist an vielen Universitätsstandorten in den Referenzländern heute der Fall – Unternehmen und Hochschulen arbeiten Hand in Hand.

Dennoch wird diese Entwicklung nicht kritiklos gesehen; sie richten sich gegen die Kommerzialisierung von Wissenschaft. Forschung und Lehre für außerwissenschaftliche Zwecke zu funktionalisieren entspricht nicht dem Bild, dass Wissenschaftler von sich und ihrer Tätigkeit haben: „Da zur Third Mission unter anderem der Technologie- und Wissenstransfer gehört – also typischerweise wirtschaftsorientierte Aktivitäten –, erscheinen die Befürchtungen einer ökonomischen Funktionalisierung der Wissenschaft auch plausibel." (Henke u.a. 2017: 112) Die Aktivitäten einer Third Mission sind vielfältig; sie können sowohl ökonomisch ausgerichtet, wie z.B. die Forschung im Auftrag privater Unternehmen und damit auch sehr lukrativ sein, als auch nicht ökonomisch ausgerichtet sein.

7.2. Germanisten in der Wirtschaft

Neben dem Lehramt, der Tätigkeit an Privatschulen, der Kulturmittlung und der Wissenschaft ist die Wirtschaft einer der wichtigsten Arbeitgeber für Absolventen germanistischer Institute. Dies gilt in allen Referenzländern unbestritten, nicht nur in den Anrainerstaaten Österreichs und Deutschlands, sondern auch im weiter entfernten Rumänien – und nicht nur für die großen Ballungszentren der Länder, sondern auch für die Peripherie. Sehr gute deutsche Sprachkenntnisse und der hohe Ausbildungsstand von Universitätsabsolventen sind neben den im Vergleich zu Deutschland niedrigen Lohnkosten die wichtigsten Argumente für die Ansiedlung von deutschsprachigen Unternehmen.

Das Standortranking von deutschsprachigen Unternehmen in Mittelosteuropa zeigt die Referenzländer unter den 10 wirtschaftlich attraktivsten Ländern. Die erste Position ist seit 2019 nicht mehr von Tschechien belegt (jetzt

Platz 2), sondern von Estland. Platz 3 hat Polen inne, Platz 4 die Slowakei; Ungarn und Rumänien folgen auf Platz 9 und 10.[107]

Der Anteil Osteuropas am weltweiten Outsourcing-Markt beläuft sich auf über 40 % und erreicht damit Rang 2 unmittelbar hinter Indien. Die Tendenz ist steigend.[108]

Eine Umfrage der Ausländischen Industrie- und Handelskammern (AHK) in 16 Ländern Mittel- und Osteuropas bestätigt, wie attraktiv Mittelosteuropa im Nearshoring-Bereich ist.

> Nearshoring ist eine besondere Form des Offshorings, also der Verlagerung (Outsourcing) von betrieblichen Tätigkeiten in das Ausland. Kennzeichnend für das Nearshoring ist die räumliche Nähe von Anbietern und Kunden. Für deutsche Unternehmen sind osteuropäische Länder bevorzugte Nearshoring-Standorte, [...] Ursachen dafür sind die schnelle Erreichbarkeit, vernachlässigbare Zeitunterschiede und die kulturelle Nähe. Dafür muss jedoch in Kauf genommen werden, dass im Vergleich zum Farshoring oftmals geringere Lohnkostenunterschiede existieren. [109]

Werden ganze Betriebsbereiche, wie IT, Call-Center, Human Resources ausgegliedert, so spricht man von „Business Process Outsourcing" (BPO).[110] Die Zahl der BPO in den Referenzländern ist in den letzten 20 Jahren rapide angestiegen. Beispielhaft sei die Entwicklung in Polen genannt:

> Als Standort für die Auslagerung von Geschäftsprozessen und Dienstleistungen (Business Process Outsourcing, BPO) nimmt Polen – in der letzten Dekade zusehends attraktiver – zurzeit in Europa den Spitzenplatz ein. Das immense Wachstumstempo des Outsourcing- Marktes innerhalb der vergangenen zehn Jahre sowie die Prognosen über einen kontinuierlichen Anstieg in diesem Sektor in der Zukunft (bis an die 250.000 Mitarbeiter landesweit bis 2020) bilden für die philologische Aus- und Weiterbildung eine Herausforderung, die in der Geschichte ihresgleichen sucht. (Makowski 2016: 10)

Neben einer stetig wachsenden Zahl von Callcentern in allen Referenzländern, ist vor allem die IT-Branche zunehmend nachgefragt.

---

107 AHK. Deutsch – Tschechische Industrie – und Handelskammer. Konjunkturumfrage 2019; https://tschechien.ahk.de/fileadmin/AHK_Tschechien/Pressemitteilungen/PM_2019/DTIHK-Konjunkturumfrage_2019_DE.pdf [Stand: 30.08.2019].

108 Vgl. Gründe für ein Nearshoring in Osteuropa. InterVenture 2015. https://www.interventure.info/nearshoring-osteuropa/ [Stand: 30.08.2019; inaktiv].

109 Enzyklopädie der Wirtschaftsinformatik. Online Lexikon. http://www.enzyklopaedie-der-wirtschaftsinformatik.de/wi-enzyklopaedie/lexikon/uebergreifendes/Globalisierung/lexikon/uebergreifendes/Globalisierung/Nearshoring/index.html [Stand: 30.08.2019].

110 Vgl.: https://www.uniglobalunion.org/sites/default/files/attachments/pdf/OffshoringEasternEurope-De.pdf Microsoft IT Offshoring to Eastern Europe [Stand: 30.08.2019].

Die Tätigkeit in Callcentern stellt lediglich geringe Anforderungen, wenn man bedenkt, dass die Absolventen ein Germanistikstudium abgeschlossen haben. Für die Anstellung erforderlich sind sehr gute deutsche Sprachkenntnisse auf dem Niveau von B2/C1 und die Bereitschaft, sich in ausgewählte Arbeitsprozesse einzuarbeiten, die sich tagtäglich im Arbeitsablauf wiederholen. Eine Absolventin der Germanistik in Hermannstadt[111] berichtet darüber, dass sie in kürzester Zeit für die telefonische Beratung in einem Telekommunikationsunternehmen eingearbeitet wurde. Da sie lediglich einen sehr begrenzten Beratungsradius bediente, hatte sie sich schnell mit den Arbeitsabläufen vertraut gemacht und erledigt „Dinge nun zum tausendsten Mal". Den Vorteil dieser Tätigkeit sieht sie darin, sprachlich flüssiger geworden zu sein, einen Nachteil darin, dass sie diese Tätigkeit nach geraumer Zeit als monoton und wenig fordernd empfindet. Die gute Bezahlung ist letztlich das entscheidende Argument, diese Arbeit weiter zu verfolgen und nicht in den Schuldienst zu gehen, für den sie eigentlich ausgebildet worden ist.

Kritisch sieht das auch Iuliana Rusu von der Deutsch-Rumänischen-Industrie- und Handelskammer (AHK):

Das sind ja inzwischen sehr viele Bereiche, wo man leider, aus unserer Sicht, sehr viele Germanisten findet, das sind diese Call Center. Dafür sollte man nicht eine Uni besuchen. Es gibt junge Leute, die rechtzeitig da aussteigen. Das ist sehr gut, wenn man da arbeitet während der Uni, solange man auch noch die Uni besucht, aber dann sollte man ziemlich rasch damit aufhören.

Weil… aus unserer Sicht, also, wie gesagt, das ist unsere Meinung jetzt, ja. Es fördert zu wenig soziale Kompetenzen, denn natürlich lernt man daraus auch etwas, man lernt z.B. Kundenfreundlichkeit, ja, aber… komplexe Zusammenhänge erkennen z.B., das wird zumindest bei den Unternehmen dieser Art in Rumänien nicht gelernt, denn du hast nur ein kleines Stückchen, was du wie ein kleiner Roboter dann laufen musst…. Ich weiß nicht, zehnmal oder hundertmal am Tag machst. Es fördert nicht die Neugier überhaupt, ja, auch wenn du von Natur aus neugierig bist, hast du dann keine Chance, ja … Vielleicht verstehst du, was das Unternehmen macht, was … wofür du arbeitest, aber ansonsten … Wie der Markt aussieht, der Wettbewerb, oder … ja, wie eine Verhandlung aussieht oder … Diese Sachen sieht man überhaupt nicht … Du darfst keine Initiative ergreifen, ja, und das hat dann vielleicht auch einen sehr starken Einfluss auf das Verantwortungsbewusstsein einer Person, ja …. [mündliche Information von Rusu Juli 2019]

Rusu weiß aus ihrer langjährigen beruflichen Erfahrung, dass Absolventen durchaus für komplexere Aufgaben in der Wirtschaft geeignet und auch tätig

111 Die Absolventin, eine meiner ehemaligen Studentinnen, will anonym bleiben.

sind. Entscheidend sind ihrer Meinung nach nicht nur die Deutschkenntnisse, sondern Neugierde und soziale Fähigkeiten und vor allem eine ausgeprägte Kommunikationsfähigkeit.

Ja und immer mehr macht die Kommunikation einen starken Unterschied. Man hat im Wirtschaftsleben immer weniger Zeit und man sucht sich jene Partner aus, egal jetzt ob der Partner Kunde oder Lieferant ist oder… egal was, man sucht sich halt jene Partner aus, bei denen man schnell zueinanderkommt. Man hat nicht mehr Zeit jetzt, ich weiß nicht, mit fünf potenziellen Lieferanten zu reden und man weiß, es wäre gut, ja, aber weil der Zeitdruck immer mehr auf uns lastet, auf uns allen in der freien Wirtschaft, hast du dann die Tendenz zu sagen: „Ok. Mit dem… der scheint verstanden zu haben, was ich will, ich werde mit dem zusammenarbeiten." Und deswegen wird Kommunikation aus unserer Sicht immer wichtiger. Und wenn man schon gut kommunizieren kann, außer den fachlichen Kenntnissen oder den Fremdsprachenkenntnissen, hat man schon einen Vorteil auch als Person und auch als Unternehmen, unserer Meinung nach. Also Kommunikation ist der wichtige Teil heute aus unserer Sicht. [mündliche Information von Rusu Juli 2019]

Nicht fachliche, sondern soziale Kompetenzen stehen im Vordergrund: „*Es muss nicht unbedingt eine große Erfahrung vorhanden sein; keiner kommt in ein Unternehmen und ist schon Experte*", bestätigt eine Absolventin der Germanistik, die seit Jahren die Abteilung Logistik in einem großen deutschen Unternehmen in Hermannstadt leitet. *Bei Neueinstellungen entscheidet Teamfähigkeit, analytisches Denken. Man muss zeigen, dass man sich wünscht, im Unternehmen zu arbeiten, dass man das Beste im Unternehmen zu bringen bereit ist, dass man sieht, dass die Person sich einsetzt, motiviert ist, aktiv ist, lernbereit.* [mündliche Information von Michaela N. April 2018][112]

Soziale Kompetenzen sieht Rusu auch in der internen Kommunikation als immanent wichtig:

Aber als soziale Kompetenz sehen wir auch die Kommunikation in der Firma selbst: Du musst keine Angst haben, deinen Übergeordneten zu fragen, wenn du etwas nicht verstehst, du musst ab und zu mal, wenn du siehst, dass aus irgendeinem Grunde etwas stecken geblieben ist, du musst ein bisschen auch die Initiative ergreifen können, so, was mache ich jetzt, warte ich, dass die anderen sagen, was zu tun ist oder soll ich auch ein bisschen das alleine versuchen. [mündliche Information von Rusu Juli 2019]

Die Praxis zeigt, dass Germanisten diese Kompetenzen mitbringen, und keine Nachteile im Vergleich zu Wirtschaftsabsolventen haben:

112 Die Interviewte Person wollte anonym bleiben.

Also diese Leute, die Germanistik studieren … Aus unserer Sicht, die werden sehr stark gesucht und die haben überhaupt keinen Nachteil, wenn sie auf den Arbeitsmarkt kommen überhaupt keinen Nachteil im Vergleich zu den Wirtschaftsabsolventen …. [mündliche Information von Rusu Juli 2019]

Dies bestätigt auch eine Absolventin der Germanistik in Hermannstadt: *Vor allem habe ich im Studium der Germanistik eine neue Denkweise gelernt und nicht nur das, ich habe gelernt strukturiert zu denken und zu verstehen, was man von uns will. Ich denke, das ist mehr diese kommunikative Seite. Wenn man diese Seite hat als Germanistin, dann kann man alles machen im Leben, nicht nur Studium oder Schule, Wirtschaft, Verwaltung, was immer das auch sein soll.* [mündliche Information von Michaela N. April 2018]

Gerade Germanisten haben einen sehr guten Stand in der Wirtschaft; Englisch als erste Fremdsprache ist in allen Referenzländern sehr stark vertreten und die Internationalisierung auch deutschsprachiger Unternehmen führte dazu, dass Englisch zur Unternehmenssprache avancierte. Die Bedarfe sind daher dank bildungspolitischer Entscheidungen gedeckt, während Deutsch und andere Fremdsprachen weniger häufig vertreten sind. Da Deutschland jedoch der wichtigste Handelspartner in allen Referenzländern ist, ist Deutsch neben Englisch eine der meist gefragten Fremdsprachen überhaupt, denn für den Kundenverkehr und den Kontakt mit den Mutterhäusern ist Deutsch unentbehrlich, außerdem: *Viele haben Englisch als Unternehmenssprache eingeführt, aber sie reden viel lieber in ihrer Muttersprache, ja, z.B. wenn du eine Assistentin hast, ja, als Geschäftsführer. Dann bist du viel, viel entspannter, wenn du auf Deutsch reden kannst, ja.* [mündliche Information von Rusu Juli 2019]

Obwohl Absolventen der Germanistik gute Voraussetzungen für eine Tätigkeit in der Wirtschaft mitbringen, bleiben Desiderate, die es zu verbessern gilt. Das Studium, nicht nur in der Germanistik, gilt einerseits als zu verschult und andererseits als zu theoretisch. Der Fokus sollte mehr auf die Vermittlung sozialer Kompetenzen gelegt werden und vor allem praxisorientierter ausgerichtet sein. Das immer noch weitverbreitete Auswendiglernen von Fachwissen ist keine geeignete Vorbereitung auf einen Arbeitsmarkt, auf dem Wissen schnelllebig einem ständigen Wandel unterlegen ist. Wissensgenerierung erfordert Methodenkompetenz, deren Vermittlung einen größeren Raum in der universitären Ausbildung einnehmen sollte.

Aus deutscher Perspektive erklärt Reiner Pogarell,[113] Linguist und Leiter des Instituts für Betriebslinguistik in Paderborn, Germanisten seien in der Wirtschaft in fast allen Abteilungen großer Unternehmen vertreten.

113 Pogarell, Reiner: Mit Germanistik in die Wirtschaft | Wissenschaftsladen Bonn. 27.01.2019; https://www.wila-arbeitsmarkt.de/blog/2017/03/14/mit-germanistik-in-die-wirtschaft/9/15 [Stand: 11.07.2019].

„Sie arbeiten in den Abteilungen Personal/Personalentwicklung, Marketing, Öffentlichkeitsarbeit, Presse, interne Kommunikation, Kundenkommunikation, Kundenbetreuung, Verkauf, Vertrieb, internationale Beziehungen, Strategie, Produktentwicklung, Arbeitssicherheit sowie Einkauf und Logistik."[114]

Pogarell hält das nach einem erfolgreich absolvierten Germanistikstudium aufgrund der erworbenen Qualifikationen für ganz natürlich und begründet dies mit sieben Fertigkeiten, die auch für Unternehmen von Bedeutung sind:[115]

- Dazu gehört die Fähigkeit, einen komplexen Sachverhalt sprachlich darzustellen. Das ist in allen Unternehmensbereichen von Bedeutung; die wichtigsten Sachverhalte müssen schnell und nachvollziehbar formuliert werden. Das Verfassen von Texten gehört zu den alltäglichen Aufgaben in einem Unternehmen.
- Ferner ist von Bedeutung, die Kraft und den Willen aufzubringen, sich auf neue, nicht alltägliche Fragestellungen einzulassen, diese umfassend zu klären und dabei entstehende Hindernisse zu überwinden. Kreative und erfolgreiche Unternehmen haben ständig mit neuen Fragestellungen zu tun, die schließlich irgendwelche Ergebnisse präsentieren.
- Dazu gehört die Fähigkeit, über Grenzen hinwegzuschauen und keine Angst vor dem Kontakt mit fremden Kulturen und Sprachen zu haben.
- Wichtig ist das Verfassen von aussagefähigen Anweisungen, Beschreibungen, Verfahrensdokumentationen und Warnhinweisen, aber auch von korrekten Briefen, Prospekten und Mitteilungen. Im Studium erlernen Germanisten eindeutige Angaben zu machen, zuverlässige Quellenangaben, korrekte Zitate und klare Trennungen zwischen verschiedenen Textebenen zu ziehen.
- Letztlich gehört auch ein Gespür für Namen und Begriffe dazu. Wer mit Sprache und Medien arbeitet, der findet neue Sichtweisen, neue Denkweisen, neue Namen, neue Begriffe, neue Formulierungen schon deshalb, weil er über einen vergleichsweise riesigen Wortschatz verfügt. Es gibt zahlreiche bekannte Spitzenprodukte, deren Namen von Germanisten geprägt wurden.
- Erwähnenswert ist ebenso ein durch das Studium erlangte Bewusstsein für Tradition, die Balance zwischen Konstanz und Variation, zwischen Kontinuität und Wandel, die auch für ein Unternehmen richtig einzuschätzen ist,
- Und letztlich ist es die sprachliche Gewandtheit, die Fähigkeit visuell, sprachlich und rhetorisch überzeugend präsentieren zu können.

114 Ebenda.
115 Vgl. ebenda.

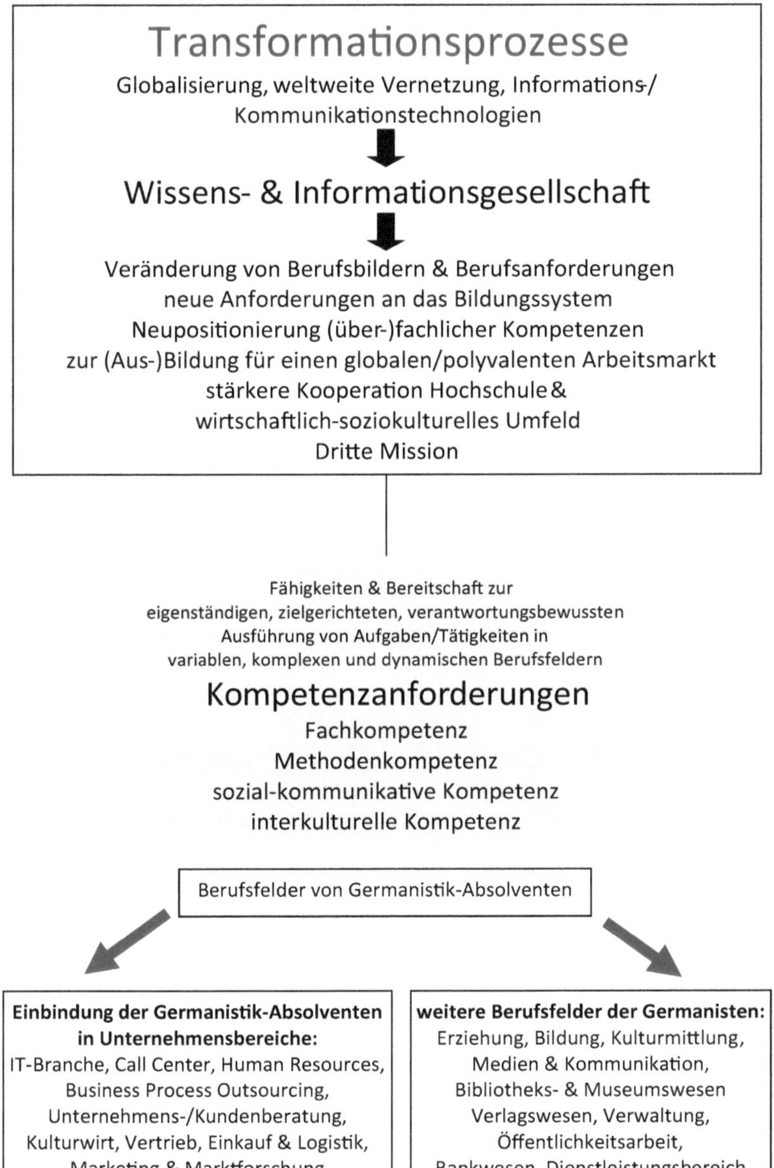

Abb. 7: Verbleib der Germanistik-Absolventen und Kompetenzanforderungen für einen Arbeitsmarkt im Wandel

8. Germanistik quo vadis?

Die Einschätzung zum Fortbestand und der Zukunft der Germanistik wird von den jeweils verantwortlichen Germanisten in Leitungspositionen über die Ländergrenzen der ausgewählten Referenzstaaten hinweg vergleichbar bewertet. Man kann bis auf wenige Einschränkungen nicht von explizit nationalstaatlichen Bewertungen sprechen; die Globalisierung in den Bereichen der Zivilgesellschaft, der Wirtschaft als auch dem privaten Sektor ist in den letzten 30 Jahren so weit fortgeschritten, dass die Region von vergleichbaren Herausforderungen und Errungenschaften betroffen ist.

Die in den Interviews genannten Visionen zur Zukunft der Germanistik lassen sich auf folgende Positionen zusammenfassen:[116]

- Das „Fach wird so *langsam vor sich hinsterben*". Germanistik mit einem traditionell definierten philologischen Kern wird es in Zukunft nur noch in den großen Universitätsstädten geben.
- *Der philologische Kern der Ausbildung muss erhalten bleiben.* Daneben muss oder sollte die Germanistik Spezialisierungen anbieten. *Diese Divergenz der Studienprogramme soll den Absolventen der Germanistik ermöglichen, auch im Leben erfolgreich sein zu können: zum Beispiel im Bereich der Wirtschaft, in Bereichen der Kommunikation usw.*
- Das alte Konzept der Germanistik ist nicht überlebensfähig. Die Germanistik muss sich an gesellschaftliche Entwicklungen anpassen.
- *Bildung ist nicht nur Ausbildung, sondern wirklich auch Bildung im weiteren Sinne des Wortes. Man sollte Menschen nicht nur mit guten Sprach- oder interkulturellen Kompetenzen ausbilden, sondern Menschen auch bilden, die wirklich dann auch kritisch denken und sich engagiert einbringen, auch in die Vermittlung, egal eigentlich, wo sie dann arbeiten.*
- *Die Germanistik als Philologie wird sich allmählich auf sehr, sehr kleine Gruppen von Interessenten beschränken müssen. Es ist für jemanden wie mich nicht die glücklichste Antwort, aber es ist die nüchternste.*
- Wenn ich jetzt die Trends beobachte, dann vermute ich, ahne ich, *was ja für mich auch schwer ist, dass wir in Richtung German Studies gehen, also, dass die Studenten nicht unbedingt Philologie studieren werden, sondern eher German Studies, so wie es die Spanier oder Italiener machen.*

116 Im Folgenden sind alle Äußerungen aus den Interviews kursiv gedruckt.

- *Eben diese humanistischen Kompetenzen sollten gefördert werden; eine multiperspektivische, multikontextuelle Bildung, d.h. eben die Anpassungsfähigkeit. Es ist schwierig und eigentlich sollte besonders ein Fach wie die Germanistik nicht unbedingt Kandidaten vorbereiten für eine bestimmte Arbeitsstelle, sondern eben diese universellen, diese transversalen Kompetenzen fördern […].*
- Germanistik sollte man *nicht aufgeben. Wir müssen uns sehr viele Gedanken machen, wie wir die Germanistik noch interessanter, noch erfolgreicher in nichtdeutschsprachigen Ländern machen können. Kompetenzen sind notwendig, aber das bedeutet nicht, dass wir nur diese schmale Spur der reinen Philologie betreiben sollen, sondern dass wir uns öffnen in Richtung Interdisziplinarität.*

Bis auf wenige Ausnahmen wird der Umbruch von einer philologisch geprägten traditionellen Germanistik zu einer berufsorientierten und ausbildungsdominierten Germanistik mit Abneigung zumindest aber Besorgnis wahrgenommen. Äußerungen wie diese belegen es: Es geht *um das Überleben* der Germanistik, die Germanistik wird *so langsam vor sich hinsterben, ich sehe schwarz für die Germanistik, ich kann nicht optimistisch sein, meine Zukunftsvision ist eine der düstersten* usw. Die Protagonisten selbst besitzen eine traditionell philologische Bildungsbiografie, die bis zur Bologna-Reform in der Bildung des wissenschaftlichen Nachwuchses noch tradiert wurde. Innerhalb von wenigen Jahren geraten die bewährten Bildungsideale ins Abseits, sind nicht mehr praxistauglich. Fortan steht zunehmend der berufliche Nutzen im Fokus, der durch den Markt diktiert wird. Berufsperspektiven für Absolventen öffnen sich nicht nur räumlich über den lokalen Markt hinaus, sondern auch in einer fachlichen Diversität, die weit über das traditionelle Berufsfeld der Germanistik hinausgeht. Bildungspolitische Verordnungen empfehlen und fordern mit dem wirtschaftlichen Umfeld zusammenzuarbeiten, der Employabilität der Absolventen mehr Bedeutung beizumessen. Schon seit Etablierung der Bologna-Vorgaben steht die Vermittlung von Kompetenzen bei der Konzeption von Curricula im Vordergrund. Mit fortschreitender Polyvalenz des Arbeitsmarktes für Germanisten und immer weniger traditionell philologisch orientierter Studienfächer stellt sich die Frage nach Kernkompetenzen der Germanistik.

Einigkeit herrscht über alle Landesgrenzen hinweg die Notwendigkeit sehr guter deutscher Sprachkenntnisse. Je nach Land und Universität schwanken die Erwartungen zwischen den Stufen B2 und C2 (nach dem Europäischen Referenzrahmen) bei Absolventen von Bachelor- und Masterabschlüssen an germanistischen Instituten.

Kernkompetenz sind praktisch die Sprachkenntnisse die wir anbieten, also die Absolventen sollen, wenn sie Germanisten sind, die deutsche Sprache fließend beherrschen, sie sollen keine Schwierigkeiten damit haben zu übersetzen, sollen im Stande sein, sich fließend zu äußern und praktisch in der Lage sein, sowohl in der Schule auch in der Firma als Dolmetscher zu arbeiten. [Interview Lasatowicz Mai 2018/Polen]

Dennoch gibt es Ausnahmen mit deutlich niedrigeren deutschen Sprachkenntnissen bei Abschluss des Studiums, wie auch eigene Erfahrungen belegen. Dies gilt vor allem dann, wenn Deutsch als Fremdsprache erst an weiterführenden Schulen als zweite oder dritte Fremdsprache gelernt wurde, in diesen Fällen ist der Sprachstand bei Beginn des Studiums selten höher angesiedelt als auf der Stufe A2. Sprachunterricht ist an fast allen germanistischen Studiengängen integraler Bestandteil des Studiums.

Die Sprachkompetenz sei hingegen keine Kernkompetenz, sondern eine Voraussetzung für das Studium der Germanistik, da es unabdingbar sei, Vorlesungen und Seminare in deutscher Sprache abzuhalten, so Fiala-Fürst [Interview Fiala-Fürst Juni 2018/Tschechische Republik]:

Also, die gemeinhin gemeinte Kompetenz, die Sprache zu beherrschen, ist keine Kernkompetenz. Das ist für Philologen die Grundlage. Es ist zwar, ich sag manchmal, wir täuschen vor, dass wir schon im ersten Jahrgang mit Leuten zu tun haben, die diese Kompetenz… die also die Sprache beherrschen. Das ist immer weniger der Fall, aber ich glaub, man soll dabeibleiben, das vorzutäuschen und so zu tun, als ob man mit Leuten zu tun hätte, die zumindest verstehen. D.h. wir sollen nicht davon ablassen, Vorlesungen auf Deutsch zu halten, Seminare auf Deutsch zu führen usw.

An zweiter Stelle der Kernkompetenzen werden die traditionellen Säulen der Germanistik genannt: die Sprachwissenschaft, Literaturwissenschaft und Kulturwissenschaft. In der Mehrzahl der Rückmeldungen reduziert sich der Anteil dieser Komponenten auf ein Basiswissen, da die Mehrheit der Studiengänge an germanistischen Instituten keine rein philologischen Studiengänge (mehr) sind. In der Regel sind Studiengänge an germanistischen Instituten mit Spezialisierungen kombiniert, wie z. B. Übersetzen und Dolmetschen, Tourismus, Medienwissenschaft, Wirtschaft u.a. Es folgen daher Kernkompetenzen, die sich an bestimmten Berufen orientieren.

Ja, es ist schwierig, wenn man Germanistik jetzt wahrnimmt. Was ist es? Wir haben an sich, ich muss das auch sagen, ein wirklich germanistisches Studienprogramm haben wir nicht, ja. Wir haben entweder Lehramt oder Übersetzen-Dolmetschen oder irgendwie Wirtschaftsdeutsch. Es gibt nicht diesen reinen… rein philologischen Studiengang. Es ist dann sehr variabel, je nachdem, welche

Ausrichtung eigentlich… ja, wo da wirklich diese Fachgrenzen überschritten wurden. Also, ja. Sehr gute Sprachkompetenzen selbstverständlich, das wird auch sehr oft vernachlässigt bei uns. Und ich glaube dann eine, ja, eine kultur-, literaturgeschichtliche Übersicht muss natürlich sein. Ein Gespür für das linguistische System selbstverständlich auch. Ich weiß nicht, ob unbedingt auch mit der Sprachgeschichte verbunden, wobei ich immer sage, das kann nicht schaden und… ja, und dann je nachdem wie die… wie die anderen Ausrichtungen sind. Also natürlich brauchen die Übersetzer und Dolmetscher ein sehr gutes Training und das Training in… in den Notationstechniken usw. usf. und natürlich brauchen die Lehrer sehr viel, ganz konkrete Arbeit in den methodischen, in den didaktischen Fächern. Es ist, glaube ich, sehr… sehr schwer zu sagen. Also… Wir haben in diesen Beschreibungen, die ich erwähnt habe, diese Kerndisziplinen also, ja, aber da haben sie das eben: Morphologie und Syntax und Semantik und… was nicht noch? Literaturgeschichte natürlich und was noch… Sprachgeschichte, glaube ich, nur jetzt in diesen Nebenfächern inzwischen. [Interview Zemaníková Juli 2018/Slowakei]

An diesen Ausführungen wird deutlich, dass und in welcher Weise philologische Inhalte trotz Berufsorientierung bzw. Spezialisierungen in den Curricula vertreten sind; dies bestätigt auch der folgende Kommentar aus Rumänien, der Germanistik in interdisziplinären Studiengängen beschreibt. Nicht nur an diesen beiden Aussagen zeigt sich, oft in der Verbindung mit „ein bisschen", dass eben die Philologie in vielen Facetten „ein bisschen" vertreten ist.

Ja, Germanistik ist natürlich eine Bezeichnung für eine philologische Disziplin in erster Linie, ja, und ein Philologe, ein Germanist und Philologe soll sich als Absolvent einer solchen Abteilung die wichtigsten Grundsätze der deutschen Kultur angeeignet haben, ja. d.h. deutsche Geschichte, deutsche – und ich betone das – Geschichte, nicht nur, weil ich auch ein Diplom in der Geschichte habe, ich glaube, dass ohne, dass man die Geschichte Europas zum Teil gut kennt, die Literaturgeschichte, Kulturgeschichte unverständlich bleibt, ja. Deutsche Geschichte, deutsche Kultur, d.h. Literatur aber nicht nur Literatur, auch ein bisschen Philosophie, ein bisschen von der Entwicklung der Geisteswissenschaften. Ich, z.B. im Master, rede viel über Freud und das ist auch wichtig, und dann die Grundlagen der Sprachwissenschaft. Man redet deutsch, aber man muss ein bisschen die Strukturen vertiefen, mit denen man kommuniziert, ja. Ja, und die Grundlage, die Beherrschung der deutschen Sprache, die bleibt. Man hofft, ja, dass ein Absolvent zumindest das Niveau B beherrscht, ja. so. Ja, es gibt auch Unterschiede zwischen einem Bachelor und einem Master, ja. Im Master haben wir vor, ein bisschen die Lücken auszufüllen, die nach dem Bachelorstudium blieben. Wir machen im Master auch ein bisschen Mediävistik, nicht sehr viel, vorher hatten wir noch Kurse in Mittelhochdeutsch und jetzt können wir uns sowas auch nicht mehr leisten. Aber im Master haben wir auch diese interdisziplinäre Öffnung gepflegt. Unser Master heißt „Deutsche Kultur im europäischen Kontext", also wir reden dort auch über die Entwicklung der Medien, über die Philosophie und Politikwissenschaft und Sozialwissenschaften des 20. Jhs. Also, wir versuchen, dass die Absolventen auch praktisch, ja, diese konkrete Öffnung zur deutschen Kultur haben sollen. [Interview Corbea-Hoişie Juli 2018/Rumänien]

Auch Protagonisten aus Ungarn schließen sich den obigen Positionen an, vor allem aber wird betont, dass selbst für eine Tätigkeit in einem deutschen Unternehmen Kenntnisse der Kultur der deutschsprachigen Länder wichtig sind.

Kernkompetenzen, ist schwer zu sagen. Es ist schwer zu sagen, wenn ich auf der Bachelor-Ebene bin, dann würde ich sagen, gut fundierte Sprach- und Kulturkenntnisse, kulturelle Kenntnisse. Es ist so traurig, dass, ich spreche jetzt über die Gegenwart, junge Leute nicht mehr lesen und sich nicht mehr für die Kultur im Allgemeinen interessieren, und das hat auch zur Folge, dass sie in den Lehrveranstaltungen… Ich unterrichte zum Beispiel so: aktuelle Kultur, Politik in den deutschsprachigen Ländern, aber sie haben leider… über die Bundesländer, über die größeren kulturellen Bewegungen oder Ausstellungen oder über die Neuerscheinungen, ich meine jetzt Bücher, sie haben nicht viel Interesse dafür, sie wissen es auch nicht. Ich bringe ihnen sehr viele Zeitungen mit, versuche ihnen auch sehr vieles durch das Internet zu zeigen. Ich denke, wenn man in Ungarn mit einem Germanistikdiplom eine Anstellung finden will, dann muss man auch solche Kompetenzen haben, auf jeden Fall. Nicht nur Textkompetenzen, nicht nur grammatische Kompetenzen, sondern natürlich auch Kompetenzen, die mit der Kultur verbunden sind, wenn man bei einer deutschen Firma in Ungarn arbeitet, dann muss man das einfach leisten können. Ich denke schon. Literarische und Kulturkompetenzen sind für mich, aber ich gehöre ja zur älteren Generation, sind unbedingt eine Erwartung, also ich denke schon, dass das nicht fehlen darf, aber mit einer… sicherlich mit einer ganz anderen Perspektive, auf jeden Fall. [Interview Knipf-Komlósi Juni 2018/Ungarn]

Eine weitere Option ist die interkulturelle Perspektive, die nicht per se durch das Erlernen von Fremdsprachen vermittelt wird und die ebenfalls zu den Kernkompetenzen gezählt wird:

Das Interkulturelle, das ist unglaublich wichtig. Das ist unglaublich wichtig, wenn man Europa zusammenschweißen will, dann nur so. Dann nur so. Man muss unterrichten, das Reisen. Man sagt ja, es reisen viele Leute. Mein Gott, sie reisen aber sehen die Welt mit ihren eigenen Augen. Auch die Geschichte, aber auch die Zukunft der Menschen. Ich als Germanist darf mich nicht einschränken auf mein Interesse an Buchstaben, Lauten, Grammatik, sondern ich muss die Menschen wahrnehmen, auch das, was sie denken. Das ist ein Germanist von morgen. Es braucht Arbeit. Es braucht Unterricht. Es braucht Lehre. Also es müsste in allen Ländern in die Programme, es müssten so Sachen kommen wie über das Verhalten, über das andere Denken, dann versteht man sich. Allein die Sprache zu lernen ist zu wenig, ist viel zu wenig. [Interview Grucza Mai 2018/ Polen]

Eine der häufigsten Spezialisierungen, die im Rahmen von germanistischen Studiengängen angeboten wird, sind im Bereich der Wirtschaft angesiedelt. Es existiert kaum eine Germanistik, die kein Wirtschaftsdeutsch im Programm führt. Das Angebot für Studierende in allen Referenzländern reicht von zusätzlichen Modulen bis zu eigenständigen Studiengängen in Kooperation mit Wirtschaftsunternehmen. Beispielhaft seien das Masterprogramm „Interkulturelle Wirtschaftskommunikation" aus Rumänien/Hermannstadt und der Studiengang „Wirtschaftslinguistik" an der Universität Lodz/Polen genannt:

> Die Initiative zur Einrichtung eines solchen Studiengangs ging von der Fakultät für Philologie aus als Versuch zur Umsetzung der sogenannten dritten Mission der Hochschule, die die Zusammenarbeit mit dem sozioökonomischen Umfeld im weiteren Sinne umfasst, also dem Unternehmenssektor, dem öffentlichen Sektor und dem Nichtregierungssektor. Die Erarbeitung eines Studienprogramms war die Konsequenz der systematisch vertieften Zusammenarbeit zwischen der Fakultät für Philologie sowie Unternehmen und Arbeitgebern mit dem Ziel, gemeinsam didaktische Programme zu entwickeln, Lehrveranstaltungen und Seminare anzubieten, Praktika zu organisieren, im Rahmen von Diplomarbeiten zu untersuchende Fragestellungen weiterzugeben und darüber hinaus gemeinsam innovative, neue Studiengänge als Antwort auf die aktuellen Anforderungen des Arbeitsmarktes zu schaffen. (Goźdź-Roszkowski/ Makowski 2018: 25)[117]

117 Übersetzung aus dem Polnischen von Kleist.

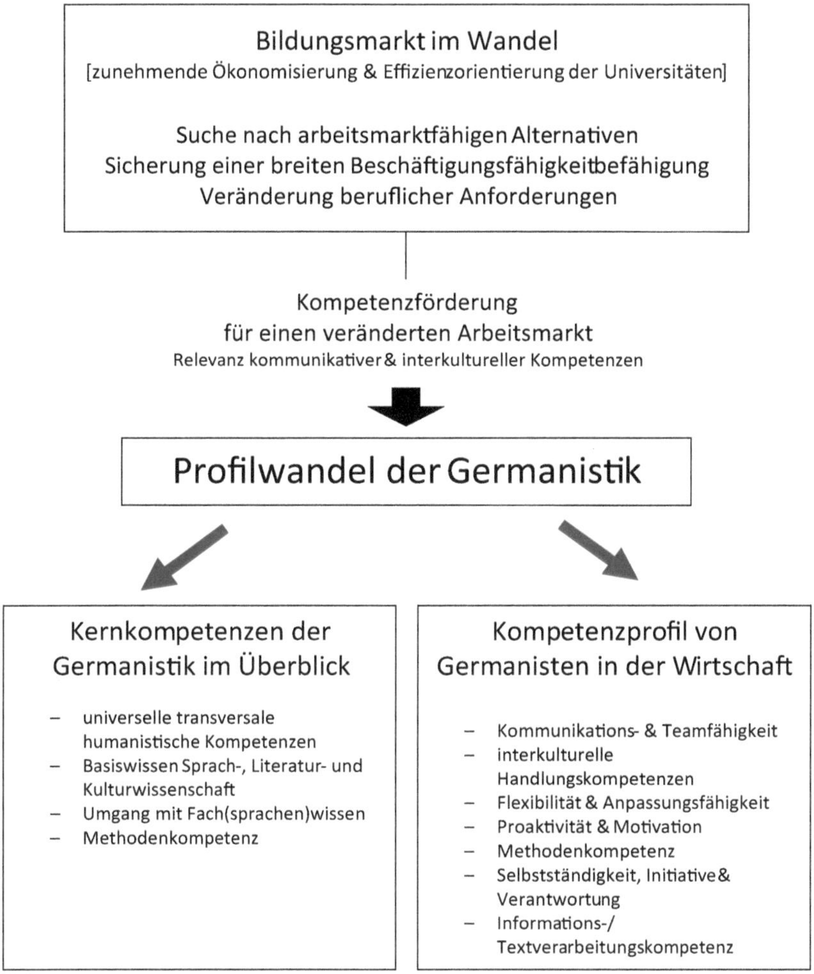

Abb. 8: Profilwandel der Germanistik in Mittelosteuropa

Ein solcher Vorstoß von einer traditionellen Germanistik in Fachgebiete, die vor 30 Jahren noch unvorstellbar mit dem klassischen Selbstverständnis der Germanistik vereinbar gewesen wären, bestimmen heute die Curricula.

Über den von vielen Germanisten beklagten Verlust traditioneller Konzepte Humboldt'scher Prägung hinaus existieren Neuorientierungen, die einerseits die Polyvalenz des Arbeitsmarktes für Germanisten berücksichtigen als auch philologische Kernkompetenzen als unabdingbar begreifen. Gerade diese werden als besondere Stärken von Humanisten hervorgehoben:

Diese philologischen Kompetenzen wie Textanalyse, Textproduktion, rhetorische Kompetenz sind extrem wichtig. Ich denke, das ist die Stärke der Humanisten, eben dieses kritische Denken, diese Fähigkeit, sich anzupassen. Eben diese humanistischen Kompetenzen sollten gefördert werden; eine multiperspektivische, multikontextuelle Bildung, d.h. eben die Anpassungsfähigkeit. Ich würde jetzt den Standpunkt vertreten, besonders ein Fach wie die Germanistik sollte nicht unbedingt Kandidaten für eine bestimmte Arbeitsstelle vorbereiten, sondern eben diese universellen, diese transversalen Kompetenzen fördern, also eben Sprachkompetenz, linguistische Kompetenz, fachsprachliche Kompetenz, aber eher im Sinne einer Propädeutik, einer Methodologie, wie man mit Fachsprachen umgehen sollte, Einsatz von modernen Technologien wie Terminologiemanagement. Sehr wichtig sind eben auch rhetorische Kompetenzen, wie ich jetzt z.B. bemerkt habe, wird in allen Firmen eigentlich darauf Wert gelegt, dass man präsentiert, dass man sich mündlich äußert, ob dialogisch oder monologisch. Was vielleicht auch unterschätzt wird, auch im Fremdsprachenunterricht, ist, dass sehr viele Kommunikationsformen nicht direkt laufen, sondern etwa per Telefon, ein Spezifikum, woran man auch im Studium arbeiten sollte. [Interview Makowski Juli 2018/Polen]

Im Grunde genommen kommt in dieser Einschätzung das zum Ausdruck, was sich in der Praxis schon längst bewährt hat: Germanisten sind in Arbeitsbereichen der Wirtschaft sehr erfolgreich. Humanistische Bildung und Wirtschaft birgen keinen Widerspruch in sich.

Diese innovative Haltung ist bei Weitem nicht nur in der Nachwuchsgeneration der Wissenschaftler vertreten; gerade erfahrene Wissenschaftler, die den Markt noch aus Vorwendezeiten kennen, wissen um die Notwendigkeit, sich den Bedarfen des Arbeitsmarktes zu öffnen und warnen vor einer Rephilologisierung der Germanistik.

Das Spektrum der genannten Kernkompetenzen der Germanistik reicht von den traditionellen Komponenten Literatur- und Sprachwissenschaft, Kulturwissenschaft bis hin zur Ausbildung und Förderung von universellen, transversalen, humanistischen Kompetenzen, die nicht unbedingt an bestimmte Berufsfelder gebunden sind. Dies erscheint vor dem Hintergrund der Schnelllebigkeit und des Verfalls von Wissen sowie der ständigen Veränderung und Entwicklung in gesellschaftlichen und beruflichen Kontexten, man betrachte nur die IT-Branche, ein überzeugender Ansatz.

Literaturverzeichnis

Ahlrep, Christian (2018): Das Seminar Akademische Sprache als Bindeglied zwischen akademischer Ausbildung und Vorbereitung auf die berufliche Praxis. In: Tichy, Ellen/Tesch, Felicitas/Roelcke, Thorsten/Lasatowicz, Maria Katarzyna (Hrsg.): Germanistik und Wirtschaft in der Diskussion. Tagungsband: Kulturelle Zentren der deutschen Minderheiten und berufliche Perspektiven in deutschsprachigen Unternehmen. Berlin: Peter Lang. S. 119–130.

Ammon, Ulrich (2015): Die Stellung der deutschen Sprache in der Welt. Berlin: De Gruyter.

Bachmeier, Peter (1995): Die Wissenschaftspolitik in Osteuropa von 1945 bis 1993. In: König, Christoph (Hrsg.): Germanistik in Mittel- und Osteuropa 1945–1992. Eine Veröffentlichung der Arbeitsstelle für die Erforschung der Geschichte der Germanistik im Deutschen Literaturarchiv Marbach am Neckar. Berlin, New York: de Gruyter. S. 31–40.

Balogh, András (1998): Universitätsreform in Ungarn. In: Germanistische Beiträge 8/9. S. 105–110.

Bassola, Péter (2007): Wohin steuert die ungarische Germanistik? In: Tichy, Ellen/Masát, András (Hrsg.): Jahrbuch der ungarischen Germanistik 2007. Budapest: Gondolat Kiadó Kör. S. 18–20.

Bergerová, Hana (2010): Deutsch in der Tschechischen Republik. In: Krumm, Hans-Jürgen/Fandrych, Christian/Hufeisen, Britta/Riemer, Claudia (Hrsg.): Deutsch als Fremd- und Zweitsprache. Ein internationales Handbuch. Band 1. HSK 35.1. Berlin, New York: de Gruyter Mouton. S. 1809–1814.

Bergerová, Hana/Haring, Ekkehard W./Schmidt, Marek (2011) (Hrsg.): Schlüsselkompetenz Germanistik. Profile und Perspektiven einer Disziplin im Wandel. Aussiger Beiträge. Germanistische Schriftenreihe aus Forschung und Lehre. Band 5. Ústí nad Labem: Univerzita J. E. Purkyně v Ústí nad Labem, Filozofická fakulta.

Bernáth, Árpád (1995): Das Wechselspiel zwischen Zentrum und Peripherie. Die Universitäten von Pécs, Debrecen, Szeged und die ungarische Germanistik. In: König, Christoph (Hrsg.): Germanistik in Mittel- und Osteuropa 1945–1992. Eine Veröffentlichung der Arbeitsstelle für die Erforschung der Geschichte der Germanistik im Deutschen Literaturarchiv Marbach am Neckar. Berlin, New York: de Gruyter. S. 271–283.

Blahak, Boris/Winter, Astrid (2013): Sprache und Identität. Deutsch in Tschechien heute. Bericht über eine Tagung an der Karls-Universität Prag zu Aspekten der Mehrsprachigkeit in Mitteleuropa am Beginn des 21. Jahrhunderts.

In: brücken. Germanistisches Jahrbuch Tschechien Slowakei 2013, 21/1–2. S. 215–226; http://jahrbuch-bruecken.de/cms/wp-content/uploads/2016/07/bruecken2013_215-226_Berichte_Blahak-Winter.pdf [Stand: 12.01.2018].

Bokova, Hildegart (2004): Gegenwart und Zukunft der deutschen Sprache in der Tschechischen Republik. In: Goltschnigg, Dietmar/Schwob, Anton (Hrsg.): Zukunftschancen der deutschen Sprache in Mittel-, Südost- und Osteuropa. Grazer Humboldt-Kolleg 20.–24. November 2002. Wien: Praesens. S. 384–387.

Bottesch, Johanna (2008): Rumänien. In: Eichinger, Ludwig M./Plewnia, Albrecht/Riehl, Claudia M. (Hrsg.): Handbuch der deutschen Sprachminderheiten in Mittel- und Osteuropa. Tübingen: Gunter Narr. S. 329–392.

Chovan, Milos (2004): Gibt es eine Zukunftschance der deutschen Sprache in der Slowakei? In: Goltschnigg, Dietmar/Schwob, Anton (Hrsg.): Zukunftschancen der deutschen Sprache in Mittel-, Südost- und Osteuropa. Grazer Humboldt-Kolleg 20.–24. November 2002. Wien: Praesens. S. 201–204.

Corbea-Hoişie, Andrei (1995): Für eine richtige Auslandsgermanistik. Die Lage des Faches in Rumänien. In: König, Christoph (Hrsg.): Germanistik in Mittel- und Osteuropa 1945–1992. Eine Veröffentlichung der Arbeitsstelle für die Erforschung der Geschichte der Germanistik im Deutschen Literaturarchiv Marbach am Neckar. Berlin, New York: de Gruyter. S. 168–182.

Corbea-Hoişie, Andrei (1997): Hochschulgermanistik in Iaşi. Die Bilanz eines dreifachen Anfangs. In: Guţu, George/Stănescu, Speranţa (Hrsg.): Beiträge zur Geschichte der Germanistik in Rumänien. GGR-Beiträge zur Germanistik. Band 1. Teil 1: Zur Geschichte der Germanistiklehrstühle in Rumänien. Bukarest: Charme-Scott. S. 47–66.

Dannerer, Monika (1992): Wirtschaftsdeutsch in Ungarn. Eine empirische Studie über Bedarf und Probleme. In: Info DaF Info DaF (Informationen Deutsch als Fremdsprache) 3, 19. Jg. S. 335–346.

Deutsch und Auslandsgermanistik in Mitteleuropa. Geschichte – Stand – Ausblicke. Abschlußerklärung der Konferenz in Warschau, 9.–13.10.1996. In: Germanistische Beiträge 6/1997. S. 154–155.

Dovalil, Vítek (2010): Sind zwei Fremdsprachen in der Tschechischen Republik realistisch? Zu den aktuellen Problemen der tschechischen Spracherwerbsplanung. In: Sociolinguistica: Internationales Handbuch für Europäische Soziolinguistik 24, 1. S. 43–60; https://www.researchgate.net/publication/284592668 [Stand: 12.01.2018].

Ebert, Thomas/Kuckartz, Udo/Rädiker, Stefan/Stefer, Claus (2009): Evaluation online. Internetgestützte Befragung in der Praxis. Wiesbaden: Verlag für Sozialwissenschaften.

Fedáková, Katarína (2012): Mehrsprachigkeit in der Slowakei und die Stellung des Deutschen. In: Brünner Hefte zu Deutsch als Fremdsprache, Jg. 5, H. 1. Brno: Masarykova univerzita. S. 13–28.

Fedáková, Katarína (2013): Fremdsprachenlehrerausbildung: Perspektiven und Grenzen. In: Meier, Jörg/Puchalová, Ingrid (Hrsg.): Perspektiven der Auslandsgermanistik. Beiträge zum Internationalen Symposium vom 25.–26. Februar 2010 an der Pavol-Jozef-Šafárik-Universität in Košice. Studien zur deutsch-slowakischen Kulturgeschichte, Band 2. Berlin: Weidler Buchverlag. S. 313–325.

Fedáková, Katarina (2015): Sprachenpolitik und ihre Auswirkungen auf die Mehrsprachigkeit in der Slowakei. Ein kleines Plädoyer für Deutsch als Fremdsprache; https://www.slovakedu.com/publications/llce2015-conference-proceedings/a05/ [Stand: 12.01.2018].

Fedáková, Katarína/Puchalová, Ingrid (2014): Deutsch in der Slowakei nach 1989 – Rahmenbedingungen und Entwicklungen. In: Tichy, Ellen/Ilse, Viktoria (Hrsg.): Deutsch in Mittelosteuropa nach 1989–25 Jahre Germanistikstudiengänge, Deutschlehrerausbildung, DaF-Lehrwerke und DaF-Unterricht. Frankfurt/Main u.a.: Peter Lang. S. 185–199.

Feld-Knapp, Ilona (Hrsg.) (2012): Beruf und Berufung. Fremdsprachenlehrer in Ungarn. Budapest: Typotex Kiadó – Eötvös-József-Collegium.

Fiala-Fürst, Ingeborg (2004): Gehören wir dazu? Über die Lage der tschechischen Germanistik in Bezug zu Österreich. In: Goltschnigg, Dietmar/ Schwob, Anton (Hrsg.): Zukunftschancen der deutschen Sprache in Mittel-, Südost- und Osteuropa. Grazer Humboldt-Kolleg 20.–24. November 2002. Wien: Praesens. S. 388–397.

Fiala-Fürst, Ingeborg (2014): Das Fach Deutsch als Sprache der Geisteswissenschaften an der Palacky-Universität in Olmütz, Tschechien. In: Tichy, Ellen/ Ilse, Viktoria (Hrsg.): Deutsch in Mittelosteuropa nach 1989–25 Jahre Germanistikstudiengänge, Deutschlehrerausbildung, DaF-Lehrwerke und DaF-Unterricht. Frankfurt/Main u.a.: Peter Lang. S. 201–208.

Flick, Uwe ([3]1995): Qualitative Forschung – Theorien, Methoden, Anwendung in Psychologie und Sozialwissenschaften. Reinbek: Rowohlt.

Forna, Petru (1997): Der Lehrstuhl für deutsche Sprache und Literatur an der Universität Cluj nach dem 2. Weltkrieg. In: Guțu, George/Stănescu, Speranța (Hrsg.): Beiträge zur Geschichte der Germanistik in Rumänien. GGR-Beiträge zur Germanistik. Band 1. Teil 1: Zur Geschichte der Germanistiklehrstühle in Rumänien. Bukarest: Charme-Scott. S. 39–46.

Földes, Csaba (2003): Deutsche Sprache und Germanistik in der Slowakei als eine interkulturelle Herausforderung im östlichen Mitteleuropa. In: Greule,

Albrecht/Meier, Jörg (Hrsg.): Deutsche Sprache in der Slowakei. Bilanz und Perspektiven ihrer Erforschung. Wien: Praesens. S. 9–26.

Földes, Csaba (2004): Überlegungen aus der Sicht einer „Anrainer-Germanistik". In: Goltschnigg, Dietmar/Schwob, Anton (Hrsg.): Zukunftschancen der deutschen Sprache in Mittel-, Südost- und Osteuropa. Grazer Humboldt-Kolleg, 20.–24. November 2002. Wien: Praesens Verlag. S. 100–105.

Gabanyi, Anneli Ute (1975): Partei und Literatur in Rumänien seit 1945. Untersuchungen zur Gegenwartskunde Südosteuropas. Band 9. München: Oldenbourg.

Gabanyi, Anneli Ute (2000): Geschichte der Deutschen in Rumänien. In: Bundeszentrale für politische Bildung (Hrsg.): Aussiedler. Informationen zur politischen Bildung Nr. 267. Bonn: Bundeszentrale für politische Bildung. S. 10–16; zit. nach https://www.siebenbuerger.de/portal/land-und-leute/siebenbuerger-sachsen/ [Stand: 12.06.2018].

Glaser, B., & *Strauss*, A. (*1967*). The Discovery of Grounded Theory Strategies for Qualitative Research. Mill Valley, CA Sociology Press.

Germanistik im internationalen Vergleich. Zur Reform des Faches in Mittel- und Südosteuropa. Eine Veranstaltung des „Internationalen Zentrums" Tübingen im Rahmen der Sommerakademie 1997, 22.–29. August in Sibiu/Hermannstadt. Symposiumsbericht. Sibiu 1998. In: Germanistische Beiträge 8/9. S. 137–139.

Gester, Silke (2011): Quo vadis, DaF? Betrachtungen zu Deutsch als Fremdsprache in der Tschechischen Republik. Zlín: Radim Bačuvčík – VeRBuM.

Gester, Silke/Kegyes, Erika (Hrsg.) (2015): Quo vadis, DaF? II. Betrachtungen zu Deutsch als Fremdsprache in den Ländern der Visegrád-Gruppe. Frankfurt/Main u.a.: Peter Lang.

Glauninger, Manfred Michael (2004): Reflexionen zum Thema „Zukunft der Germanistik". In: Goltschnigg, Dietmar/Schwob, Anton (Hrsg.): Zukunftschancen der deutschen Sprache in Mittel-, Südost- und Osteuropa. Grazer Humboldt-Kolleg, 20.–24. November 2002. Wien: Praesens Verlag. S. 207–210.

Guţu, George (2002): Selbstverständnis und Spezifik im internationalen Gespräch. Überlegungen zur Entwicklung der (Auslands-) Germanistik in Rumänien. In: transcarpathica. Germanistisches Jahrbuch Rumänien. Band 1. Bukarest: Paideia. S. 17–28.

Guţu, George (2017): Zu Aspekten der (Auslands-) Germanistik in Rumänien. In: Mitteilungen des Deutschen Germanistenverbandes. Themenheft „Germanistik in Europa: Forschungs- und Ausbildungsperspektiven". Göttingen: Vandenhoeck und Ruprecht. S. 26–31.

Guţu, George/Stănescu, Speranţa (Hrsg.) (1997): Beiträge zur Geschichte der Germanistik in Rumänien. GGR-Beiträge zur Germanistik. Band 1. Teil 1: Zur Geschichte der Germanistiklehrstühle in Rumänien. Bukarest: Charme-Scott.

Guţu, George/Sandu, Doina (Hrsg.) (2005): Beiträge zur Geschichte der Germanistik in Rumänien. Der Bukarester Germanistiklehrstuhl. GGR-Beiträge zur Germanistik. Band 15. Teil 2. Bukarest: Editura Universităţii din Bucureşti.

Grucza, Franciszek (2008): Deutschunterricht und Germanistikstudium in Polen. In: Helbig, Gerhard/Götze, Lutz/Henrici, Gert/Krumm Hans-Jürgen (Hrsg.): Deutsch als Fremdsprache. Ein internationales Handbuch. Band 2. HSK 19.2. Berlin, New York: de Gruyter. S. 1528–1538.

Grucza, Franciszek (2010): Deutsch in Polen. In: Krumm, Hans-Jürgen/Fandrych, Christian/Hufeisen, Britta/Riemer, Claudia (Hrsg.): Deutsch als Fremd- und Zweitsprache. Ein internationales Handbuch. Band 2. HSK 35.2. Berlin, New York: de Gruyter. S. 1761–1766.

Gyáfrás, Edit (2004): Die Stellung des Wirtschaftsdeutschen als Fremdsprache. In: Czicza, Dániel/Hegedüs, Ildikó/Kappel, Peter/Németh, Attila (Hrsg.): Wertigkeiten, Geschichten und Kontraste. Festschrift für Péter Bassola zum 60. Geburtstag. Szeged: Grimm Kiadó. S. 255–264.

Henke, Justus/Pasternack, Peer/Schmid, Sarah (2017): Mission, die Dritte. Die Vielfalt jenseits hochschulischer Forschung und Lehre: Konzept und Kommunikation der Third Mission. Berlin: Berliner Wissenschaftsverlag.

Hessky, Regina (2007): Wo liegt der Hund begraben? Ein Beitrag von der Grenzlinie. In: Tichy, Ellen/Masát, András (Hrsg.): Jahrbuch der ungarischen Germanistik 2007. Budapest: Gondolat Kiadó Kör. S. 13–17.

Hockicková Beáta (2010): Deutsch in der Slowakei. In: Krumm, Hans-Jürgen/Fandrych, Christian/Hufeisen, Britta/Riemer, Claudia (Hrsg.): Deutsch als Fremd- und Zweitsprache. Ein internationales Handbuch. Band 2. HSK 35.2. Berlin, New York: de Gruyter Mouton. S. 1793–1797.

Jaroszewski, Marek (2011): Polnische Germanistik im Wandel: Von der traditionellen Philologie zur praxisorientierten Kulturwissenschaft. In: Kątny, Andrezej/Lukas, Katarzyna (Hrsg.): Germanistik in Polen. Geschichte – Perspektiven – interdisziplinärer Dialog. Danziger Beiträge zur Germanistik. Band 39. Frankfurt/Main u.a.: Peter Lang. S. 67–74.

Joachimsthaler, Jürgen (2003): Die Zukunft der Vergangenheit: die Auseinandersetzung der polnischen Germanistik mit den deutschen Spuren in Polen: Aktualisierte Fassung. In: Studia Germanica Gedanensia 11. S. 77–102.

Joachimsthaler, Jürgen/Mikołajczyk, Beata (2012): Zum SCHWERPUNKT: Germanistik morgen? Schwierigkeiten einer Fragestellung. In: Convivium. Germanistisches Jahrbuch Polen 2012. S. 9–27.

Juhásová, Jana (2015): Perspektiven und Herausforderungen des Deutschen als Fremdsprache und der Germanistik in der Slowakei. In: gfl-journal, No. 3. S. 5–29.

Kaszynski, Stefan H. (1995): Methodologische Aspekte der germanistischen Literaturwissenschaft in Polen nach 1945. In: König, Christoph (Hrsg.): Germanistik in Mittel- und Osteuropa. 1945–1992. Eine Veröffentlichung der Arbeitsstelle für die Erforschung der Geschichte der Germanistik im Deutschen Literaturarchiv Marbach am Neckar. Berlin, New York: de Gruyter. S. 148–159.

Kątny, Andrezej/Lukas, Katarzyna (2011) (Hrsg.): Germanistik in Polen. Geschichte – Perspektiven – interdisziplinärer Dialog. Danziger Beiträge zur Germanistik. Band 39. Frankfurt/Main u.a.: Peter Lang.

Kegelmann, René (2007): Nicht ganz subjektive Bemerkungen zum Zustand der Germanistik in Ungarn nebst einigen Vorschlägen. In: Tichy, Ellen/Masát, András (Hrsg.): Jahrbuch der ungarischen Germanistik 2007. Budapest: Gondolat Kiadó Kör. S. 21–24.

Kertész, András (2007): Sind germanistische Forschungen noch zu retten? Bemerkungen zur Situation der Geisteswissenschaften im Ungarn der Jahrtausendwende. In: Tichy, Ellen/Masát, András (Hrsg.): Jahrbuch der ungarischen Germanistik 2007. Budapest: Gondolat Kiadó Kör. S. 30–44.

Komáromy, András (2010): Wirtschaftsdeutsch in Ungarn. In: Kostrzewa, Frank/Rada, Roberta V. (Hrsg.): Deutsch als Fremd- und Minderheitensprache in Ungarn: Historische Entwicklung, aktuelle Tendenzen und Zukunftsperspektiven. Baltmannsweiler: Schneider Verlag Hohengehren. S. 180–196.

Konnerth, Gerhard (2000): Der Hermannstädter Lehrstuhl für Germanistik. Ausblick und Rückschau. In: Germanistische Beiträge 13/14. S. 18–31.

Konnerth, Gerhard: (2013): Die Einbindung der Hermannstädter Germanistik in europäische Bezüge Vortrag bei dem Internationalen Kolloquium: Wirksame Rede im Frühneuhochdeutschen: Syntaktische und textstilistische Aspekte (6. September 2013). In: Germanistische Beiträge 33. S. 11–27.

Korencsy, Ottó (2018): Berufliche Perspektiven der Germanistikstudierenden in Ungarn. In: Tichy, Ellen/Tesch, Felicitas/Roelcke, Thorsten/Lasatowicz, Maria Katarzyna (Hrsg.): Germanistik und Wirtschaft in der Diskussion. Tagungsband: Kulturelle Zentren der deutschen Minderheiten und berufliche Perspektiven in deutschsprachigen Unternehmen. Berlin: Peter Lang. S. 77–88.

Kostalova, Dagmar (1995): Elemir Terray im Kontext der slowakischen Germanistik. In: König, Christoph (Hrsg.): Germanistik in Mittel- und Osteuropa. 1945–1992. Eine Veröffentlichung der Arbeitsstelle für die Erforschung der Geschichte der Germanistik im Deutschen Literaturarchiv Marbach am Neckar. Berlin, New York: de Gruyter. S. 231–238.

Kostalova, Dagmar (1998): Zu Bedarf und Begründung wissenschaftlicher Weiterqualifizierung in der Slowakei. In: Germanistische Beiträge 8–9. S. 124–134.

Kostalova, Dagmar (2004): Zukunftschancen der deutschen Sprache in Ost- und Mitteleuropa. In: Goltschnigg, Dietmar/Schwob, Anton (Hrsg.): Zukunftschancen der deutschen Sprache in Mittel-, Südost- und Osteuropa. Grazer Humboldt-Kolleg 20.–24. November 2002. Wien: Praesens. S. 357–361.

Kostalova, Dagmar (2013): Germanistik und die Zukunft. In: Meier, Jörg/Puchalová, Ingrid (Hrsg.): Perspektiven der Auslandsgermanistik. Beiträge zum Internationalen Symposium vom 25.–26. Februar 2010 an der Pavol-Jozef-Šafárik-Universität in Košice. Studien zur deutsch-slowakischen Kulturgeschichte, Band 2. Berlin: Weidler Buchverlag. S. 37–50.

Kováčová, Michaela/Jurková, Veronika (2019): *Non scholae sed vitae…* Berufswege slowakischer Absolventen der DaF-Studiengänge und Vorschläge für inhaltliche Neuorientierung des Germanistik – Studiums in der Slowakei. In: Middeke, Annegret/Sava, Doris/Tichy, Ellen (Hrsg.): Germanistische Diskurs- und Praxisfelder in Mittel- und Südosteuropa. Berlin: Peter Lang. S. 215–233.

Kozmova, Ruzena/Nemcova, Emilia (2004): Deutsche Sprache und Germanistik in der Slowakei. In: Goltschnigg, Dietmar/Schwob, Anton (Hrsg.): Zukunftschancen der deutschen Sprache in Mittel-, Südost- und Osteuropa. Grazer Humboldt-Kolleg 20.–24. November 2002. Wien: Praesens. S. 362–368.

Kuckartz, Udo (2007): Einführung in die computergestützte Analyse qualitativer Daten. Wiesbaden: Verlag für Sozialwissenschaften.

Kuckartz, Udo ([4]2018): Qualitative Inhaltsanalyse. Methoden, Praxis, Computerunterstützung. Interviews, Gruppendiskussionen oder Feldnotizen systematisch und kontrolliert auswerten. Weinheim, Basel: Beltz Juventa.

Lamnek, Siegfried (2010): Qualitative Sozialforschung. Weinheim, Basel: Beltz.

László, Béla (2014): Die Auswirkungen des Bologna-Prozesses auf den Hochschulbereich. In: Kozma, Tamás/Rébay, Magdolna/Ohidy, Andrea/Szólar, Eva (Hrsg.): The Bologna Process in Eastern and Central Europe. Wiesbaden: Springer. S. 257–283.

König, Christoph (1995) (Hrsg.): Germanistik in Mittel- und Osteuropa. 1945–1992. Eine Veröffentlichung der Arbeitsstelle für die Erforschung der

Geschichte der Germanistik im Deutschen Literaturarchiv Marbach am Neckar. Berlin, New York: de Gruyter.

König, Walter (1996): Das Schulwesen der Siebenbürger Sachsen. In: Germanistische Beiträge 5. S. 86–113.

Knipf-Komlósi, Elisabeth (2008): Germanistikunterricht in Ungarn und Deutsch als europäische Lingua franca. In: Böttger, Lydia/Masát, András (Hrsg.): Jahrbuch der ungarischen Germanistik 2008. Budapest: Gondolat Kiadó Budapest. S. 28–30.

Lasatowicz, Maria Katarzyna/Weger, Tobias (2008): Polen. In: Eichinger, Ludwig M./Plewnia, Albrecht/Riehl, Claudia M. (Hrsg.): Handbuch der deutschen Sprachminderheiten in Mittel- und Osteuropa. Tübingen: Gunter Narr. S. 145–169.

Lasatowicz, Maria Katarzyna (2018): Das Germanistische Institut der Universität Oppeln: Ausbildungsschwerpunkte und Perspektiven. In: Tichy, Ellen/Tesch, Felicitas/Roelcke, Thorsten/Lasatowicz Maria Katarzyna (Hrsg.): Germanistik und Wirtschaft in der Diskussion. Tagungsband: Kulturelle Zentren der deutschen Minderheiten und berufliche Perspektiven in deutschsprachigen Unternehmen. Berlin: Peter Lang. S. 29–38.

Lăzărescu, Ioan/Sava, Doris (2019): Stützung des Spracherhalts bei deutschsprachigen Minderheiten: Rumänien. In: Ammon, Ulrich/Schmidt, Gabriele (Hrsg.): Förderung der deutschen Sprache weltweit. Vorschläge, Ansätze und Konzepte. Berlin: de Gruyter. S. 501–516.

Mádl, Antal (1995): Deutsche Sprache und Germanistik in Ungarn zwischen Motivation und Gegenmotivation. In: König, Christoph (Hrsg.): Germanistik in Mittel- und Osteuropa 1945–1992. Eine Veröffentlichung der Arbeitsstelle für die Erforschung der Geschichte der Germanistik im Deutschen Literaturarchiv Marbach am Neckar. Berlin, New York: de Gruyter. S. 256–270.

Mádl, Antal (2002): Germanistik im Wandel. In: Guţu, George/Schindler-Kovats, Beate (Hrsg.) transcarpathica. Germanistisches Jahrbuch Rumänien 1/2002. Bukarest: Paideia. S. 69–76.

Makowicz, Bartosz (2011): Unterfinanziert und überbürokratisiert. Polen reformiert sein Hochschulsystem. In: Forschung & Lehre 10/11. S. 774–775.

Makowski, Jacek (2016): Fachtextsorten in arbeitsmarktorientierten Studienfächern vor dem Hintergrund der Entwicklung des polnischen Outsourcing Sektors. In: Studia Germanica Posnaniensia 38. S. 137–151.

Marchwacka, A. Maria (2010): Qualifikationsanforderungen auf dem Arbeitsmarkt – Empirische Befunde zur DaF-Lehrerausbildung in Polen. Freiburg: Centaurus.

Masát, András/Lőkös, Péter (2017): Germanistik in Ungarn. Klassische Bildung und/oder Arbeitsmarktorientierung. In: Mitteilungen des Deutschen Germanistenverbandes. Band 64. Germanistik in Europa: Forschungs- und Ausbildungsperspektiven. Göttingen: Vandenhoek & Ruprecht. S. 57–62.

Matušková, Lenka (2011): Germanistik als Grenzwissenschaft. In: Bergerová, Hana/Haring, Ekkehard W./Schmidt, Marek (Hrsg.): Schlüsselkompetenz Germanistik. Profile und Perspektiven einer Disziplin im Wandel. Aussiger Beiträge. Germanistische Schriftenreihe aus Forschung und Lehre. Band 5. Ústí nad Labem: Univerzita J. E. Purkyně v Ústí nad Labem, Filozofická fakulta. S. 35–48.

Middeke, Annegret (Hrg.) (2010): Entwicklungstendenzen germanistischer Studiengänge im Ausland. Materialien Deutsch als Fremdsprache Band 84, Universitätsdrucke Göttingen.

Middeke, Annegret/Sava, Doris/Tichy, Ellen (Hrsg.) (2019): Germanistische Diskurs- und Praxisfelder in Mittel- und Südosteuropa. Berlin: Peter Lang.

Munzar, Jiří (2004): Gegenwart und Zukunft der deutschen Sprache in Tschechien, insbesondere im Großraum Brünn. In: Goltschnigg, Dietmar/Schwob, Anton (Hrsg.): Zukunftschancen der deutschen Sprache in Mittel-, Südost- und Osteuropa. Grazer Humboldt-Kolleg 20.–24. November 2002. Wien: Praesens. S. 396–399.

Orosz, Magdolna/Rada, Roberta V. (2010): Germanistik in Ungarn. Herausforderungen und Perspektiven. In: Kostrzewa, Frank/Rada, Roberta V. (Hrsg.): Deutsch als Fremd- und Minderheitensprache in Ungarn: Historische Entwicklung, aktuelle Tendenzen und Zukunftsperspektiven. Baltmannsweiler: Schneider Verlag Hohengehren. S. 49–64.

Papiór, Jan (2011): Die polnische Germanistik nach der Wende (im kulturpolitischen Kontext). In: Kątny, Andrezej/Lukas, Katarzyna (Hrsg.): Germanistik in Polen. Geschichte – Perspektiven – interdisziplinärer Dialog. Danziger Beiträge zur Germanistik. Band 39. Frankfurt/Main u.a.: Peter Lang. S. 75–86.

Papiór, Jan (2012): Polnische Germanistik – Germanistik in Polen im 19. und 20. Jahrhundert. Czestochowa: miekka.

Paul, Rainer (2001): Deutschunterricht und Germanistikstudium in Ungarn. In: Helbig, Gerhard/Götze, Lutz/Henrici, Gert/Krumm Hans-Jürgen (Hrsg.): Deutsch als Fremdsprache. Ein internationales Handbuch. Band 2. HSK 19.2. Berlin, New York: de Gruyter. S. 1544–1551.

Plewnia, Albrecht/Weger, Tobias (2008): Slowakei. In: Eichinger, Ludwig M./Plewnia, Albrecht/Riehl, Claudia M. (Hrsg.): Handbuch der deutschen Sprachminderheiten in Mittel- und Osteuropa. Tübingen: Gunter Narr. S. 243–264.

Protokoll zum Rundtischgespräch „Perspektiven der Germanistik in Rumänien“ am 8. April 2011 in Râşnov/Rosenau. U.M.

Puchalová, Ingrid (2013): Bekenntnisse einer Germanistin. Reflexionen zu Perspektiven der Auslandsgermanistik in der Slowakei. In: Meier, Jörg/Puchalová, Ingrid (Hrsg.): Perspektiven der Auslandsgermanistik. Beiträge zum Internationalen Symposium vom 25.-26. Februar 2010 an der Pavol-Jozef-Šafárik-Universität in Košice. Studien zur deutsch-slowakischen Kulturgeschichte, Band 2. Berlin: Weidler Buchverlag. S. 11–21.

Pusztai, Gábor (2008): Tiefflug ohne Absturz. Zukunftsperspektiven der Germanistik in Ungarn. In: Böttger, Lydia/Masát, András (Hrsg.): Jahrbuch der ungarischen Germanistik 2008. Budapest: Gondolat Kiadó. S. 31–34.

Rada, Roberta V. (2010): Sprach(en)politik und Möglichkeiten der gezielten Sprachförderung im Bereich DaF in Ungarn. In: Kostrzewa, Frank/Rada, Roberta V. (Hrsg.): Deutsch als Fremd- und Minderheitensprache in Ungarn: Historische Entwicklung, aktuelle Tendenzen und Zukunftsperspektiven. Baltmannsweiler: Schneider Verlag Hohengehren. S. 1–36.

Sandu, Doina (1997): Germanistik in Bukarest – geschichtliche Aspekte und aktuelle Standortbestimmung. In: Guţu, George/Stănescu, Speranţa (Hrsg.): Beiträge zur Geschichte der Germanistik in Rumänien. GGR-Beiträge zur Germanistik. Band 1. Teil 1: Zur Geschichte der Germanistiklehrstühle in Rumänien. Bukarest: Charme-Scott. S. 13–24.

Sass, Maria (2010): Der Bologna-Prozess – (k)ein Erfolg? Einige Aspekte aus der Perspektive der Hermannstädter Germanistik. In: Germanistische Beiträge 27. S. 287–304.

Sauerland, Karol (1995): Reflexionen zur polnischen Nachkriegsgermanistik. In: König, Christoph (Hrsg.): Germanistik in Mittel- und Osteuropa. 1945–1992. Eine Veröffentlichung der Arbeitsstelle für die Erforschung der Geschichte der Germanistik im Deutschen Literaturarchiv Marbach am Neckar. Berlin, New York: de Gruyter. S. 137–147.

Schmidt-Bergmann, Hansgeorg (1998): Deutschstudium in der Slowakischen Republik. Traditionen und Tendenzen der Germanistik am Beispiel der Comenius-Universität-Bratislava. In: Info DaF (Informationen Deutsch als Fremdsprache) Nr. 6, 25. Jahrgang. S. 672–678.

Schuller Anger, Horst (1998): Deutsch lernen in Rumänien. In: Franciszek, Grusza (Hrsg.): Deutsch und Auslandsgermanistik in Mitteleuropa. Geschichte – Stand – Ausblicke. Warszawa: Graf Punkt. S. 110–116.

Šíchová, Kateřina (2011): Zum Stand und Bedarf an Deutschkenntnissen in Tschechien. In: Janíková, Věra/Sorger, Brigitte (Hrsg.): Didaktik des Deutschen als Fremdsprache im veränderten sprachenpolitischen Kontext nach der Bologna-Reform. 1. Ausg. in Tribun EU. Brno: Tribun EU. S. 56–69.

Sitek, Marek (2018): Zur Kooperation des Germanistischen Instituts der Universität Oppeln mit lokalen Wirtschaftsunternehmen. In: Tichy, Ellen/Tesch, Felicitas/Roelcke, Thorsten/Lasatowicz, Maria Katarzyna (Hrsg.): Germanistik und Wirtschaft in der Diskussion. Tagungsband: Kulturelle Zentren der deutschen Minderheiten und berufliche Perspektiven in deutschsprachigen Unternehmen. Berlin: Peter Lang. S. 39–48.

Stănescu, Speranţa (1998): Der schwierige Weg der Reform. In: Germanistische Beiträge 8/9. S. 63–98.

Stănescu, Speranţa: (2001): Deutschunterricht und Germanistikstudium in Rumänien. In: Helbig, Gerhard/Götze, Lutz/Henrici, Gert/Krumm Hans-Jürgen (Hrsg.): Deutsch als Fremdsprache. Ein internationales Handbuch. Band 1. HSK 19.1. Berlin, New York: de Gruyter. S. 1671–1676.

Stănescu, Speranţa (2003): Rumänische Germanistik: der Blick auf das Deutsche von innen und von außen. In: Stickel, Gerhard (Hrsg.): Deutsch von außen. Jahrbuch des Instituts für deutsche Sprache 2002. Berlin, New York: de Gruyter. S. 171–190.

Stănescu, Speranţa (2005): Entwicklungen der Germanistik und Deutschlehrerausbildung in Rumänien. In: Neuland, Eva/Ehlich, Konrad/Roggausch, Werner (Hrsg.): Perspektiven der Germanistik in Europa. Tagungsbeiträge. München: Iudicium. S. 142–147.

Stănescu, Speranţa (2006): Die rumänische Germanistik und der Bologna-Prozess. In: Hochschulrektorenkonferenz (Hrsg.): Germanistik im Europäischen Hochschulraum. Studienstruktur, Qualitätssicherung und Internationalisierung. HRK Service-Stelle Bologna. Beitrage zur Hochschulpolitik 6. S. 32–52 (Reader zur Internationalen Tagung des DAAD und der Deutschen HRK Freiburg, 16.-18.06.2005).

Stănescu, Speranţa (2010): Deutsch in Rumänien. In: Krumm, Hans-Jürgen/Fandrych, Christian/Hufeisen, Britta/Riemer, Claudia (Hrsg.): Deutsch als Fremd- und Zweitsprache. Ein internationales Handbuch. Band 2. HSK 35.2. Berlin, New York: de Gruyter. S. 1771–1774.

Szendi, Zoltán (2007): Wohin steuert die ungarische Germanistik? In: Tichy, Ellen/Masát, András (Hrsg.): Jahrbuch der ungarischen Germanistik 2007. Budapest: Gondolat Kiadó Kör. S. 25–29.

Szymanski, Miroslaw S. (2013). Das Hochschulwesen in Polen heute – drei Schlüsselherausforderungen. In: Döbert, Hans/Szymanski, Miroslaw S. (Hrsg.): Übergänge in die Hochschule und aus der Hochschule in den Arbeitsmarkt. Chancen, Probleme, Verläufe unter den Bedingungen der Studienstrukturreformen in Deutschland und Polen. Münster: Waxmann. S. 53–61.

Tichy, Ellen (2012): Online-Befragung. Unveröffentlichtes Manuskript.

Tichy, Ellen (2017): Deutsch als Fremdsprache – Deutsch als Berufssprache: Neue Anforderungen auf einem sich wandelnden Arbeitsmarkt. In: Gipser, Dietlinde/Kassem, Nabil/Suleiman, Midhat (Hrsg.): Begegnung und Vernetzung. Transkulturelle Perspektiven im Umgang mit sprachlicher Vielfalt. Festschrift für Iman Schalabi. Hamburg: edition zebra. S. 121–134.

Tichy, Ellen/Middeke, Annegret (2017): Curriculareformen und neue Anforderungen an Germanistik-/DaF-DozentInnen im nicht deutschsprachigen Ausland. In: Info DaF (Informationen Deutsch als Fremdsprache) 44. Jg., Heft 1. S. 101–116.

Tichy, Ellen (2018): Abitur und weg. Deutsche Schulen in Rumänien. In: Lasatowicz, Maria Katarzyna/Bogacki, Jaroslaw (Hrsg.): Deutsche Sprache in kulturell mehrfach kodierten Räumen, Medien, Kultur, Politik. Berlin u.a.: Peter Lang.

Tichy, Ellen/Masát, András (Hrsg.) (2008): Jahrbuch der ungarischen Germanistik (JuG) 2007. Budapest und Bonn: Gondolat Kiadó Kör.

Tichy, Ellen/Ilse, Viktoria (Hrsg.) (2014): Deutsch in Mittelosteuropa nach 1989–25 Jahre Germanistikstudiengänge, Deutschlehrerausbildung, DaF-Lehrwerke und DaF-Unterricht. Frankfurt/Main u.a.: Peter Lang. S. 185–199.

Tichy, Ellen (2018): Profile der Germanistik in Rumänien. Studienangebote und Arbeitsmarkt (u.M.)

Tichy, Ellen/Tesch, Felicitas/Roelcke, Thorsten/Lasatowicz Maria Katarzyna (Hrsg.) (2018): Germanistik und Wirtschaft in der Diskussion. Tagungsband: Kulturelle Zentren der deutschen Minderheiten und berufliche Perspektiven in deutschsprachigen Unternehmen. Berlin: Peter Lang

Tišerová, Pavla (2008): Tschechien. In: Eichinger, Ludwig M./Plewnia, Albrecht/Riehl, Claudia M. (Hrsg.): Handbuch der deutschen Sprachminderheiten in Mittel- und Osteuropa. Tübingen: Gunter Narr. S. 175–189.

Tvrdik, Milan (1995): Die tschechische Germanistik nach 1945. In: König, Christoph (Hrsg.): Germanistik in Mittel- und Osteuropa 1945–1992. Eine Veröffentlichung der Arbeitsstelle für die Erforschung der Geschichte der Germanistik im Deutschen Literaturarchiv Marbach am Neckar. Berlin, New York: de Gruyter. S. 248–255.

Vachková, Marie (2010): Tschechische Republik. In: Institut für Deutsche Sprache/IDS (Hrsg.): Germanistik und Deutschunterricht in neun Ländern. S. 51–60.

Vaňková, Lenka (2007): Eröffnungsvortrag: Germanistik an tschechischen Universitäten: Gegenwart und Perspektiven. In: Ondráková, Jana/Vaňková, Lenka (Hrsg.): Germanistik an tschechischen Universitäten: Gegenwart und

Zukunft. Referate der Konferenz des Tschechischen Germanistenverbandes, Hradec Králové, 2007. Ostrava: Universität Ostrava: Philosophische Fakultät. S. 11–15.

Vaňková, Lenka (2010): Die Germanistik in der Tschechischen Republik nach der Bologna-Reform. In: Didaktik des Deutschen als Fremdsprache im veränderten sprachpolitischen Kontext nach der Bologna-Reform. Brno: Tribun. S. 24–31.

Vaňková, Lenka (2011): Die tschechische germanistische Linguistik: ein besonderer Weg in besonderen Situationen. In: Bergerová, Hana/Haring, Ekkehard W./Schmidt, Marek (Hrsg.): Schlüsselkompetenz Germanistik. Profile und Perspektiven einer Disziplin im Wandel. Aussiger Beiträge. Germanistische Schriftenreihe aus Forschung und Lehre. Band 5. Ústí nad Labem: Univerzita J. E. Purkyně v Ústí nad Labem, Filozofická fakulta. S. 13–24.

Vaňková, Lenka (2017): Germanistik in der Tschechischen Republik. In: Miedema, Nine (Hrsg.): Mitteilungen des Deutschen Germanistenverbandes. Themenheft Germanistik in Europa: Forschungs- und Ausbildungsperspektiven. S. 95–100.

Winter, Astrid (2010): Zur Situation der Germanistik in Tschechien. In: Karg, Ina/Runow, Holger (Hrsg.): Zur Situation der Germanistik in Tschechien. Mitteilungen des Deutschen Germanistenverbandes 57 Jg., Heft 3. Göttingen: Vandenhoeck & Ruprecht. S. 299–313.

Wolf, Johann (1976): Germanistische Studien in Rumänien bis zum Jahr 1944. In: Forschungen zur Volks- und Landeskunde 1. S. 5–37.

Żebrowska, Ewa (2017): Deutsch und Germanistik in Polen. In: Miedema, Nine (Hrsg.): Mitteilungen des Deutschen Germanistenverbandes. Themenheft Germanistik in Europa: Forschungs- und Ausbildungsperspektiven. Mitteilungen des Deutschen Germanistenverbandes. Heft 1, 64. Jahrgang. S. 101–105.

Zemaníková, Nadežda (2017): Germanistik in der Slowakei. In: Miedema, Nine (Hrsg.): Mitteilungen des Deutschen Germanistenverbandes. Themenheft Germanistik in Europa: Forschungs- und Ausbildungsperspektiven. Mitteilungen des Deutschen Germanistenverbandes. Heft 1, 64. Jahrgang. S. 106–110.

Zychlinski, Arkadiusz (2011): Philologie als Anthropotechnik. Ein bescheidener Vorschlag. In: Katny, Andrezej/Lukas, Katarzyna (Hrsg.): Germanistik in Polen. Geschichte – Perspektiven – interdisziplinärer Dialog. Danziger Beiträge zur Germanistik. Band 39. Frankfurt/Main u.a.: Peter Lang. S. 87–97.

Internetquellen

AHK Rumänien/https://rumaenien.ahk.de/ueber-uns/ahk-rumaenien/ahk-rumaenien-professioneller-dienstleister/[Stand: 12.01.2018].

AHK Rumänien. Jahresbericht 2017. http://rumaenien.ahk.de/fileadmin/ahk_rumaenien/Publicatii/RO/Raport_Anual_2017_Med_Res.pdf [Stand: 23.03.2019].

AHK Investment Climate Survey Central and Eastern Europe. https://www.dsihk.sk/fileadmin/AHK_Slowakei/Publikationen/AHK_Investment_Climate_Survey_CEE_2018.pdf [Stand: 06.04.2019].

AHK Konjunkturumfrage 2019. Gemeinsame Erhebung von AHKs in 15 mittel- und osteuropäischen Ländern. https://tschechien.ahk.de/fileadmin/AHK_Tschechien/Pressemitteilungen/PM_2019/DTIHK-Konjunkturumfrage_2019_DE.pdf [Stand: 07.04.2019].

Auswärtiges Amt. Deutsch als Fremdsprache weltweit. Datenerhebung 2015; https://www.auswaertiges-amt.de/blob/201002/b60a04e7861a84b32bee9d84f7d38d86/publstatistik-data.pdf [Stand: 12.01.2018].

Auswärtiges Amt: Deutsch-polnische Wirtschaftsbeziehungen 2018. https://polen.diplo.de/pl-de/02-themen/02-3-wirtschaft/03-dt-poln-wirtschaftsbeziehungen [Stand: 27.05.2018].

Auswärtiges Amt. Länderinformationen. Slowakei. Wirtschaft. https://www.auswaertiges-amt.de/de/aussenpolitik/laender/slowakei-node/wirtschaft/206362 [Stand: 03.08.2018].

Auswärtiges Amt. Slowakei. Kultur, Bildung, Medien. https://www.auswaertiges-amt.de/de/aussenpolitik/laender/slowakei-node/kultur/206610 [Stand: 21.08.2018].

Bils, Annabell/Brand, Heike/Pellert, Ada: Hochschule(n) im digitalen Wandel. Bedarfe und Strategien [Beitrag vom 28.06.2019]; http://www.bpb.de/apuz/293132/hochschulen-im-digitalen-wandel [Stand: 14.07.2019].

Bologna Declaration: Der Europäische Hochschulraum. Gemeinsame Erklärung der Europäischen Bildungsminister 19. Juni 1999, Bologna; https://www.bmbf.de/files/bologna_deu.pdf [Stand: 14.08.2019].

Brüggen, Niels: Bildung der Jugend für den digitalen Wandel. Kompetenzanforderungen, Ressourcen, Potenziale [Beitrag vom 28.06.2019]; https://www.bpb.de/gesellschaft/bildung/zukunft-bildung/282584/einleitung [Stand: 14.07.2019].

Bundesministerium für Bildung und Forschung (BMBF): Bildungsoffensive für die digitale Wissensgesellschaft. Strategie des Bundesministeriums für Bildung und Forschung, Berlin 2016. S. 2.

Bundeszentrale für politische Bildung (bpb). http://www.bpb.de/nachschlagen/lexika/lexikon-der-wirtschaft/19059/direktinvestitionen [Stand: 24.03.2019].

DAAD Ländersachstand Polen. Kurze Einführung in das Hochschulsystem und die DAAD-Aktivitäten 2017. https://www.daad.de/medien/der-daad/analysen-studien/laendersachstand/polen_daad_sachstand.pdf [Stand: 12.06.2018].

DAAD Ländersachstand Rumänien: Kurze Einführung in das Hochschulsystem und die DAAD Aktivitäten. https://www.daad.de/medien/der-daad/analysen-studien/laendersachstand/rumaenien_daad_sachstand.pdf [Stand: 12.01.2018].

DAAD Ländersachstand Slowakei (2017). https://www.daad.de/medien/der-daad/analysen-studien/laendersachstand/slowakei_daad_sachstand.pdf [Stand: 21.08.2018].

DAAD Ländersachstand Tschechien. Kurze Einführung in das Hochschulsystem und die DAAD-Aktivitäten 2018 https://www.daad.de/medien/der-daad/analysen-studien/laendersachstand/tschechien_daad_sachstand.pdf[Stand: 27.05.2018].

DAAD Bildungssystemanalyse Polen. Daten & Analysen zum Hochschul- und Wissenschaftsstandort 2017. https://www.daad.de/medien/der-daad/analysen-studien/bildungssystemanalyse/polen_daad_bsa.pdf [Stand: 12.06.2018].

DAAD Bildungssystemanalyse Tschechische Republik. Daten & Analysen zum Hochschul- und Wissenschaftsstandort 2017. https://www.daad.de/medien/der-daad/analysen-studien/bildungssystemanalyse/tschechien_daad_bsa.pdf [Stand: 27.05.2018].

DAAD Bildungssystemanalyse Ungarn. Daten & Analysen zum Hochschul- und Wissenschaftsstandort 2017; https://www.daad.de/medien/der-daad/analysen-studien/bildungssystemanalyse/ungarn_daad_bsa.pdf [Stand: 01.07.2018].

DAAD-Informationszentrum Bukarest. U.M.

Das Polen Magazin. https://www.das-polen-magazin.de/polen-statistikamt-korrigiert-zensusergebnisse-fuer-nationale-und-ethnische-minderheiten/ [Stand: 19.03.2019].

Deutscher Bundestag. Wissenschaftliche Dienste. Sachstand. Die deutsche Minderheit in Polen. S. 4 [Stand: 19.03.2019].

Deutscher Wirtschaftsclub Ungarn. https://dwc.hu/mission/ [Stand: 07.04.2019].

Deutsch als Fremdsprache weltweit. https://www.dw.com/downloads/29827615/statistik-2015-deutschlerner-weltweit.pdf [Stand: 15.07.2018].

Dörpinghaus, Andreas (2009): Bildung. Plädoyer wider die Verdummung. In: Topologik 6. S. 136–146; http://www.topologik.net/dorpinghaus_topo logik_6.pdf [Stand: 13.07.2019].

DWS. Beitrag zur Entwicklung der Wirtschaftsbeziehungen. http://www.dws.ro/ derclub.html [Stand: 12.01.2018].

Enzyklopädie der Wirtschaftsinformatik. Online Lexikon. http://www.enzyklo paedie-der-wirtschaftsinformatik.de/wi-enzyklopaedie/lexikon/uebergrei fendes/Globalisierung/lexikon/uebergreifendes/Globalisierung/Nearshoring/ index.html [Stand: 30.08.2019].

Europäischer Rat. 23. und 24. März 2000. Lissabon. Schlussfolgerungen des Vorsitzes; http://www.europarl.europa.eu/summits/lis1_de.htm#III [Stand 15.08.2019].

Förderung von Lehrkräften im deutschsprachigen Schulwesen. http://fundatia. saxonia.ro/nachrichten/article/ausschreibung-der-zweiten-tranche-derfoer dermittel-die-fuer-das-projekt-der-saxonia-stiftung-f/ [Stand: 12.01.2018].

Goethe-Institut Tschechien; http://www.goethe.de/ins/cz/prj/jug/spr/inf/ de8128941.htm [Stand: 27.05.2018].

Goźdź-Roszkowski, Stanisław/ Makowski, Jacek (2018): Auf den Arbeitsmarkt abgestimmte Ausbildung von Geisteswissenschaftlern. Eine Fallstudie: der Studiengang Wirtschaftslinguistik an der Universität Łódź. S. 25–35 [Stanisław Goźdź-Roszkowski, Jacek Makowski – Jak twórczo kształcić humanistów dla potrzeb rynku pracy?] https://wydawnictwo.uni.lodz.pl/wp-cont ent/uploads/2018/06/Pluciennik_-i-in._Tworczosc-.pdf. Übersetzung von Simon von Kleist [Stand: 12.08.2019].

Gruber, Elke: Kurze Geschichte des Bildungsbegriffs; https://files.adulteducat ion.at/wba/1-Gruber_Elke_Bildung.pdf [Stand: 14.07.2019].

Gründe für ein Nearshoring in Osteuropa. InterVenture 2015. https://www. interventure.info/nearshoring-osteuropa/ [Stand: 30.08.2019].

Homepage der Gesellschaft der Germanisten Rumäniens; http://www.ggr.ro. [Stand: 25.05.2018].

Homepage der Gesellschaft ungarischer Germanisten (GuG/); http://www.gug.hu/ [Stand: 25.05.2018].

Homepage des Verbands der Polnischen Germanisten; http://www.sgp.edu.pl/ de/verband/geschichte.php. [Stand: 25.05.2018].

Homepage des Verbands der Deutschlehrer und Germanisten der Slowakei; http://www.sung.sk/sung/4-SUNG/3-VORSTAND [Stand: 21.08.2018]; http://www.sung.sk/sung/7-LINKS/14-GERMANISTIK-IN-DER-SLOWA KEI [Stand: 03.08.2018].

Homepage des Germanistenverbands der Tschechischen Republik; http://www.svazgermanistu.cz/institute.asp [Stand: 12.01.2018]; http://www.svazgermanistu.cz/informationen.asp [Stand: 27.05.2018].

https://www.daad.de/medien/der-daad/unsere-aufgaben/deutsche-sprache/pdfs/daad_germanistik_netzwerk-deutsch_datenerhebung_2015.pdf (2015) [Stand: 01.07.2018].

http://www.bpb.de/politik/hintergrund-aktuell/69129/parlamentswahl-in-ungarn-12-04-2010 [Stand: 03.05.2018].

https://gfx.sueddeutsche.de/politik/sudetendeutsche/asset/datawrapper/deutsche-minderheit/index.html [Stand: 20.03.2019].

http://fundatia.saxonia.ro/nachrichten/article/ausschreibung-der-zweiten-tranche-derfoerdermittel-die-fuer-das-projekt-der-saxonia-stiftung-f/ [Stand: 12.01.2018].

https://ome-lexikon.uni-oldenburg.de/begriffe/suedosteuropa/ [Stand: 19.03.2019].

https://www.lexas.de/europa/suedosteuropa.aspx [Stand: 19.03.2019].

http://www.staatenkunde.de/dgfs/datenbank/db-sb.php?sb=17&k=4 [Stand: 19.03.2019].

https://www.uniglobalunion.org/sites/default/files/attachments/pdf/OffshoringEasternEurope-De.pdf Microsoft IT Offshoring to Eastern Europe [Stand: 30.08.2019].

Laude, Robert: Ausbildung statt Bildung – Zur Zerstörung des humanistischen Bildungsideals [Beitrag vom 15.06.2006]; https://iley.de/?article=DEBATTE-ausbildung_statt_bildung_-_zur_zerstrung_des_humanistischen_bildungsideals [Stand: 13.07.2019].

Netzwerk Deutsch. Die deutsche Sprache in der Welt. Statistische Erhebungen 2010. https://www.goethe.de/resources/files/pdf19/5759818-STANDARD.pdf [Stand: 01.07.2018].

Orzessek, Arno (2017): Wilhelm von Humboldts Bildungsideal: Vom Menschenkind zum Menschen; https://www.deutschlandfunkkultur.de/wilhelm-von-humboldts-bildungsideal-vom-menschenkind-zum.976.de.html?dram:article_id=389243 [Stand: 12.07.2019].

Ostausschuss. Osteuropaverein der Deutschen Wirtschaft. Polen. März 2019. https://www.oaoev.de/sites/default/files/page_files/OAOEV_Polen-Update-M%C3%A4rz%202019.pdf [Stand: 24.03.2019].

Ostausschuss. Osteuropaverein der Deutschen Wirtschaft. Slowakei. Juli 2018. https://www.oaoev.de/de/slowakei [Stand: 24.03.2019].

Ostausschuss Osteuropaverein der deutschen Wirtschaft. Ungarn. April 2019. https://www.oaoev.de/ungarn [Stand: 07.04.2019].

Pellert, Ada: Digitale Herausforderungen für Hochschulen [Beitrag vom 27.12.2016]; dasnetz.online/digitale-herausforderungen-fuer-hochschulen [Stand: 14.07.2019].

Pogarell, Reiner: Mit Germanistik in die Wirtschaft | Wissenschaftsladen Bonn. 27.01.2019. https://www.wila-arbeitsmarkt.de/blog/2017/03/14/mit-germanistik-in-die-wirtschaft/ 9/15 [Stand: 11.07.2019].

Poltermann, Andreas (2013): Wissensgesellschaft– eine Idee im Realitätscheck; https://www.bpb.de/gesellschaft/bildung/zukunft-bildung/146199/wissensgesellschaft?p=all [Stand: 15.08.2019].

Rébay, Magdolna (2003): Die Entwicklung des ungarischen Hochschulwesens. In: Die Hochschule 2/2003. S. 199–213; http://www.hof.uni-halle.de/journal/texte/03_2/Rebay_Akkreditierung_in_Ungarn.pdf [Stand: 12.01.2018].

Reformprogramm des „Prager Frühlings". Bundeszentrale für Politische Bildung (bpb). http://www.bpb.de/politik/hintergrund-aktuell/267379/prager-fruehling [Stand: 25.08.2018].

Rumänien: Wirtschaft. Wirtschaftslage, Wirtschaftsstruktur. https://www.auswaertiges-amt.de/de/aussenpolitik/laender/rumaenien-node/wirtschaft/210824 [Stand: 23.03.2019].

Rundschreiben Einladung Tagung „Ein umfassendes Curriculum der Germanistik im Hinblick auf den Bologna-Prozeß" Wissenschaftliche Tagung des DAAD und des Germanistiklehrstuhls der Universität Bukarest. Bukarest 20.1.2005 unter: http://www.ggr.ro/TagFeb05a.htm [Stand: 30.01.2018].

Schetter, Frederik: Bildung und Digitalisierung; http://www.bpb.de/apuz/293118/bildung-und-digitalisierung [Stand: 14.07.2019].

Schnier, Beate (o.J.): Land im Umbruch – Neuere politische Entwicklungen in Ungarn; https://www.daad.de/medien/ic_bericht_ungarn.pdf [Stand: 01.04.2018].

Šenderová, Lenka (2016): Deutsch als Drittsprache. Welchen Einfluss hat die Fremdsprache Englisch auf Deutsch lernende Tschechen und Tschechinnen? Unveröffentlichte Diplomarbeit; https://otik.uk.zcu.cz/bitstream/11025/24167/1/DP-Senderova_Lenka.pdf [Stand: 27.05.2018].

Slowakei – Netzwerk Deutsch. Statistische Erhebungen (2010/2015). Die deutsche Sprache in der Welt; https://www.goethe.de/resources/files/pdf19/5759818-STANDARD.pdf [Stand: 12.01.2018].

StADaF – Ständige Arbeitsgruppe Deutsch als Fremdsprache. Erhebung 2000. Auswärtiges Amt. Deutscher Akademischer Austauschdienst. Goethe-Institut Inter Nationes. Zentralstelle für das Auslandsschulwesen;

https://www.goethe.de/resources/files/pdf19/60112-STANDARD1.pdf [Stand: 01.07.2018].

Tenorth, Heinz-Elmar (2013): Bildung – zwischen Ideal und Wirklichkeit. Ein Essay [Beitrag vom 09.09.2013]; https://www.bpb.de/gesellschaft/bildung/zukunft-bildung/146201/bildungsideale [Stand: 14.07.2019].

Tenorth, Heinz-Elmar (2010): Was heißt Bildung in der Universität? Oder: Transzendierung der Fachlichkeit als Aufgabe universitärer Studien. In: die hochschule. journal für wissenschaft und bildung 1. S. 119–206; https://www.hof.uni-halle.de/journal/texte/10_1/Tenorth.pdf [Stand: 14.07.2019].

Ungarn – Netzwerk Deutsch. Statistische Erhebungen (2010/2015). Die deutsche Sprache in der Welt; https://www.goethe.de/resources/files/pdf19/5759818-STANDARD.pdf (2010); https://www.daad.de/medien/der-daad/unsere-aufgaben/deutsche-sprache/pdfs/daad_germanistik_netzwerk-deutsch_datenerhebung_2015.pdf (2015) [Stand: 01.07.2018].

Veselá, Šárka (2013): Verbreitung und Perspektive der deutschen Sprache in der Tschechischen Republik. Eine Untersuchung zu Lernerzahlen und Motiven. Bachelorarbeit. Brünn 2013; https://is.muni.cz/th/bbati/bachelorarbeit.pdf [Stand: 27.08.2018].

Wachstumsmarkt Rumänien. Deutsch-Rumänische Industrie- und Handelskammer (AHK) http://rumaenien.ahk.de/fileadmin/ahk_rumaenien/Publicatii/Brochure_AHK_2018.pdf [Stand: 23.03.2019].

Zentralstelle für das Auslandschulwesen (ZfA); http://weltkarte.pasch-net.de/ [Stand: 04.08.2018]; http://weltkarte.pasch-net.de/ [Stand: 01.08.2018].

Zeitungen

Auf Regen folgt Sonnenschein: Die Germanistik in Mittelosteuropa sucht den Schulterschluss. Andreas Vierecke Kultur- und Wissenschaftsjournalist, Chefredakteur der „Zeitschrift für Politik“.

Germanisten in der Wirtschaft: *Und was macht man damit in der Praxis? Projektschreiber: Andreas Vierecke. Kultur- und Wissenschaftsjournalist, Chefredakteur der „Zeitschrift für Politik“*; http://www.goethe.de/lhr/prj/d30/ver/dok/de12902847.htm [Stand: 27.05.2017].

Stand und Perspektiven der Temeswarer Germanistik. Gespräch mit Prof. Dr. Roxana Nubert – Mammut-Departement ersetzt Lehrstühle; Banater Zeitung vom 29.08.2011.

Deutsche Sprache und Kultur in Mittel-, Ost- und Südosteuropa

Herausgegeben von Jacek Makowski, Roberta V. Rada, Doris Sava, Ellen Tichy

Band 1 Ellen Tichy: Profile der Germanistik in Mittelosteuropa – Transformationsprozesse und Perspektiven.2022.

www.peterlang.com

www.ingramcontent.com/pod-product-compliance
Ingram Content Group UK Ltd.
Pitfield, Milton Keynes, MK11 3LW, UK
UKHW041119041026
8980IPUK00024B/21

9 783631 853344